天津市科普重点项目

"美丽中国"科普系列丛书

世界遗产与生态文明

郎铁柱　主编

季　民　主审

天津大学出版社

TIANJIN UNIVERSITY PRESS

内 容 提 要

本书是“美丽中国”科普系列丛书的第四本，是一本专业、全面介绍中国和世界各国的历史遗产以及生态价值、生态文明的高级科普著作，反映了有关生态价值、生态文明的新观念、新思维，介绍了2014年最新入围的世界遗产，重点介绍了一些最具代表性的世界遗产的保护工作与问题之所在。

本书可以作为高级科普读本和大学教材、中等教育生物与环境的补充阅读教材，也可以作为国家机关、企事业单位、农村乡镇环境教育与培训教材。

图书在版编目(CIP)数据

世界遗产与生态文明/郎铁柱主编. —天津:天津大学出版社,2015.9

(天津市科普重点项目“美丽中国”科普系列丛书)

ISBN 978-7-5618-5386-3

Ⅰ.①世… Ⅱ.①郎 Ⅲ.①生态文明－研究②文化遗产－介绍－世界 Ⅳ.①B824.5②K103

中国版本图书馆CIP数据核字(2015)第195433号

出版发行	天津大学出版社
地　　址	天津市卫津路92号天津大学内(邮编:300072)
电　　话	发行部:022-27403647
网　　址	publish. tju. edu. cn
印　　刷	天津泰宇印务有限公司
经　　销	全国各地新华书店
开　　本	148mm×210mm
印　　张	8.875
字　　数	259千
版　　次	2015年9月第1版
印　　次	2015年9月第1次
定　　价	25.00元

前　言

中国经济增长一再创造奇迹，而中国的旅游增长也一再超出许多人的期望。每到黄金周和节假日，各大旅游景点人山人海，每年有上亿的国人在旅游。

2013 年 4 月 4 日，联合国世界旅游组织发表声明：2012 年，中国已超越美国等国，成为世界第一大国际旅游消费国。

世界旅游组织指出，中国人 2012 年在海外旅游消费额达 1 020 亿美元，创下历史纪录，同时比 2011 年的 730 亿美元海外旅游消费额增长了约 40%。而仅在 2011 年，中国旅游机构估计这一时刻要等到 2020 年才会到来。

过去 10 年间，中国国际旅游市场的发展一直是全球最快的，至今依然如此，这要归功于中国城镇化的发展、可支配收入的增长以及对国际旅游限制的放松。

2000 年至 2012 年间，中国海外旅游的游客人数从 1 000 万增长到了 8 300 万，其旅游消费额增长了七倍多。世界旅游组织指出，以境外旅游消费额来衡量，中国在 2005 年时排名世界第七，此后陆续超过了意大利、日本、法国和英国，2012 年中国超过此前长期占据前两位的德国和美国，成为世界第一。

作者怀着十分矛盾的心情写作此书。一方面，作者迫切希望介绍中国和世界各国的自然和文化遗产，让大家领略地球 42 亿年生命进化史的自然、生态遗产，人类 8 000 年文明创造的文化遗产，体会生命、文明、地球环境的伟大和美丽。另一方面，担心地方政府片面追求经济效益，不顾历史遗产的脆弱性、不可再生性，无知无畏地先破坏、后保护;担心人山人海的游客对自然与历史遗产造成毁灭性的破坏。

值得注意的是,作为世界第一旅游大国和人类历史遗产大国,中国在历史遗产保护方面还是比较落后的,更进行过一系列触目惊心的无知无畏的盲目开发,作者将在此书中指出,也希望引起社会各界的警醒。

人类作为地球的物种之一,取得了辉煌的成功。今天,人类科学技术的发展远远超出了最大胆的科学幻想。转基因技术已经在农作物中全面试验,部分推广。玉米与大豆更是转基因的天下。人类自身的克隆与转基因治疗不久就将成为现实。网络技术和信息技术的发展也似乎遵循摩尔定律,以加速度发展,很快就要在脑科学与智能技术方面获得突破,将来人造智能机器人的智能很可能超过人类本身。

与此同时,人类的工业、经济增长,地球环境的承载力与生态系统以及人类文明的发展似乎面临着瓶颈,人类面临着太成功的苦恼。人类的科学发展、技术进步远远超出了自身的控制能力,超出了文明的发展。人类的情绪、智商、伦理发展远远落后。人类自身还在受着与类人猿一样的生物本能操纵与控制。战争、饥荒、瘟疫、犯罪以及对环境与生态的没有节制的破坏并行。走生态文明之路是人类将来可持续发展的最佳选择。

我国在进入 21 世纪后,各级政府和学界对生态文明格外重视。生态城市、生态建筑、低碳城市、生态产品、生态产业等理论与实践发展迅速。但是另一方面,口号多,面子工程多;生态城市、生态文明流于形式;对真正的生态理念、生态保护、生态价值关注不够。因此,作者特别强调生态文明、生态保护、生态价值、生态城市等生态理念。

我国正在各高等院校、机关、企事业单位及中小学普及环境保护与可持续发展教育。环境教育已经成为全民素质教育的一个重点,迫切需要有切合实际、反映本学科最新发展成就的教材与高级科普著作。本书具有完整统一的框架,条理清晰,重点、难点突出,使读者学习起来容易掌握；本书具有趣味性及启发性，使读者在学习过程中将可持续发展的理念渗透到潜意识中，摒弃一些流行的错误理念，在日后的工作中将环境意识自觉地贯穿始终。

本书作者长年在南开大学和天津大学两校讲授环境保护与可持续发展与生态学公共选修课和公共基础课。在教学中，作者积累了大量的资料，形成了自己的教学体系与大纲，并十分注意对最新成果的吸收。本书反映了历史遗产与生态文明的最新研究进展，具有一定的前瞻性。

作者在长期的环境保护与可持续发展教学中深深体会到学生和社会各界对环境问题的关注以及对我国环境问题的担忧。其拳拳之心，满腔热情，一直鼓励着作者，也是作者写作本书的最大动力。他们的需求、意见也对本书有诸多启发。

本书由郎铁柱主编。天津大学环境科学与工程学院的部分本科生和研究生、博士生（王金玲、宋靓雪、王影、耿胜男、刘环、王晓宇、李烁、林青霞、李方舟、刘晓娜、任保赢、王子正、刘畅、王茹梦、李建洋、周苗、李唯骏、提博雯、王书丛、王鑫一、夏静、阎鹏羽、张凤熔、张荆、张宇、王慧、张媛、白志晖、张敬旭、姜加龙、龙莎、胡云飞、汪安宁等）参与了资料收集等工作。天津大学出版社赵淑梅、刁海二位编辑为此书的出版付出了辛勤的劳动，做了大量工作。在此一并表示感谢！

由于时间紧，内容多，作者水平有限，书中错误还请读者以及同行批评指正！

目录

第一章

世界遗产概论

一、世界遗产

世界遗产（英语：World Heritage；法语：Patrimoine Mondial），是一项由联合国支持、联合国教育科学文化组织（以下简称"联合国教科文组织（UNESCO）"）负责执行的国际公约建制，以保存对全世界人类都具有杰出普遍性价值的自然或文化处所为目的。国际文化纪念物与历史场所委员会等非政府组织作为联合国教科文组织的协力组织，参与世界遗产的甄选、管理与保护工作。

世界遗产分为文化遗产、自然遗产及文化与自然双重遗产。其中文化遗产（Cultural Heritage）专指"有形"的文化遗产，和联合国教科文组织的另一项计划"非物质文化遗产"完全不同。

世界遗产的选出是由联合国教科文组织世界遗产委员会投票决定的。该委员会于1977年召开第一届会议，从那以后，每年在全球不同的缔约国举行一次正式会议；必要时也会紧急召开临时会议。选出世界遗产的目的在于呼吁人类珍惜、保护、拯救和重视地球上这些独特的景点。

世界遗产不只是一种荣誉，也不只是旅游金字招牌，而是对遗产保护的郑重承诺。一项世界遗产在受到天灾、人祸时，可以得到全人类的力量协助救灾，保存原迹。中国的丽江古城曾因此受益。

截至目前，世界上共有世界遗产1 007项，其中文化遗产779项，自然遗产 197 项,文化与自然双重遗产 31 项。190 个世界遗产公约缔约国中总共有 161 个国家拥有世界遗产(有 1 项位于主权有争议的耶路撒冷,由约旦代为申请列入)。

二、保护世界文化和自然遗产公约及其由来

1959 年,埃及政府打算修建阿斯旺大坝,可能会淹没尼罗河谷里的珍贵古迹,比如阿布辛贝神殿。1960 年联合国教科文组织发起了“努比亚行动计划”,阿布辛贝神殿和菲莱神殿等古迹被仔细地分解,然后运到高地,再一块块地重新组装起来。

这个保护行动共耗资 8 000 万美元,其中有 4 000 万美元是由 50 多个国家集资的。这次行动非常成功,并且促成了其他类似的保护行动,比如挽救意大利的水城威尼斯、巴基斯坦的摩亨佐-达罗遗址、印度尼西亚的婆罗浮屠等。

1965 年,美国倡议将文化和自然联合起来进行保护。世界自然保护联盟在 1968 年也提出了类似的建议,并于 1972 年在瑞典首都斯德哥尔摩提交联合国人类环境会议讨论。联合国教科文组织大会于 1972 年 10 月 17 日至 11 月 21 日在巴黎举行第十七届会议,注意到文化遗产和自然遗产越来越受到破坏的威胁,一方面因年久腐变所致,另一方面变化中的社会和经济条件使情况恶化,造成更加难以对付的损害或破坏现象。联合国教科文组织会同国际古迹遗址理事会起草了保护人类文化遗产的协定。

1972 年 11 月 16 日,联合国教科文组织在法国巴黎通过了《保护世界文化和自然遗产公约》(*Convention Concerning the Protection of the World Cultural and Natural Heritage*)。截止到 2004 年 7 月,已有 178 个国家加入了这一公约。除此之外,有关保护文化和自然遗产的公约还有 1954 年《武装冲突情况下保护文化财产公约》、1970 年《关于禁

止和防止非法进出口文化财产和非法转让其所有权的方法的公约》、1995 年《关于被盗或者非法出口文物的公约》、2001 年《保护水下文化遗产公约》、2003 年《保护非物质文化遗产公约》等。

除了全球性保护世界文化和自然遗产的公约以外，还有一些专门关于文化遗产和自然遗产的区域性公约。例如 1969 年在欧洲由 17 国签订的《保护考古遗产的欧洲公约》，1976 年美洲有关国家签订的《美洲国家保护考古历史及艺术遗产公约》。

三、世界遗产评定准则

世界遗产的评定标准是联合国教科文组织依据《保护世界文化和自然遗产公约》，对申报遗产项目是否被列入《世界遗产名录》，成为世界遗产进行考核的标准，该标准和考核审批过程非常严格。

每年一度的世界遗产委员会会议将对申请列入名单的遗产项目进行审批，其主要依据是该委员会此前委托有关专家对各国提名的遗产遗址进行实地考察而提出的评价报告。世界遗产可分为自然遗产、文化遗产和文化与自然双重遗产（文化景观作为一个特殊的类别，有其相应的评定准则。按照列入名录时所依据的标准，大部分文化景观属于文化遗产，也有一些是双重遗产）。

甄选世界遗产的标准，简而言之，是真实性与完整性。近年来，世界遗产的概念与实践不断在发展。《奈良真实性文件》确认了世界遗产对多元文化的尊重。2000 年的《凯恩斯决议》提出新的提名政策并经由《苏州决议》部分修正后落实执行，以期贯彻世界遗产“全球策略”，追求世界遗产所应具备的全球代表性和平衡性。世界遗产的保护与开发遵循的真实性和完整性原则体现了世界遗产传承人类文明、反映自然界演化史的两项重要使命。

1. 真实性原则

1964 年《威尼斯宪章》（*International Charter for the Conservation*

and Restoration of Monuments and Sites)在意大利会议上得到通过，它是遗迹保护领域中最重要的国际规范性文件，既有总结又有反思，理论与实践成果得到国际上的广泛认同。最早关于"真实性"的概念就出现在这部国际宪章的前言中，指导欧洲文物古迹的保护与修复等工作。

1994 年在日本奈良召开的关于世界遗产真实性的国际会议通过了《奈良宣言》。《奈良宣言》第 13 款明确指出，文化遗产的真实性指的是遗产产生时及随后形成的特征以及这些特征的意义和信息来源，包括形式与设计、材料与实施、利用与影响、传统与技术、位置与环境、精神与感受。根据这条规定，文化遗产的真实性指的是必须保持遗产形成时和后来历史形成的特征，即历史的原貌。遗产保护不能按今天人们臆想的历史的状况而重建和恢复。在全面地了解某一文化遗产特有的历史、社会、艺术和科学层面的价值后获取的各种翔实信息，以此来源确立其"真实性"。自然遗产在自然腐蚀、污染、细菌、动植物生长和气候破坏等客观自然因素及不科学的发掘、无序的项目规划、预测与决策方面的失误、大众群体的忽略保护、肆意涂写等主观人为因素的共同作用下，其真实性的生态延续更具有一定的时间和空间上的相对性。

2. 完整性原则

完整性意味着未经触动的原始条件，主要用于评价自然遗产，如原始森林或野生生物区等。完整性原则既保证了世界遗产的价值，同时也为遗产的保护划定了原则性范围。完整性强调尽可能保持自身关键要素、面积、生境条件、物种、生态系统、保护制度的完整以及与自然遗产密切相关的周边空间范围的完整一体圈。保护世界遗产的真实性和完整性，是每一个《保护世界文化和自然遗产公约》缔约国应尽的责任。对遗产的保护而言，真实性是更为基础的东西，而完整性是对真实性的强化。其核心是强调排除人为因素的影响，反对对遗产本身及其周围环境的任何改动，反对增加新的不协调的建筑，反对滥加假古董，甚至反对不必要的“修复”，要保持其原貌，尊重原状特别是主体的完整性。

随着社会的发展进步，现实状况呈现出多样化。世界遗产的保护原则也要紧随时代的步伐在基本原则上运用更有效的保护原则，来适应发展，应对万象的现状。科学性的保护原则就是这个时代向全人类发出的新要求。科学的重要性无处不在，也极具挑战性。未来的发展也将与科学共存。正确地面对和把握是所有人唯一的选择。

四、世界遗产申报

一个国家需要首先对本国有价值的文化和自然遗产列出一份详细的目录，这被称为预备名单。没有列入预备名单的遗产不能进行申报。然后该国可以从预备名单中筛选出一处遗产，列入提名表中。世界遗产中心会对如何准备一份详尽的提名表提供建议和帮助。

提交给世界遗产中心的提名表由国际古迹遗址理事会和国际自然与自然资源保护联盟这两个机构独立审核。之后评估报告被送到世界遗产委员会。委员会每年举行一次会议，讨论决定是否将被提名的遗产列入《世界遗产名录》中。有时候，委员会会延期做出结论并要求会员国提供更多的信息，或者决议不予列入。被拒绝列入《世界遗产名录》中的提名遗产地将不得再次提出申请。一处遗产需要满足以下 10 个条件之一方可被列入世界遗产。

①表现人类创造力的经典之作。

②在某期间或某种文化圈里对建筑、技术、纪念性艺术、城镇规划、景观设计之发展有巨大影响，促进人类价值的交流。

③呈现有关现存或者已经消失的文化传统、文明的独特或稀有之证据。

④呈现人类历史重要阶段的建筑类型,或者建筑及技术的组合,或者景观上的卓越典范。

⑤代表某一个或数个文化的人类传统聚落或土地使用,提供出色的典范,特别是因为难以抗拒的历史潮流而处于消灭危机的场合。

⑥具有显著普遍价值的事件、活的传统、理念、信仰、艺术及文学作品,有直接或实质的联结(世界遗产委员会认为该基准最好与其他基准共同使用)。

⑦包含出色的自然美景与美学重要性的自然现象或地区。

⑧代表生命进化的纪录、重要且持续的地质发展过程、具有意义的地形学或地文学特色等的地球历史主要发展阶段的显著例子。

⑨在陆上、淡水、沿海及海洋生态系统及动植物群的演化与发展中,代表持续进行中的生态学及生物学过程的显著例子。

⑩拥有最重要及显著的多元性生物自然生态栖息地,包含从保育或科学的角度来看,符合普世价值的濒临绝种的动物种。

以上①~⑥是判断文化遗产的基准,⑦~⑩是判断自然遗产的基准。

大多数已登录的世界文化遗产都满足以上的多款基准条例,只满足基准⑥的少数世界遗产是:原子弹爆炸圆顶屋(日本),格雷岛(塞内加尔),奥斯威辛集中营(波兰)等。全部的6项文化遗产基准都达到的世界文化遗产有2处:敦煌莫高窟(中国)和威尼斯(意大利),文化与自然双重遗产有一处,为泰山(中国)。

多数世界自然遗产都能满足上述多项基准条款,其中全部的4项判断基准都达到的有:大堡礁(澳大利亚),次南极群岛(新西兰),姆禄国家公园(马来西亚),卡奈马国家公园(委内瑞拉),贝加尔湖(俄罗斯),中国南方喀斯特以及云南“三江并流”等。

五、世界自然遗产的特性

世界遗产是被联合国教科文组织和世界遗产委员会确认的具有突出重要价值的、人类罕见的、目前无法替代的财富,它具有四大特性:公共性、世界性、多样性和独特性。

公共性决定了世界遗产属于全人类,为全体人民享有,是最富有价值和影响力的特殊公共资源。世界遗产资源具有公益性质。世界遗产是属于全世界、全人类的,与遗产所属版图无关。任何国家、任何人都不得随意改变或破坏其原真性。

世界性明确了世界遗产在世界范围中的突出价值、为世界所拥有且受到世界性的广泛重视和保护。世界遗产首先确立了“人类共同遗产”这一概念。作为“人类共同遗产”,它与国家遗产的区别关键在于“其有突出的普世价值”。

多样性体现了其包容着各种类型和特征的奇迹,几乎涵盖地球上所有自然界创造以及人类历史所创造出的精华。

独特性强调了遗产在世界或国家及地区上是独一无二的、无可替代的、不可复制的、不可逆的,在一定范围内在一些重要特征上无法替代。一旦遭到破坏,其原有景观将难以恢复,最终走向消失。正是这一特殊性,使得世界遗产的保护成为一个世界性的问题。世界遗产是在自然演化和人类历史活动中形成的。尤其是自然遗产,如我国的九寨沟自然保护区,是自然造化的产物。即使是文化遗产,如长城、故宫,虽然是人工产品,但一旦产生,其中的历史、文化、宗教意义便凝聚其中,后人是无法完全复制的。

六、世界遗产的价值

世界遗产见证人类赖以生存的家园——地球的演变过程。生活在地球上的野生动物都是我们的朋友，它们与人类共存构成了完美、和谐、生机盎然的地球生物圈。山水之美陶冶人们的情操，创造了辉煌的山水文化，对人类的文明与进步起着不可估量的历史作用。对世界自然遗产价值的评论各有不同，但是其生态价值、历史价值、艺术价值、科学价值得到了大多数学者的一致认同。

1. 生态价值

世界自然遗产是大自然长期进化的产物，其独特的遗传多样性、生物多样性和生态系统多样性具有巨大的生态价值，对人类的医学、药学、农林业、畜牧业等贡献巨大。本书后面将专门论述生态价值。

2. 历史价值

世界遗产是自然演进与人类文明发展过程中历史积淀的精华，能够告诉我们人类历史，为文明史和发展史研究提供了第一手的直观材料。

3. 美学价值

世界遗产是自然的遗存实体的体现，是不可再生再造的。其特有的自然景观、风貌形态带给人类精神上和视觉上的感染及巨大震撼，向人类展示了其永远不可替代的存在价值。

4. 科学价值

科学价值主要涉及地质、地貌、生物多样性、特殊生态系统和自然美五个方面。独特、稀有或绝妙的自然现象、地貌及罕见自然美地带经过亿万年形成，具有相当丰富的科学内涵，传递着有价值的信息和知识。

七、自然遗产

根据《保护世界文化和自然遗产公约》，自然遗产包括以下内容：

①构成这类结构群组成的自然面貌；

②从科学或保护角度看具有突出的普遍价值的地质和自然地理结构以及明确划为受威胁的动物和植物生存区；

③从科学、保护或自然美角度看具有突出的普遍价值的天然名胜或明确划分的自然区域。

列入《世界遗产名录》的自然遗产必须符合下列情形中的一项或多项：

①代表地球演化历史中重要阶段的突出例证；

②代表进行中的重要地质过程、生物演化过程以及人类与自然环境相互关系的突出例证；

③独特、稀有或绝妙的自然现象、地貌或具有罕见自然美的地域；

④尚存的珍稀或濒危动植物栖息地。

自然遗产保护的国际性公约有《保护野生动物迁徙物种公约》《生物多样性公约》《国际植物保护公约》《关于特别是作为水禽栖息地的国际重要湿地公约》等，尽管以上有些公约并不是以对综合性文化和自然遗产的保护为主题的法律，但有的内容却与文化和自然遗产的保护密切相关。

世界自然保护联盟（International Union for Conservation of Nature and Natural Resources，简称 IUCN），于 1948 年在瑞士格兰德（Gland）成立，是一个国际组织，专注于世界的自然环境保护。该联盟由全球 81 个国家、120 个政府组织、超过 800 个非政府组织、10 000 个专家及科学家组成，共有 181 个成员国。世界自然保护联盟旨在影响、鼓励及协助全球各地的社会，保护自然的完整性与多样性，并确保在使用自然资源上的公平性及生态上的可持续发展。世界自然保护联盟的三大支柱为会员组织、6 个科学委员会、专业秘书长。

由世界自然保护联盟和联合国教科文组织提出并发展的生物圈保护区的概念具有突破性的意义。它将保护生物多样性与周边区域经济的持续发展紧密联系在一起。保护生物多样性、生态系统服务、环境监控、教育培训、发展等研究也成为其中的重要组成部分。

八、文化遗产

1. 什么是文化遗产

《保护世界文化和自然遗产公约》规定，属于下列各类内容之一者，可列为文化遗产(Cultural Heritage)。

(1)文物

从历史、艺术或科学角度看，具有突出、普遍价值的建筑物、雕刻和绘画，具有考古意义的成分或结构，铭文、洞穴、住区及各类文物的综合体。

(2)建筑群

从历史、艺术或科学角度看，因其建筑的形式、同一性及其在景观中的地位，具有突出、普遍价值的单独或相互联系的建筑群。

(3)遗址

从历史、美学、人种学或人类学角度看，具有突出、普遍价值的人造工程或人与自然的共同杰作以及考古遗址地带。

2. 文化遗产的提名

提名列入《世界遗产名录》的文化遗产项目，必须符合下列6项中的1项或几项标准。

①代表一种独特的艺术成就，一种创造性的天才杰作。

②能在一定时期内或世界某一文化区域内，对建筑艺术、纪念物艺术、城镇规划或景观设计方面的发展产生极大影响。

③能为一种已消逝的文明或文化传统提供一种独特的至少是特殊的见证。

④可作为一种建筑或建筑群或景观的杰出范例，展示出人类历史上一个或几个重要阶段。

⑤可作为传统的人类居住地或使用地的杰出范例,代表一种(或几种)文化,尤其在不可逆转之变化的影响下变得易于损坏。

⑥与具特殊普遍意义的事件或现行传统或思想或信仰或文学艺术作品有直接或实质的联系。只有在某些特殊情况下或该项标准与其他标准一起作用时,此款才能成为列入《世界遗产名录》的理由。

3. 文化景观

文化景观(Cultural Landscapes)这一概念是 1992 年 12 月在美国新墨西哥州圣菲召开的联合国教科文组织世界遗产委员会第 16 届会议上提出并纳入《世界遗产名录》中的。文化景观代表《保护世界文化和自然遗产公约》第一条所表述的“自然与人类的共同作品”。文化景观的选择应基于它们自身的突出、普遍的价值,其明确划定的地理、文化区域的代表性及其体现此类区域的基本而具有独特文化因素的能力。它通常体现持久的土地使用的现代化技术及保持或提高景观的自然价值。保护文化景观有助于保护生物多样性。文化景观可分为以下 3 个主要类型。

①由人类有意设计和建筑的景观。它包括出于美学原因建造的园林和公园景观。它们经常(但并不总是)与宗教或其他纪念性建筑物或建筑群有联系。

②有机进化的景观。它产生于最初始的一种社会、经济、行政以及宗教需要,并通过与周围自然环境的相联系或相适应而发展到目前的形式。它又包括两种次类别:一是残遗物(或化石)景观,代表过去某段时间已经完结的进化过程,不管是突发的或是渐进的,它们之所以具有突出、普遍价值,还在于显著特点依然体现在实物上;二是持续性景观,它在当今与传统生活方式相联系的社会中,保持一种积极的社会作用,而且其自身演变过程仍在进行之中,同时又展示了历史上其演变发展的物证。

③关联性文化景观。这类景观被列入《世界遗产名录》,以与自然

因素、强烈的宗教、艺术或文化相联系为特征,而不是以文化物证为特征。

另外,列入《世界遗产名录》的文化古迹遗址、自然景观一旦受到某种严重威胁,经过世界遗产委员会调查和审议,可列入《濒危世界遗产名录》(*The List of World Heritage in Danger*),以待采取紧急抢救措施。

九、世界遗产的统计

依照联合国教科文组织的划分,世界遗产所在地区共分为五类。

• 非洲(Afrique/Africa)

• 亚洲和太平洋地区(Asie et Pacifique/Asia and the Pacific)

• 阿拉伯国家(États Arabes/Arab States)

• 欧洲和北美洲(Europe et Amérique du Nord/Europe and North America)

• 拉丁美洲和加勒比地区(Amérique Latine et Caraïbes/Latin America and the Caribbean)

截至2014年的第三十八届世界遗产年会,世界上共有世界遗产1 007项,其中文化遗产779项,自然遗产197项,文化与自然双重遗产(以下简称"双重遗产")31项。总共有190个世界遗产公约缔约国中的161个国家拥有世界遗产(有1项位于主权有争议的耶路撒冷,由约旦代为申请列入)。

2013年各地区世界遗产总汇见表1-1。

表 1-1 2013 年世界遗产总汇

区域	文化遗产	自然遗产	双重遗产	合计
非洲	46	35	4	85
阿拉伯国家	63	4	2	69
亚洲和太平洋地区	143	53	9	205
欧洲和北美洲	407	68	11	486
拉丁美洲和加勒比地区	90	36	3	129
合计	749	196	29	974

从国家来说,2014 年各国世界遗产数量排名见表 1-2。

表 1-2 2014 年各国世界遗产数量排名

排名	国家	总遗产数	自然遗产数	文化遗产数	双重遗产数	区域
1	意大利	50	4	46	0	欧洲和北美洲
2	中国	47	10	33	4	亚洲和太平洋地区
3	西班牙	44	3	39	2	欧洲和北美洲
4	法国	39	3	35	1	欧洲和北美洲
4	德国	39	3	36	0	欧洲和北美洲
6	墨西哥	32	5	27	0	欧洲和北美洲
6	印度	32	7	25	0	亚洲和太平洋地区
8	英国	28	4	23	1	欧洲和北美洲
9	俄罗斯	26	10	16	0	欧洲和北美洲
10	美国	22	12	9	1	欧洲和北美洲
11	澳大利亚	19	12	3	4	亚洲和太平洋地区
11	巴西	19	7	12	0	拉丁美洲和加勒比地区
13	日本	18	4	14	0	亚洲和太平洋地区
14	希腊	17	0	15	2	欧洲和北美洲

续表

排名	国家	总遗产数	自然遗产数	文化遗产数	双重遗产数	区域
14	加拿大	17	9	8	0	欧洲和北美洲
14	伊朗	17	0	17	0	亚洲和太平洋地区
17	瑞典	15	1	13	1	欧洲和北美洲
17	葡萄牙	15	1	14	0	欧洲和北美洲
19	波兰	14	1	13	0	欧洲和北美洲
20	土耳其	13	0	11	2	欧洲和北美洲
21	捷克	12	0	12	0	欧洲和北美洲
21	秘鲁	12	2	8	2	拉丁美洲和加勒比地区
23	比利时	11	0	11	0	欧洲和北美洲
23	瑞士	11	3	8	0	欧洲和北美洲
23	韩国	11	1	10	0	亚洲和太平洋地区
26	荷兰	10	1	9	0	欧洲和北美洲
27	阿根廷	9	4	5	0	拉丁美洲和加勒比地区
27	埃塞俄比亚	9	1	8	0	非洲
27	奥地利	9	0	9	0	欧洲和北美洲
27	保加利亚	9	2	7	0	欧洲和北美洲
27	古巴	9	2	7	0	拉丁美洲和加勒比地区
27	摩洛哥	9	0	9	0	阿拉伯国家
27	匈牙利	8	1	7	0	欧洲和北美洲
34	印度尼西亚	8	4	4	0	亚洲和太平洋地区
34	南非	8	3	4	1	非洲
34	斯里兰卡	8	2	6	0	亚洲和太平洋地区
34	突尼斯	8	1	7	0	阿拉伯国家
38	哥伦比亚	8	2	6	0	拉丁美洲和加勒比地区
38	以色列	8	0	8	0	欧洲和北美洲
38	越南	8	2	5	1	亚洲和太平洋地区

续表

排名	国家	总遗产数	自然遗产数	文化遗产数	双重遗产数	区域
41	阿尔及利亚	7	0	6	1	阿拉伯国家
41	克罗地亚	7	1	6	0	欧洲和北美洲
41	埃及	7	1	6	0	阿拉伯国家
41	芬兰	7	1	6	0	欧洲和北美洲
41	挪威	7	1	6	0	欧洲和北美洲
41	罗马尼亚	7	1	6	0	欧洲和北美洲
41	塞内加尔	7	1	5	1	非洲
41	斯洛伐克	7	2	5	0	欧洲和北美洲
41	坦桑尼亚	7	3	3	1	非洲
41	玻利维亚	7	1	6	0	拉丁美洲和加勒比地区
41	乌克兰	7	1	6	0	欧洲和北美洲
52	巴基斯坦	6	0	6	0	亚洲和太平洋地区
52	叙利亚	6	0	6	0	阿拉伯国家
52	肯尼亚	6	3	3	0	非洲
52	智利	6	0	6	0	拉丁美洲和加勒比地区
52	菲律宾	6	3	3	0	亚洲和太平洋地区
52	丹麦	6	3	3	0	欧洲和北美洲
58	厄瓜多尔	5	2	3	0	拉丁美洲和加勒比地区
58	刚果民主共和国	5	5	0	0	非洲
58	黎巴嫩	5	0	5	0	阿拉伯国家
58	利比亚	5	0	5	0	阿拉伯国家
58	巴拿马	5	3	2	0	拉丁美洲和加勒比地区
58	泰国	5	2	3	0	亚洲和太平洋地区
58	津巴布韦	5	2	3	0	非洲
65	白俄罗斯	4	1	3	0	欧洲和北美洲
65	科特迪瓦	4	3	1	0	非洲

续表

排名	国家	总遗产数	自然遗产数	文化遗产数	双重遗产数	区域
65	立陶宛	4	0	4	0	欧洲和北美洲
65	马来西亚	4	2	2	0	亚洲和太平洋地区
65	马里	4	0	3	1	非洲
65	尼泊尔	4	2	2	0	亚洲和太平洋地区
65	阿曼	4	0	4	0	阿拉伯国家
65	塞尔维亚	4	0	4	0	欧洲和北美洲
65	乌兹别克斯坦	4	0	4	0	亚洲和太平洋地区
65	也门	4	1	3	0	阿拉伯国家
75	哥斯达黎加	4	3	1	0	拉丁美洲和加勒比地区
75	伊拉克	4	0	4	0	阿拉伯国家
75	约旦	4	0	3	1	阿拉伯国家
75	哈萨克斯坦	4	1	3	0	亚洲和太平洋地区
75	亚美尼亚	3	0	3	0	欧洲和北美洲
75	孟加拉国	3	1	2	0	亚洲和太平洋地区
75	塞浦路斯	3	0	3	0	欧洲和北美洲
75	格鲁吉亚	3	0	3	0	欧洲和北美洲
75	危地马拉	3	0	2	1	拉丁美洲和加勒比地区
75	马达加斯加	3	2	1	0	非洲
75	马耳他	3	0	3	0	欧洲和北美洲
75	新西兰	3	2	0	1	亚洲和太平洋地区
75	斯洛文尼亚	3	1	2	0	欧洲和北美洲
75	土库曼斯坦	3	0	3	0	亚洲和太平洋地区
75	乌干达	3	2	1	0	非洲
75	委内瑞拉	3	1	2	0	拉丁美洲和加勒比地区
75	尼日尔	3	2	1	0	非洲
92	蒙古	3	1	2	0	亚洲和太平洋地区

续表

排名	国家	总遗产数	自然遗产数	文化遗产数	双重遗产数	区域
92	沙特阿拉伯	3	0	3	0	阿拉伯国家
92	阿富汗	2	0	2	0	亚洲和太平洋地区
92	阿尔巴尼亚	2	0	2	0	欧洲和北美洲
92	阿塞拜疆	2	0	2	0	欧洲和北美洲
92	巴林	2	0	2	0	阿拉伯国家
92	波斯尼亚和黑塞哥维那	2	0	2	0	欧洲和北美洲
92	柬埔寨	2	0	2	0	亚洲和太平洋地区
92	喀麦隆	2	2	0	0	非洲
92	中非共和国	2	1	0	1	非洲
92	爱沙尼亚	2	0	2	0	欧洲和北美洲
92	冈比亚	2	0	2	0	非洲
92	加纳	2	0	2	0	非洲
92	梵蒂冈	2	0	2	0	欧洲和北美洲
92	洪都拉斯	2	1	1	0	拉丁美洲和加勒比地区
92	冰岛	2	1	1	0	欧洲和北美洲
92	爱尔兰共和国	2	0	2	0	欧洲和北美洲
92	老挝	2	0	2	0	亚洲和太平洋地区
92	拉脱维亚	2	0	2	0	欧洲和北美洲
92	马拉维	2	1	1	0	非洲
92	毛里塔尼亚	2	1	1	0	阿拉伯国家
92	毛里求斯	2	0	2	0	非洲
92	黑山	2	1	1	0	欧洲和北美洲
92	尼日利亚	2	0	2	0	非洲
92	塞舌尔	2	2	0	0	非洲
92	苏丹	2	0	2	0	阿拉伯国家

续表

排名	国家	总遗产数	自然遗产数	文化遗产数	双重遗产数	区域
92	苏里南	2	1	1	0	拉丁美洲和加勒比地区
92	纳米比亚	2	1	1	0	非洲
92	塔吉克斯坦	2	1	1	0	亚洲和太平洋地区
92	朝鲜	2	0	2	0	亚洲和太平洋地区
92	巴勒斯坦	2	0	2	0	阿拉伯国家
92	博茨瓦纳	2	1	1	0	非洲
92	吉尔吉斯斯坦	2	0	2	0	亚洲和太平洋地区
92	尼加拉瓜	2	0	2	0	拉丁美洲和加勒比地区
126	卢森堡	1	0	1	0	欧洲和北美洲
126	安道尔	1	0	1	0	欧洲和北美洲
126	巴巴多斯	1	0	1	0	拉丁美洲和加勒比地区
126	伯利兹	1	1	0	0	拉丁美洲和加勒比地区
126	贝宁	1	0	1	0	非洲
126	布吉纳法索	1	0	1	0	非洲
126	佛得角	1	0	1	0	非洲
126	乍得	1	1	0	0	非洲
126	刚果共和国	1	1	0	0	非洲
126	多米尼克	1	1	0	0	拉丁美洲和加勒比地区
126	多米尼加共和国	1	0	1	0	拉丁美洲和加勒比地区
126	萨尔瓦多	1	0	1	0	拉丁美洲和加勒比地区
126	加蓬	1	0	0	1	非洲
126	几内亚	1	1	0	0	非洲
126	海地	1	0	1	0	拉丁美洲和加勒比地区
126	耶路撒冷	1	0	1	0	
126	基里巴斯	1	1	0	0	亚洲和太平洋地区
126	莱索托	1	0	0	1	欧洲和北美洲

续表

排名	国家	总遗产数	自然遗产数	文化遗产数	双重遗产数	区域
126	马绍尔群岛	1	0	1	0	亚洲和太平洋地区
126	摩尔多瓦	1	0	1	0	欧洲和北美洲
126	莫桑比克	1	0	1	0	非洲
126	帕劳	1	0	0	1	亚洲和太平洋地区
126	巴布亚新几内亚	1	0	1	0	亚洲和太平洋地区
126	巴拉圭	1	0	1	0	拉丁美洲和加勒比地区
126	圣基茨和尼维斯	1	0	1	0	拉丁美洲和加勒比地区
126	圣卢西亚	1	1	0	0	拉丁美洲和加勒比地区
126	圣马力诺	1	0	1	0	欧洲
126	所罗门群岛	1	1	0	0	亚洲和太平洋
126	马其顿共和国	1	0	0	1	欧洲和北美洲
126	多哥	1	0	1	0	非洲
126	阿联酋	1	0	1	0	阿拉伯国家
126	乌拉圭	1	0	1	0	拉丁美洲和加勒比地区
126	瓦努阿图	1	0	1	0	亚洲和太平洋地区
126	赞比亚	1	1	0	0	非洲
126	卡塔尔	1	0	1	0	阿拉伯国家
126	斐济	1	0	1	0	亚洲和太平洋地区
126	缅甸	1	0	1	0	亚洲和太平洋地区

第二章

中国的世界遗产

一、中国的世界遗产概论

我国于1985年正式签署《保护世界文化和自然遗产公约》，成为缔约国。1986年，经国务院批准，中国联合国教科文组织全国委员会向世界遗产委员会推荐了中国首批自然遗产和文化遗产清单。1987年12月7日至12日，世界遗产委员会在法国巴黎召开第十一届全体会议，批准包括中国的泰山风景名胜区、长城、故宫、敦煌石窟、秦始皇陵（包括兵马俑坑）和周口店北京人遗址列入《世界遗产名录》。随后，中国国家建设部、国家文物局会同中国联合国教科文组织全国委员会陆续开展世界文化和自然遗产的申报工作。

目前，我国世界遗产保护法律体系主要包括以下几个方面。

①宪法中的相关法律规范，全国人大或人大常委会制定的法律中的相关法律规范，如《中华人民共和国环境保护法》《中华人民共和国文物保护法》《中华人民共和国刑法》。

②国务院制定的行政法规中的相关法律规范，如《国家风景名胜区管理条例》。

③国务院各部、委制定的部门规章中的相关法律规范。

④地方性法规中的相关法律规范，如《四川省风景名胜区管理条例》。

上述法律规范既包括专门性的世界遗产地的环境法律、法规、规章中的规定,如2002年1月18日四川省第九届人民代表大会常务委员会第二十七次会议通过《四川省世界遗产保护条例》;也包括其他法律部门的法律、法规、规章中有关世界遗产地环境工作的规定。另外,凡法律规定必须贯彻实施的有关世界遗产地环境工作的计划、规划标准、国际公约和条约,如《世界遗产公约》,也可以列为世界遗产地环境法体系的配套部分。目前,我国针对世界遗产的保护已经有两部专门的地方性法规:《四川省世界遗产保护条例》和《福建省武夷山世界文化和自然遗产保护条例》。

二、中国世界遗产的统计

中国是文明古国,历史悠久,文明昌盛,是世界文化和自然遗产大国。到2014年,我国已有47处世界文化和自然遗产,其中自然遗产10处,文化遗产33处,文化与自然双重遗产4处,是世界上遗产数量最多的国家之一,遗产数量排列在意大利之后,位居世界第二位。世界遗产分布于19个省、市、自治区,如今基本都已成为国内外知名的旅游目的地。

以下是我国的世界遗产名录以及获得世界遗产委员会批准的年份("文"表示文化遗产,"自"表示自然遗产,"自　文"表示"自然"和"文化"双重遗产)。

- 泰山(自　文,1987年)
- 长城(文,1987年)
- 北京及沈阳的明清皇家宫殿(文,1987年,2004年):北京故宫(1987年),沈阳故宫(2004年)
- 莫高窟(文,1987年)
- 秦始皇陵(文,1987年)
- 周口店北京人遗址(文,1987年)

- 黄山(自　文,1990 年)
- 九寨沟风景名胜区(自,1992 年)
- 黄龙风景名胜区(自,1992 年)
- 武陵源风景名胜区(自,1992 年)
- 承德避暑山庄和外八庙(文,1994 年)
- 曲阜的孔庙、孔林、孔府(文,1994 年)
- 武当山古建筑群(文,1994 年)
- 拉萨布达拉宫历史建筑群(文,1994 年,2000 年,2001 年):布达拉宫(1994 年),大昭寺(2000 年),罗布林卡(2001 年)
- 庐山国家公园(文,1996 年)
- 峨眉山风景区,含乐山大佛风景区(自　文,1996 年)
- 丽江古城(文,1997 年)
- 平遥古城(文,1997 年)
- 苏州古典园林(文,1997 年,2000 年):网师园、环秀山庄、留园、拙政园(1997 年),沧浪亭、狮子林、艺圃、耦园、退思园(2000 年)
- 颐和园(文,1998 年)
- 天坛(文,1998 年)
- 武夷山(自　文,1999 年)
- 大足石刻(文,1999 年)
- 青城山与都江堰(文,2000 年)
- 皖南古村落——西递、宏村(文,2000 年)
- 龙门石窟(文,2000 年)
- 明清皇家陵寝(文,2000 年,2003 年,2004 年):明显陵、清东陵、清西陵(2000 年),明孝陵、明十三陵(2003 年),盛京三陵(2004 年)
- 云冈石窟(文,2001 年)

- 云南三江并流保护区(自,2003 年)
- 高句丽王城、王陵及贵族墓葬(文,2004 年)
- 澳门历史城区(文,2005 年)
- 四川大熊猫栖息地(自,2006 年)
- 殷墟(文,2006 年)
- 中国南方喀斯特(自,2007 年)
- 开平碉楼与村落(文,2007 年)
- 福建土楼(文,2008 年)
- 三清山国家公园(自,2008 年)
- 五台山(文,2009 年)
- 登封“天地之中”历史建筑群(文,2010 年)
- 中国丹霞(自,2010 年)
- 杭州西湖文化景观(文,2011 年)
- 元上都遗址(文,2012 年)
- 澄江化石地(自,2012 年)
- 新疆天山(自,2013 年)
- 红河哈尼梯田(文,2013 年)
- 大运河(文,2014 年)
- 丝绸之路:长安—天山廊道路网(文,2014 年,与哈萨克斯坦、吉尔吉斯斯坦共有)

三、中国世界遗产保护的现状与问题

自从加入《保护世界文化和自然遗产公约》起,我国的世界遗产得到了国家、地方各相关部门的高度重视,世界遗产保护工作得到了空前的发展。但是,我国在世界遗产保护上依然存在很多问题。

我国目前的世界自然遗产保护总的状况是:多数好,少数差,个别很差,有的被亮了“黄牌”。

在当今市场经济社会中,各界人士对世界自然遗产保护与开发有着不同的看法。大部分学者和研究人员认为,世界自然遗产应处于保护常态下,要保护其真实性和完整性,不能将其片面地定位为旅游资源,将世界自然遗产变成经济开发资源。不少人立足当下长远考虑,认为应该保护与开发利用并举,先保护后开发,以保护促发展,走可持续发展的道路,真正实现旅游发展和遗产保护的“双赢”目标。

也有学者们认为保护世界遗产并不排斥对其合理利用,对世界遗产资源的开发不单单是对资源的消耗,也是对资源的可持续利用,应开发其科学、文化、旅游资源,带动地区和国家的发展,从而使世界遗产资源走向保护与开发良性循环的轨道。重开发,轻保护,重视经济效益,忽视遗产的保护和承受能力都是错误的。开发遗产资源,要坚决杜绝破坏性开发和超负荷利用,才能保证世界遗产全面和谐可持续发展。

许多世界遗产管理者则从自身利益出发,认为开发更重要,不但可以带来巨大的经济效益,而且可以产生广泛的社会效益,认为不能为了保护而保护,要转变观念,紧随时代发展的步伐,在保护中求发展,在发展中守特色,让自然遗产资源焕发出新的生机和活力。在此背景下中国的许多世界遗产面临着过度开发、过度旅游、人为破坏、环境恶化等严重的威胁。

中国没有世界遗产被列入《濒危世界遗产名录》,但是相对于《濒危世界遗产名录》中的遗产,中国世界遗产的实际濒危状况是非常严重的。近年来,有关我国世界遗产的负面事件频频发生:武当山遇真宫大殿遭火焚;南京明孝陵申请扩展项目成功仅一个月,明孝陵的“下马坊”就因宁杭公路拓宽面临拆迁窘境;管理水平一度位居全国榜首的黄山也因水库、宾馆等大型工程的施工受到多方指责。

环境恶化使我国的一些已列入名录的遗产有被除名的危险。新华社西安2004年2月20日电,联合国教科文组织《濒危世界遗产名录》于日前正式公布,我国的秦兵马俑及秦始皇陵这一举世瞩目的世界文化遗产项目终于没有被列入其中,与“摘牌”危险可谓擦肩而过。世界自然和文化遗产受到越来越多的破坏和威胁,一方面是因年久腐变所致,另一方面是变化中的社会和经济条件使情况恶化,造成更加难以修复的损坏和破坏现象。

近年来我国世界遗产保护伴随着社会和旅游的发展呈现出的种种现状令人担忧。世界遗产委员会曾多次建议中国加强对自然遗产地的科学研究。我国在世界遗产保护中出现的问题主要表现在以下几个方面。

1. 蜕变加剧和建设性破坏

在自然遗产景区内大规模兴建土木,或多或少地破坏了生态环境,同时影响到景观视觉上的美感。这是对自然界的侵犯,绝不能轻易动工,要在科学的基础上进行评判,再采取合适的方案展开工作。1998年联合国教科文组织官员在张家界武陵源进行遗产监测,得出该自然景区出现了“城市化倾向”的建设性破坏的结论,称武陵源周边的环境已让其变成一座被城市包围的孤岛,自然环境的改变令人担忧。尤其是在天子山的山顶上修建索道,发展旅游业,其对生物多样性价值造成的影响有待进一步确认。另外,在索溪峪溪边修道路、建宾馆,给本来就狭窄的河道造成了安全隐患。

1998年,中国第一批世界自然遗产之一湖南张家界受到联合国教科文组织的严厉批评:在张家界武陵源风景区被批准成为世界自然遗产之后的10多年间,有关方面在旅游区建设了许多违章建筑,严重破坏了张家界的自然环境。由于景区过度开发,严重污染了自然环境,破坏了风景资源。

联合国的“黄牌”让张家界重新认识到事态的严重性,先后耗资近10亿元重新恢复核心景区内的原始风貌,付出的不仅是动植物生态的代价，经济也受到严重影响。此事成为这方面的反面典型案例被列入我国遗产的发展史。此外，泰山、黄山山顶上，武陵源景区内都建成了多家豪华宾馆，严重破坏了自然景观的完整性，还存在不少严重隐患和潜在危机。上述种种现象从形成到改观都是通过投入巨资进行环境整治来完成的。它们都违反了遗产保护性的原则。

由于中国大量古建筑采用木结构，自然蜕变过程很快，而大气的污染、气候条件的改变加剧了木料腐朽的过程；石窟、壁画的损害状况令人担忧；一些重要的古人类遗址暴露在粉尘污染、水污染、噪声污染等恶劣的环境之下，很快就面目全非了。

2. 生态环境恶化与大规模工程的威胁

对遗产破坏巨大的是索道和水库工程。索道工程对遗产的严重威胁主要有：破坏地形、植被与生态、景观的自然美，加剧人流的集中，不符合旅游的基本要求，与世界自然文化遗产保护背道而驰。

张家界武陵源景区里花巨资建成的户外电梯，被众人称为破坏武陵源核心景区自然风貌的一大败笔，对美观的影响是显而易见的。

泰山劈山修路，先后修建三条索道，大面积炸石毁林，不但占用了大量的土地，而且影响了原来的地形风貌，破坏了原本就很少的原生植被，影响了泰山景观的多样性，破坏了泰山生态系统的平衡，频频遭到来自世界遗产委员会的警告。泰山甚至想搞成集吃喝玩乐为一体的综合娱乐山，无视历史遗产价值与急功近利的做法令人发指。

而水库工程直接破坏生态和水文系统，对自然遗产的价值有不可挽回的影响。正是因为青城山修建水库，世界遗产委员会就不再讨论其自然遗产的提名。

山东曲阜市文物管理部门把孔庙、孔府、孔林等 8 个文物景点的管理权转移到 1999 年成立的孔子旅游集团与深圳华侨城等共同组建的中国孔子旅游国际股份有限公司，导致 2000 年的“水洗三孔”事件，对孔庙等文物造成严重损害。

自然生态遭受破坏的主要原因是人类非法捕猎捕捞、砍伐盗伐、兴建水利、引入外来物种等。其中非法捕猎捕捞是自然遗产地面临的首要威胁，是物种消失最主要和最直接的人为活动。砍伐盗伐等行为改变了栖息地并影响动植物种群和景观。水利设施建设直接改变了自然遗产地内的水循环、生态过程。外来物种的引入也直接改变了原有物种的生态平衡。在峨眉山金顶周边原本生长着极为茂密的原始冷杉。随着电视发射塔的建成，这里的冷杉受到电视发射塔强烈的电磁波辐射以及酸雨酸雾的影响，开始落叶枯萎，最终慢慢地枯竭死去。离自然保护区较近的居民每天产生的生活垃圾及当地没有被关闭的水泥厂等都在一定程度上对保护区的植被和山体造成影响，给景区造成诸多的安全隐患。2001 年 7 月，张家界地区的持续暴雨侵袭冲毁了十里画廊 20 多米的游路，影响到游览。2002 年 4 月，位于黄山西海的南天门对面的回音壁后 500 米处，一高大石峰顶端石块崩塌，造成下方植被被破坏。2003 年，历史悠久的湖北省武当山古建筑群重要组成部分遇真宫主殿，由于照明线路搭设不规范而突发大火，造成最有价值的三间主殿共 236 平方米在 3 小时内全部化为灰烬，留下无法挽回的遗憾。

3. 城市化和旅游业破坏

中国城市在发展中产生了巨大的变化，历史文化名城的面貌也几乎无一例外地遭到全面破坏。北京、西安这些历史悠久的古都都曾是一个时期中国辉煌文明的象征，但是今天，它们的完整性都已经遭到破坏，不可能像欧洲的很多古城那样进入世界遗产名录。自然遗产地也面临“城市化”和旅游发展的威胁。随着旅游业迅速发展，人口膨胀，各种生产经营活动日趋活跃，大量兴建房屋和各种公共设施，办厂开店，发展乡镇工业和商业服务业，原有的村庄、居民店迅速扩大，环境污染日趋严重。景区内过量开发造成人满为患，不安全因素增加，生态环境遭到严重破坏。黄山的美丽景色吸引了众多游客。为了满足游客的需求，黄山陆续建成了三条索道，严重威胁着这座人类最美的瑰宝。由于旅游业的快速发展，丽江古城也逐渐演变为商贸旅游区，使原有的历史街区丧失了遗产的真实性。

世界自然遗产地的金字招牌具有巨大的吸引力，是旅游者竞相追逐的目标，往往使其成为旅游的热点景区。各遗产旅游地一到黄金周及暑期更是人潮涌动，出现楼满为患和人满为患的现象，远远超出环境容量，导致自然遗产资源遭受严重破坏。以下几个世界自然遗产景区都出现了此类现象。

四川九寨沟景区的原住居民及当地行政部门在景区内开设旅馆饭店，床位达5 000多张，还兴修1个跑马场，对九寨沟的自然景观与环境、水质造成破坏。2001年，九寨沟管理局耗资1.56亿元将居民与经营项目搬迁，而当年的门票收入仅为4 500万元。九寨沟景区每日环境容量是6 000人，而每日参观人数高达2万余人。人满现象时时发生。

黄山风景区也面临一样的问题。黄山每日可接待游客的上限是1.4万人，而每日进山的人数都超过2.5万人。超负荷接待必然导致对自然环境的破坏。武陵源景区也是这样，世界自然遗产的桂冠及天然形成的独特罕见的地质风貌为武陵源吸引了数以万计的中外游客。经过10年旅游开发规划，景区在遭到建设性破坏的同时又经受了旅游性的破坏，开放景点最多达165处，提供游客住宿的床位约2万个，年接待中外游客达200万人以上，长期处于超负荷接待的状态下，景区内峰林的生态环境也在此过程中受到了不同程度的破坏，降低了遗产地独具特色的魅力。花费时间和经费进行恢复和修整也是对遗产资源的另一种浪费。

世界双重遗产乐山大佛保护区内建设的东方佛都主题公园，按1:1的比例复制了高37米的阿富汗巴米扬大佛及其他大小佛像3 000多尊，破坏了乐山大佛的文化价值。

在2004年的世界遗产大会上，中国有5处世界遗产在质询名单内，是受评估遗产数量最多的国家之一。虽然质询不代表警告，但却是因为收到有关保护方面问题的信息才展开的。这些都充分反映出中国世界遗产保护面临的严峻形势。

以上种种现象有些是在经济利益的驱使下造成的，但是有不少是对世界范围内的保护战略和保护趋势不了解和缺乏相应的研究造成的。没有认清世界遗产的真正价值，对价值判断过于草率，没能正确把握保护的理念和方法，在空间上做出错误开发。北京大学世界遗产研究中心谢凝高教授曾指出，观念上的错误是“亟待解决的共性问题”，不能把世界遗产“单纯当作旅游资源，一切为了开发旅游服务”。旅游的开发应是在有效保护的前提下和规划指导下的一种科学、有序、适度、社区广泛参与的可持续开发，不应当把世界遗产资源当作个人发财获利的工具，因无知而导致资源的破坏。如果将经济作为唯一的追求目标，势必会造成过度开发利用或者错位经营。无视保护的重要性必将改变遗产的命运，使之夭折。

四、红河哈尼梯田——中国最美的山岭雕刻

2013年6月22日，在柬埔寨金边举行的第三十七届世界遗产大会上，哈尼梯田通过投票被列入联合国教科文组织《世界遗产名录》，成为世界文化遗产。哈尼梯田也是继新疆天山成功入选世界自然遗产后，2013年中国成功“入遗”的第二个景点。

红河哈尼梯田是在云南省红河哈尼族彝族自治州的梯田。哈尼梯田至今有1 200多年历史，规模宏大，分布于云南南部红河州元阳、红河、金平、绿春四县，总面积约6.7万公顷，仅世界遗产申报地元阳县境内就有1.3万公顷。元阳县是哈尼梯田的核心区，其中的老虎嘴梯田（图2-1）、牛角寨梯田、坝达梯田、多依树梯田等最具代表性。

元阳梯田堪称世界奇迹，有着“哈尼人的天梯”的美誉（图 2-2）。它有四绝：第一绝是面积大，大大小小、形状各异的梯田连绵成片，每片面积多达上千亩，这种壮观的景象只有在元阳才能见到；第二绝是地势陡，从 15 度的缓坡到 75 度的峭壁，都能看见梯田，这样险峻的梯田在世界上都是罕见的；第三绝是级数多，最多的时候能在一面坡上开出 3 000 多级阶梯；第四绝是海拔高，梯田由河谷一直延伸到海拔 2 000 多米的山上，可以到达水稻生长的最高极限。哀牢山哈尼梯田堪称中国梯田的代表作，被誉为“中国最美的山岭雕刻”。

哈尼梯田的古老久远和存留的宏大完整，使其具有极宝贵的生产、生态及文化和审美价值，这在现今世界上已属罕见和珍稀。哈尼梯田是人类适应、改造自然的典范，红河哈尼梯田所展现的生产生活方式，反映了人与自然的和谐相处，展现了人类在极限自然条件下顽强的生存能力、伟大的创造力和乐观精神。

哈尼梯田既是哈尼人的粮仓，也是一幅绝美神奇的水墨画！绝壁陡坡上排列着层层梯田，山、水、人相融共生，体现出绝无仅有的美丽

图 2-1　元阳县老虎嘴梯田片区正在等待插秧的一片梯田，远看酷似马形

（摄影：马理文　资料来源：中国国家地理网）

和主人独特的生存智慧。哈尼梯田是中国梯田的杰出代表,是世界农耕文明史上的奇迹。它呈现出的森林—村寨—梯田—河流四度同构的良性农业生态系统和独特的梯田文化景观,是中外任何梯田都无可比拟的。它所蕴含的人与自然高度和谐发展、人与人和睦相亲的古老文化特征,正是21世纪人类所追求的一种精神。

世界遗产委员会在对红河哈尼梯田文化景观的评语中写道:红河哈尼梯田文化景观所体现的森林、水系、梯田和村寨"四素同构"系统符合世界遗产标准,其完美反映了精密复杂的农业、林业和水分配系统,通过长期以来形成的独特社会经济宗教体系得以加强,彰显了人与环境互动的一种重要模式。

图2-2　哈尼元阳梯田

(资料来源:元阳县旅游局)

五、西湖——还湖于民、独具人文精神的免费模式

欲把西湖比西子,淡妆浓抹总相宜。

——苏轼《饮湖上初晴后雨》

江南忆，最忆是杭州。山寺月中寻桂子，郡亭枕上看潮头。何日更重游？

——白居易《江南忆》

在经济效益第一的今天，在各个世界遗产和国家公园纷纷大幅度提高景区门票的今天，作为中国乃至世界最知名的景区之一，杭州西湖的免费模式格外令人关注。

西湖，位于浙江省杭州市区西面，是中国首批国家重点风景名胜区和中国十大风景名胜之一，也是中国主要的观赏性淡水湖泊之一，与南京玄武湖、嘉兴南湖并称“江南三大名湖”。

2011 年 6 月 24 日，杭州西湖文化景观被列入《世界遗产名录》。被列入名录的景观范围共计 3 322.88 公顷（“西湖十景”以及保俶塔、雷峰塔遗址、六和塔、净慈寺、灵隐寺、飞来峰造像、岳飞墓/庙、文澜阁、抱朴道院、钱塘门遗址、清行宫遗址、舞鹤赋刻石及林逋墓、西泠印社、龙井等文化史迹均在这个景观范围之内）。

由于其在中国的历史文化和风景名胜中的重要地位，西湖被评选为首批国家重点风景名胜区（1982 年）之一、中国十大风景名胜（1985 年）之一和首批国家 5A 级旅游景区（2006 年）之一。此外，1979 年中华人民共和国发行的外汇兑换券壹圆券以及 2004 年发行的第五套人民币壹圆纸币背面均使用了三潭印月的图案，更说明了杭州西湖在中国风景名胜中的地位。中国各地以“西湖”命名的湖泊有数十个之多，通常认为杭州西湖是其中最著名的湖泊。

西湖东靠杭州市区，其余三面环山，面积约 6.39 平方千米，南北长约 3.2 千米，东西宽约 2.8 千米，绕湖一周近 15 千米。西湖平均水深 2.27 米，水体容量约为 1 429 万立方米。湖中被孤山、白堤、苏堤、杨公堤分隔，按面积大小分别为外西湖、西里湖（又称“后西湖”或“后湖”）、北里湖（又称“里西湖”）、小南湖（又称“南湖”）及岳湖等五片水面，其中外西湖面积最大。孤山是西湖中最大的天然岛屿，苏堤、白堤越过湖面，小瀛洲、湖心亭、阮公墩三个人工小岛鼎立于外西湖湖心，夕照山的雷峰塔与宝石山的保俶塔隔湖相映，由此形成了“一山、二塔、三岛、三堤、五湖”的基本格局。

“未能抛得杭州去，一半勾留是此湖。”不少流连于杭州西湖美景的人纷纷感叹，西湖越来越像“旅游天堂”了（图2-3、图2-4）。始于2002年的西湖综合保护工程，郑重地许下了一个“还湖于民”的诺言。几年间，杭州市迁走了占用环湖地带的单位和住户，拆除阻隔游人视线的围墙和房屋，全长15千米的西湖沿岸第一次全部贯通，成为游人可以自由亲近的游览道、绿化带。经过这几年西湖综合保护工程的精心打磨，“西子明珠”更加光彩夺目；更让人惊喜的是，大手笔地投入资金复建、整治的环西湖所有公园景区，都没有围墙、不收取门票，全天候地向市民和游客免费开放。

免费“盛筵”还向西湖周边的博物馆、纪念馆等文博旅游资源延伸。2003年世界博物馆日前夕，杭州市的中国茶叶博物馆、南宋官窑博物馆、杭州历史博物馆、苏东坡纪念馆等六大博物馆、纪念馆，不再收取门票。至此，杭州市园林文物部门所属的全部文博资源，都免费向公众开放。

西湖门票免费，从表面上看，是“亏”了——每年全市要少掉几千万元的门票收入。然而，实行门票免费后，来杭州旅游的游客却多了许多，游客在景区产生的消费也就相应增加了。随着新西湖免费开放，游客会多去一些景点游玩，在杭州逗留的时间相应会延长，住宿、购物、交通、饮食等花销也就相应增加了不少。虽然景点门票收入减少，但通过对旅游以及相关产业的带动，将这部分减少的收入补了回来。

门票免费，减少的只是一点收入，但它能带来巨大的正面效应，不仅会提高人们对当地政府和旅游部门以人为本的认同感，而且会提升景区形象，增加人气，最终会给当地带来更多的收获。世界上很多国家对带有公益性质的景区景点都实行低价策略，原因也缘于此。

图 2-3　西湖美景 1
（照片来源：百度旅游）

图 2-4　西湖美景 2
（照片来源：百度旅游）

第三章

欧洲和北美洲世界遗产

在周围的美景烘托下,我们的血肉之躯如同玻璃一样透明,仿佛成为美景不可分的一部分,在太阳的光芒里,与空气、树叶、溪流和岩石一起颤抖——成为万物中的一员,没有了年老与年轻的分别,也不用为生病和健康挂牵,唯有永恒长久相伴。

——约翰·缪尔(美国博物学家)

由于历史原因和欧美国家在世界遗产保护与研究方面的先人一步,欧洲和北美洲是世界遗产数量最多的地区。从各国的世界遗产数量来看,2014 年意大利继续居于世界首位,达到 50 处;中国新增 2 处后达到 47 处,位居世界第二;西班牙世界遗产数量为 44 处,位居世界第三。排名前十的国家还有法国、德国、墨西哥、印度、英国、俄罗斯、美国。前十名国家除了中国、墨西哥、印度,另外七席均被欧美国家占据。从区域来看,亚洲和太平洋地区世界遗产数量位居第二,拉丁美洲和加勒比地区位居第三。

一、黄石国家公园

沉浸在这样的地方,你会越来越强烈地感受到我们自己正属于这野性的大自然,是她的一个组成部分,且与万物有着不能割舍的亲缘。

——约翰·缪尔(美国博物学家)

1. 世界最早、最著名的国家公园

黄石国家公园(Yellowstone National Park,简称“黄石公园”)是美

国第一个国家公园，也是世界上最壮观的国家公园之一。黄石国家公园于1978年首批进入《世界遗产名录》，主要位于怀俄明州，部分位于蒙大拿州和爱达荷州，于1872年3月1日美国总统尤利西斯·辛普森·格兰特签署国会通过的法案后建立，也是世界上第一个国家公园。

黄石公园以其丰富的野生动物种类和地热资源闻名，老忠实间歇泉（图3-1）更是其最负盛名的景点之一。公园中有着多种类型的生态系统，其中以亚高山带森林为主。

黄石国家公园占地面积约为8 983平方千米，其中包括湖泊、峡谷、河流和山脉。公园内最大的湖泊是位于黄石火山中心的黄石湖，是整个北美地区最大的高海拔湖泊之一。黄石火山是北美最大且仍处于活跃状态的超级火山，在过去两百万年中它曾数次以巨大的力量爆发，喷出的熔岩和火山灰覆盖了公园内的绝大部分地区。得益于其持续的活跃状态，世界上的地热资源有半数位于黄石公园地区。黄石公园也是大黄石生态系统的核心所在，是北温带地区现存最大且仍然近乎完好的自然生态系统。

2. 喷泉、火山、壮观的自然景观

黄石公园独特的自然风光显示了大自然鬼斧神工的伟力。6 000万年以来，黄石地区多次发生的火山爆发，构成了海拔2 000多米的熔岩高原，加上3次冰川运动，留下了山谷、瀑布、湖泊以及成群的温泉和喷泉。

黄石国家公园自然景观分为五大区，即马默区、罗斯福区、峡谷区、间歇泉区和黄石湖区。五个景区各具特色，但有一个共同的特色——地热奇观。西北的马默斯温泉区以石灰石台阶为主，故也称热台阶区；东北为罗斯福区，仍保留着老西部景观；中间为峡谷区，可观赏黄石峡谷和瀑布；东南为黄石湖区，主要是湖光山色；西及西南为间歇泉区，遍布间歇泉、温泉、蒸汽、热水潭、泥地和喷气孔。

黄石国家公园内有温泉3 000处，其中间歇泉300处，许多喷水高度超过 100 英尺(约 30.48 米),“狮群喷泉”由 4 个喷泉组成,水柱喷出前发出像狮吼的声音,接着水柱射向空中;蓝宝石喷泉水色碧蓝;最著名的老忠实泉因很有规律地喷水而得名。从它被发现到 21 世纪的 100 多年间,每隔 33 ~ 125 分钟喷发一次,每次喷发持续四五分钟,水柱高 40 多米,从不间断。园内道路总长 500 多英里(800 多千米),小径总长 1 000 多英里(1 600 多千米),黄石湖、肖肖尼湖、斯内克河和黄石河分布其间。公园四周被卡斯特、肖肖尼、蒂顿、塔伊、比佛黑德和加拉廷国有森林环绕。黄石公园那由水与火锤炼而成的大地原始景观被人们称为“地球表面上最精彩、最壮观的美景”,“已超乎人类艺术所能达到的极限”。

图 3-1　黄石公园的老忠实泉

(照片来源:《美国国家地理》)

公园内的大稜镜温泉(The Grand Prismatic Spring,又称大虹彩温泉),是美国最大、世界第三大温泉(图 3-2)。它宽 75 ~ 91 米,深 49 米,每分钟大约会涌出 2 000 升温度为 71℃左右的地下水。大稜镜温泉的美在于湖面的颜色随季节而改变。春季,湖面从绿色变为灿烂的橙红色,这是由于富含矿物质的水体中生活藻类和含色素的细菌等微生物,它们体内的叶绿素和类胡萝卜素的比例会随季节变换而改变,于是水体也就呈现出不同的色彩。在夏季,叶绿素含量相对较低,显现出橙色、红色或黄色。但到了冬季,由于缺乏光照,这些微生物就会产生更多的叶绿素来抑制类胡萝卜素,于是就看到水体呈现深绿色。

图 3-2 黄石公园的大稜镜泉

(照片来源:《美国国家地理》)

所有这些温泉、间歇泉和蒸汽孔都需要巨大的地核熔岩能量来维持,在黄石公园熔岩散发出的热量已经非常接近地表。专家表示,黄石火山喷发周期为60万~80万年，而距离上次喷发时间已经有64.2万年了，这座世界上最大的超级活火山已经进入了红色预警状态，就算在不受外力(指太阳活动以及人工钻探)的情况下它也随时都可能喷发。

黄石火山位于美国中西部怀俄明州西北方向，占地面积近9 000平方千米，以黄石湖西边的西拇指为中心，向东向西各24千米，向南向北各80千米，构成一个巨大的火山口，是世界上最大的活火山。在这个火山口下面蕴藏着一个直径约70千米、厚度约10千米的岩浆库，这个巨大的岩浆库距离地面最近处仅为8千米，并且还在不断地膨胀，从1923年至今，黄石公园部分地区的地面已经上升了70厘米。

2012年2月开始，美国黄石国家公园的这座沉睡了64万年的超级活火山以破纪录的速度隆起。若爆发，厚达30厘米的火山灰将笼罩1 600平方千米的区域，届时美国将有2/3地区无法居住，航空交通瘫痪，数百万居民无家可归，植物也可能消失殆尽。

该座超级火山在过去的210万年中，总共爆发过3次。科学家自1923年起，开始记录火山隆起速度，单是过去3年每年就上升了7.6厘米。而由于数据不够全面，研究人员暂不敢断言第4次爆发何时会发生，不过若爆发，影响将比2011年4月的冰岛火山爆发还要大。黄石超级火山爆发是在64万年前。当时，它喷射的火山灰覆盖了整个北美，而且影响到地球的气候。

黄石国家公园内的另一景观就是黄石河，它由黄石峡谷汹涌而出，贯穿整个黄石公园到达蒙大拿州境内。黄石河将山脉切穿而创造了神奇的黄石大峡谷。在阳光下，两峡壁的颜色从橙黄过渡到橘红，仿佛两条曲折的彩带。由于公园地势高，黄石河及其支流深深地切入峡谷，形成许多瀑布，蔚为壮观。

公园内有记录的哺乳动物、鸟类、鱼类和爬行动物有数百种之多，其中包括多种濒危或受威胁物种。广袤的森林和草原中同样存有多种独特的植物。黄石公园是美国本土最大和最著名的巨型动物居住地。公园中有灰熊、狼、美洲野牛和加拿大马鹿的栖息地。黄石公园野牛群是美国最古老也是最大的野牛群。公园内每年都会发生山火，其中最大的一次是1988年黄石公园大火，公园内近三分之一被烧毁。黄石公园也是休闲娱乐的好去处，园内可进行远足、露营、划船、钓鱼和观光等活动。沿着园内铺设的道路可以就近接触到主要的地热区域以及一些湖泊和瀑布。冬天，游客们则会在导游指引下乘坐雪上摩托车等交通工具来造访公园。

3. 野生动物、植物和微生物

黄石国家公园是美国最大的野生动物庇护所，栖息着北美野牛、灰狼、棕熊、驼鹿、麋鹿、巨角岩羊、羚羊、羚牛等野生动物。黄石公园以熊为其象征。园内有200多只黑熊，100多只灰熊，250多只狼。黄石国家公园还是美国著名的野生动物园，这里有300多种野生动物（包括60多种哺乳动物、18种鱼和225种鸟）。灰熊、美洲狮、灰狼、金鹰、麋鹿、白尾鹿、美洲大角鹿、野牛、羚羊等2 000多种动物在这里繁衍生息。

在黄石公园栖息的大型野生哺乳动物有以下几种（按照被游客观察到的容易程度排序）。

美洲野牛（Bison）：成年美洲野牛重1 000千克以上，虽然大都很温顺，但是也是造成游客伤亡最多的动物（图3-3）。

马鹿（Elk）：成年马鹿重达300千克，又称麋鹿、美洲大角鹿。雄鹿长分叉角，每年冬季角会脱落。雌鹿无角。

骡鹿（Mule Deer）。

白尾鹿（Whitetail Deer）。

黑熊（Black Bear）。

驼鹿（Moose）：又称北美麋，比马鹿稍小。雄鹿角分叉，底部连成一片，像手掌。雌鹿无角。

郊狼(Coyote):又称土狼、美洲野狗。

叉角羚(Pronghorn):美洲奔跑最快的野生动物。

灰熊(Grizzly Bear)。

大角羊(Bighorn Sheep)。

灰狼(Wolf):从前黄石公园的狼被杀光了,21 世纪以来公园专门引进了狼群,来控制马鹿的数量。图 3-3 为黄石国家公园野牛牧群冬景。

图 3-3 黄石国家公园野牛牧群冬景

(摄影:Wolfgang Kaehler 照片来源:维基百科)

公园内原生 1 700 多种树木和其他维管植物,另外有约 170 种被认为属于外来物种。其中有 8 种松柏类植物,所有树林面积中有 80% 是黑松林。其他针叶林如高山冷杉、英格曼云杉、落基山脉花旗松和白皮松等都在公园内有零散的小树林。截至 2007 年,白皮松受到了一种真菌引起的疱锈病威胁,不过这一情况基本局限于森林的北部和西部。与蒙大拿州西北部几乎全部白皮松都受到这种真菌侵扰的情况相比，黄石只有约 7% 的白皮松受到影响。

颤杨和柳树是这里最常见的落叶植物。20 世纪初，园内的杨树林大幅度减少，但目前已经有所恢复。俄勒冈州立大学的科学家认为这是因为狼群的重新引入改变了加拿大马鹿的生活习惯。

公园内已经确定有数十种开花植物，其中大部分在 5 月至 9 月间绽放。其中的黄石沙马鞭草是仅在黄石地区发现的一种开花植物。通常与其关系较为密切的物种都生存在更温暖的地区，这也让这儿的沙马鞭草成了一个谜。这种罕见的植物大约有 8 000 株生长在黄石湖畔的沙质土壤上。

在黄石的温泉中，数以万亿计的细菌组成千奇百怪的垫子。这些细菌是地球上最为原始的生命形态。蝇类和其他节肢动物就生活在这些垫子上，甚至在严冬中也不例外。起初科学家们认为微生物只能从硫中获得营养，但 2005 年科罗拉多大学博尔德分校的研究人员发现有一些超嗜热物种也可以从氢分子中获得能量。

水生栖热菌是在黄石温泉中发现的一种细菌。该细菌能产生一种重要的 Taq 酶，可以在聚合酶链式反应过程中复制 DNA。对这些细菌进行的检索不会对现有的生态系统造成任何影响。科学家们正在对黄石温泉内的其他细菌进行研究，希望可以找到多种疾病的治疗方法。

黄石公园总面积的 85% 都覆盖着森林。绝大部分树木是扭叶松，这是一种生命力极强的树木。生长在黄石公园里的植物，最大的灾难便是森林大火。正是因为山火肆虐，不少树种分布得越来越稀疏。但扭叶松却凭借它顽强的生命力，不仅生存下来，而且逐年扩大自己的领地。

二、约塞米蒂(优胜美地)国家公园

上帝似乎总是在这里下功夫装扮美景。

——约翰·缪尔(美国博物学家)

约塞米蒂国家公园(Yosemite National Park)在1984年被列入《世界遗产名录》,是美国西部最美丽、参观人数最多的国家公园之一,每年有超过370万名游客造访,与大峡谷国家公园、黄石国家公园齐名。

1864年,约塞米蒂谷地成为美国第一个州立公园。1890年,塞拉·内华达山中部一带区域被指定为国家公园。1906年,国家公园合并了州立公园。世界上几乎没有几个地方像约塞米蒂山谷这样,能在一个小地方内有这么多壮观的美景。这里景致各异,美不胜收,难怪伟大的博物学家约翰·缪尔感叹道:"上帝似乎总是在这里下功夫装扮美景。"

约塞米蒂国家公园横跨加利福尼亚州中西部图奥勒米县、马里波萨县和马德拉县。公园面积为761 268英亩(3 080.74平方千米),位于加利福尼亚州东部内华达山脉的西麓,是美国景色最优美的国家公园之一。

约塞米蒂国家公园以其壮观的花岗岩悬崖、瀑布、清澈的溪流、巨杉和丰富的生物多样性闻名于世。公园内超过95%的土地被指定为原生地域(Wilderness)。约塞米蒂是内华达山脉中范围最大、最完整的生物栖地,境内有着多种多样的植物和动物。公园区内的海拔为2 127~13 114英尺(648~3 997米)。美国国家确认的7个生物区中,约塞米蒂国家公园内就有5个。包含五种生态高度分区,分别是灌木/栎森林、低山地、高山地、亚高山带针叶林、高地。加利福尼亚州的7 000种植物中,50%分布在内华达山脉,而当中的20%生长在约塞米蒂公园内。动物有浣熊、野鹿等多种哺乳动物,以及221种飞禽、

18 种爬行动物和 10 种两栖动物。

约塞米蒂公园内高度落差极大,公园边缘靠近 140 号公路处海拔不过 600 米,而来逸峰顶的海拔却已达到 3 900 米。垂直高度的变化带来气候、植被和动物分布的迥然不同。从寒冷的高山带到温暖湿润的亚热带,公园的万千景致让人应接不暇。

约塞米蒂国家公园的本质是岩石。无所不在的花岗岩仿佛形成了粗糙的灰色帆布,上头画着耀眼的翡翠森林、闪耀的银色河湖以及形形色色的花草树木。冰雪是这座自然圣殿的创造者。200 万年前的冰河冲刷着这片土地,切割出深深的峡谷,雕琢成险峻的山峰,磨洗着陡峭的崖壁,创造出巨大精美的花岗岩块,以它的无穷力量将远古时期蜿蜒的小河及起伏的小丘转变成雄伟壮观的地形。这里有世界最高瀑布之一约塞米蒂瀑布,有世界上最高大的独立花岗岩"酋长石"。最老的山红木"灰熊"就生长在公园美丽的马里帕沙林区。

近 12 千米长的约塞米蒂山谷是大自然之杰作,也是公园的中心。峡谷内有默塞德河流过,有一些瀑布包括著名的约塞米蒂瀑布。景观中还有许多美丽的山峰,其中最著名的是船长峰,这是一个由谷底垂直向上高达 1 099 米的花岗岩壁,是世界上最高的不间断陡崖之一。公园内的地势落差极大,不断映入眼帘的山峰、峡谷、河流、瀑布,构成了山谷内鬼斧神工的雄伟景色。园内有 1 000 多种花草植物,包括黑橡树、雪松、黄松木,还有树王巨杉等。其中有株被称为"巨灰熊"的巨杉,估计已有 2 700 年的树龄,是世界上现存最大的树木。"约塞米蒂"一词在印第安语中意即灰熊,是当地印第安土著的图腾。相传 1 000 多年以前,北美的印第安人就已经在这片广袤的谷地里生息繁衍。

为了保护公园的原貌,美国总统林肯于 1864 年 6 月 30 日将约塞米蒂谷蝴蝶林内的美洲杉巨木林设为美国国家的第一个州立公园,36 年后,约塞米蒂成为国家公园。

约塞米蒂国家公园的美和大远远超出一般人的想象。约塞米蒂谷事实上只有 7 英里(11.3 千米)。河谷边缘上的一些地方比较不为人知！196 英里(315.4 千米)的道路及超过 800 英里(1 287.4 千米)的小径让整个约塞米蒂山区更容易接近。内华达山脉的顶点是公园的东边界线,流经公园内的两条河起源于白雪笼罩的山顶。默塞德河流经约塞米蒂河谷而图奥勒米河刻出公园北半部的巨大峡谷。虽然园内一些壮观的瀑布全年都有水流,但是到了夏末秋初时会干涸。

约塞米蒂公园是美国最好的国家公园之一,旅游者可以体验它那奇迹般的美丽。薄雾弥漫的日出,拔地而起的"落箭岩",平行的"三兄弟峰"和表面受冰河作用切割平均的"半圆丘"(Half Dome)等。由特纳雅、伊利洛特和约塞米蒂 3 条河汇成的美熹德河横贯谷底,使这里成为世界上瀑布最集结的地区。约塞米蒂国家公园地处内华达山脉,位于旧金山东部 150 英里(241.4 千米)处。深邃的约塞米蒂山谷全长超过 9 英里(14.5 千米),最宽处 1 英里(1.609 3 千米),最窄处只有半英里(0.8 千米),蜿蜒的美熹德河(Merced River)贯穿其中。这里有高耸入云的红杉,壮观美丽(图 3-4、图 3-5、图 3-6)。

约塞米蒂山谷在上一次冰河时期被冰川覆盖,山谷呈 U 字形,两旁峭壁上到处可见由冰川切削过的痕迹,最有名的莫过于半圆丘了。山谷到处挂满了瀑布,最有名的是约塞米蒂瀑布。冰川退去后,约塞米蒂山谷曾经历多次泛滥,谷底形成一片泛滥平原,优美的美熹德河从中流过。

刚刚进入山谷,在 CA-120、CA-49 和 CA-41 三条公路的会合处有 Valley View 和 Tunnel View,这两个瞭望台都是观看山谷呈 U 形的最理想位置。U 形的山谷长满了世界爷(巨杉),远处的半月丘成为山谷里最鲜明的主题。这里的视野在山谷中算是比较开阔的,晴天日中时太阳照在半月丘的花岗岩峭壁上,突显其险峻有力;傍晚时,斜阳将半月丘染成橙红色,像一团熊熊烈火在燃烧着;乌云密布时,黑压压的云

图 3-4　约塞米蒂之秋

（照片来源：约塞米蒂官网）

伴着乌漆漆的半月丘，颇有一种深邃感；雨过天晴时，一道道的阳光依次从云缝中射出，并随着乌云的消散而变化，上演着一出天然的激光表演。

继续往前走没多久，听见隆隆水声，右手方出现新娘面纱瀑布（Bridalveil Fall），这个瀑布的水不大，朦朦胧胧的，像一块新娘面纱一般悬在空中。冰河时期，约塞米蒂这条主山谷中含冰量较多，山谷也被切得较深；流入主山谷的支流中含冰量较少，山谷也被切得较浅。冰河时期结束后，这些支流便恍如一条又一条的悬空山谷，当河水流到这些悬空山谷的尽头，准备汇入主山谷时，便冲出一道又一道的瀑布来。新娘面纱瀑布便是这众多从悬空山谷流出的瀑布中的一道，也是这一路上看见的第一道。

继续沿美熹德河逆流而上，这里是一片泛滥平原，例如 2005 年春

图 3-5 约塞米蒂之夏

（照片来源：约塞米蒂官网）

季气温不寻常地高，融雪极快，这里便一度泛滥成灾，一些游客被洪水所困，公园一度关闭，其余游客被紧急疏散。这一段美熹德河的河面比较宽广，还有租独木舟的，每年夏天都有许多人在这里划船：在蓝天白云、婆娑树影下泛一叶轻舟，怡然自得。

南山最有名的景点就是蝴蝶森林了。当初约塞米蒂国家公园成立时主要是为了保护这一大片树林。公园成立以前，树木被大批砍伐，可是蝴蝶森林却奇迹地幸免了，原因是这里的树砍倒后跌下来时会自动断成许多截，使得木头没有经济价值，久而久之，人们便不来这里砍树了。今天参观蝴蝶森林，人们还能看见那些早期被砍倒后跌下来断成许多截的老树。

早期为了吸引游客，人们还在树干上挖洞，让马车从活树中通过。可是红杉树虽然长得又高又粗，它的根部系统其实非常浅。人们不断地走近树干会把根部附近的泥土压紧，影响根部吸收水和养分，更何

图 3-6　约塞米蒂之冬
（照片来源：约塞米蒂官网）

况是让马车从中来回奔驰。1969 年年初，那棵能容马车通过的大树就倒下来死掉了。现在在蝴蝶森林还有另一棵类似的树叫“加利福尼亚树”（California Tree），也是早期在树干上挖了一个洞，可是洞口稍微小一些，尚未倒下。今天这些树木都受到法律保护，不用说挖洞，就是去刮它们的树皮或者采集它们的松果球也是违法的。人们意识到，一棵健康的树比一棵被挖洞以吸引游客的树来得更有价值。

三、科罗拉多大峡谷

不管你走过多少路，看过多少名山大川，你都会觉得大峡谷仿佛只能存在于另一个世界，另一个星球。

——约翰·缪尔（美国博物专家）

科罗拉多大峡谷位于美国亚利桑那州(Arizona)西北部,科罗拉多高原西南部。大峡谷全长446千米,平均宽度16千米,最深处1 829米,平均深度超过1 500米,总面积2 724平方千米。大峡谷1869年被美国独臂炮兵少校约翰·卫斯莱·鲍威尔带领的一支探险小分队发现。1903年美国总统西奥多·罗斯福来此游览时,曾感叹地说:“大峡谷使我充满了敬畏,它无可比拟,无法形容,在这辽阔的世界上,绝无仅有。”1919年,威尔逊总统将大峡谷地区辟为“大峡谷国家公园”(Grand Canyon National Park),1980年列入《世界遗产名录》(图3-7、图3-8)。

图3-7　科罗拉多大峡谷1

大峡谷山石多为红色,从谷底到顶部分布着从寒武纪到新生代各个时期的岩层,层次清晰,色调各异,并且含有各个地质年代的代表性生物化石,被称为“活的地质史教科书”。大峡谷以小科罗拉多河为起

图 3-8　科罗拉多大峡谷 2

点，是被全长 2 190 千米的科罗拉多河强烈侵蚀切割而成的 19 个主要峡谷中最长最宽最深的一个，也是最著名的一个。

大峡谷两岸都是红色的巨岩断层，大自然的鬼斧神工将其镌刻得岩层嶙峋、层峦叠嶂，夹着一条深不见底的巨谷，显得无比苍劲壮丽。更为奇特的是，这里的土壤虽然大都是褐色的，但当它沐浴在阳光下时，依太阳光线的强弱，色彩时而是深蓝色、时而是棕色、时而又是赤色，变幻无穷，彰显出大自然的斑斓诡秘。这时的大峡谷，宛若仙境般七彩缤纷、苍茫迷幻，迷人的景色令人流连忘返。峡谷的色彩与结构，特别是那气势磅礴的魅力，是任何雕塑家和画家都无法模拟的。

亿万年来，奔腾的科罗拉多河从凯巴布高原中切割出这令人震撼的奇迹。无论是在南岸还是北岸，居高远望，都可以清楚地看到坦如桌面的高原上的一道大裂痕，那便是科罗拉多河在这片大地上的印迹。它并不是世界上最深的峡谷,但以其规模巨大和丰富多彩而著称。这也是它被列入《世界自然遗产名录》最重要的原因。这里保存完好并充分暴露的岩层,记录了北美大陆早期几乎全部的地质历史,记录了550万~250万年前古生代的岩石。

大峡谷主要景点有以下几处。

南壁(South Rim),看日出最佳,云气氤氲,神秘。投在大峡谷上的是一道道摇曳不定的光影。

亚瓦帕(Yavapai Point),位于大峡谷公园东侧,是观赏日出的最高点。旁边的亚瓦帕博物馆中还有大峡谷的立体模型,可以清楚地了解到大峡谷的全貌。

摩哈夫(Mohave Point),是一处观赏夕阳的好地方。从这里可以清楚地看到峡谷底部奔流的科罗拉多河。

亚奇(Yaki Point),是大峡谷中重要的一处景观,向下可以看到断崖上的游客和那些凝固的熔岩。

雄伟景观(Grand View Point)。清晨,伴随着蜿蜒流过的科罗拉多河一起醒来,耳听得山谷回荡的风与潺潺的流水在共同奏鸣。一幅静谧、清新的画卷正在游人的身边缓缓展开……

米德湖与鲍威尔湖。1935年建成的胡佛高坝形成的水库,称米德湖,在大峡谷西端。1963年建成的格兰峡大坝形成了鲍威尔湖,成为大峡谷东边新的一处景点。这一东一西两大坝之间,囊括了大峡谷最精彩的主体。

第四章

亚洲和太平洋地区世界遗产

亚洲历史悠久，文明昌盛，人口众多。亚洲和太平洋地区的世界遗产数量位居世界第二。附录 C2 列表包括除中国和中东阿拉伯国家外的亚洲和太平洋地区国家的世界遗产大国。

一、大堡礁——透明清澈的海中野生王国

大堡礁(Great Barrier Reef)，是世界最大最长的珊瑚礁群，纵贯于澳洲的东北沿海，北起托雷斯海峡，南到南回归线以南，绵延伸展 2 011 千米，最宽处 161 千米。因其造就了丰富的生物多样性，而在 1981 年被列入世界自然遗产名录，也曾被美国有线电视新闻网络选为世界七大自然奇观之一。它是澳大利亚人最引以为自豪的天然景观，被称为“透明清澈的海中野生王国”。大堡礁有 2 900 个大小珊瑚礁岛，自然景观非常特殊。

大堡礁的南端离海岸最远有 241 千米，北端较靠近海岸，最近处离海岸仅 16 千米。在落潮时，部分珊瑚礁露出水面形成珊瑚岛。这里景色迷人、险峻莫测，水流异常复杂，生存着 400 余种珊瑚礁，其中包括世界上最大的珊瑚礁。这里有鱼类 1 500 余种，软体动物 4 000 余种，聚集的鸟类达 242 种，并有着得天独厚的科学研究条件。这里还是某些濒临灭绝的动物物种(如儒艮和巨型绿龟)的栖息地。

大堡礁是数百万年来由珊瑚虫的钙质硬壳与碎片堆积，并经珊瑚藻和群虫等生物遗体胶结而成的。至少有 350 种色彩缤纷、形态多样的珊瑚生长在浅水大陆棚的温暖海水中。许多礁体在低潮时显露或

稍被淹没，有的形成沙洲，有的环绕岛屿或镶附在大陆岸边。

礁区海水温度季节变化小，表面水温高达 21 ~ 38℃，向深处去温度变化不大。海水清澈，可清楚看到 30 米深处的海底地形。礁区海洋生物丰富，有彩色斑斓、形状奇特的小鱼，还有宽 1.2 米、重 90 千克的巨蛤和以珊瑚虫为食的海星。

大堡礁中有千余个岛屿，是世界上最大的珊瑚礁群，尤其是那些由几毫米的珊瑚虫组成的珊瑚群。这里是海洋动物的天堂，更是世界上海洋生物最多的地区之一。大堡礁有 350 多种珊瑚，形状、大小、颜色都极不相同，有些非常微小，有的可宽达 2 米。珊瑚千姿百态，有扇形、半球形、鞭形、鹿角形，还有树木和花朵状的。珊瑚栖息的水域颜色从白、青到蓝靛，绚丽多彩，珊瑚也有淡粉红、深玫瑰红、鲜黄、蓝绿等颜色，异常鲜艳。

心形岛（图 4-1）形如其名，在空中俯瞰，它是一个天然的心形，再加上大堡礁本身很好看的水色，景色更是美到极致。

图 4-1　情侣最爱的美丽的心形岛

（资料来源：百度百科）

如果说这是上帝的作品，那么似乎可以说，原来上帝也是愿意把这里当作心灵的栖息之地的。

在礁群与海岸之间是一条极方便的交通海路。风平浪静时，游船在此间通过，船下连绵不断的多彩、多形的珊瑚景色，就成为吸引世界各地游客来猎奇观赏的最佳海底奇观（图4-2）。

图4-2　大堡礁海底生物

（摄影：Richard Ling　资料来源：维基百科）

二、吴哥窟——心灵的慰藉

吴哥窟位于柬埔寨西北部，在暹粒市北5.5千米。原始的名字是Vrah Vishnulok，意思为“毗湿奴的神殿”。中国元代古籍《岛夷志略》

称之为“桑香佛舍”。吴哥窟是吴哥古迹中保存得最完好的庙宇，以建筑宏伟与浮雕细致闻名于世，是世界上最大的庙宇，也是一座巨大的水上都市。12 世纪时，吴哥王朝国王苏利耶跋摩二世（Suryavarman II）希望在平地上兴建一座规模宏伟的石窟寺庙，作为吴哥王朝的国都和国寺。因此举全国之力，并花了大约 35 年建造。

吴哥窟是高棉古典建筑艺术的高峰，它结合了高棉历代庙宇建筑的两个基本元素：立体庙山的多层方坛和平地庙宇的回廊。吴哥窟的庙山由三层有回廊环绕的长方形平台组成，层层高叠，形如金字塔，象征印度神话中位于世界中心的须弥山。庙山顶部矗立着按五点梅花式排列的五座宝塔，象征须弥山的五座山峰。三道回廊象征须弥山所在地的土、水、风。庙山周边环绕一道护城河，象征环绕须弥山的咸海。

吴哥窟与中国万里长城、印度的泰姬陵和印度尼西亚的千佛坛一起，被誉为古代东方的四大奇迹。与其他宗教建筑不同的是它并非陵墓，而是一个提供心灵慰藉的宗教中心。吴哥窟以造型之雄伟、布局之平衡、比例之协调、线条之优美而威风赫赫，可媲美世界上任何最杰出的建筑成就而毫不逊色。

1992 年，联合国教科文组织将吴哥古迹列入《世界遗产名录》，但同时也将它列入《濒危世界遗产名录》，又号召世界各国为保护吴哥古迹出力，鼓励柬埔寨政府保护现场。自 1993 年开始，世界各国重新展开对吴哥窟的保护工作。世界各国古迹维修专家，包括中华人民共和国国家文物局派往柬埔寨的古迹维修队经过 10 年努力，将原是一片废墟的周萨神庙修复完毕。联合国教科文组织在 2004 年 7 月 4 日决定，将吴哥古迹从《濒危世界遗产名录》除名。吴哥古迹包括吴哥窟的维修工程现在仍然在继续。

自 1992 年联合国教科文组织将吴哥古迹列入世界文化遗产后，世界各地来吴哥窟观光的游客持续增加，从 1993 年不到 1 万人次，到

2007 年已达 200 万人次，吴哥窟已成为旅游胜地。20 多年来，世界各国投入大量资金在吴哥窟的维护工程上，以保护这份世界文化遗产。吴哥窟的造型，从 1863 年开始就已经成为柬埔寨的国家标志，展现在柬埔寨国旗上（图 4-3、图 4-4）。

图 4-3　吴哥窟斗象台浮雕

（资料来源：百度旅游）

图 4-4　吴哥窟远景

（资料来源：吴哥窟官网）

三、泰姬陵——一滴永恒的泪珠

泰姬陵全称为“泰姬·玛哈尔陵”，又译泰姬玛哈，是印度知名度最高的古迹之一，在今印度距新德里200多千米外的北方邦的阿格拉(Agra)城内，亚穆纳河右侧，是莫卧儿王朝第5代皇帝沙贾汗为了纪念他已故皇后泰姬·玛哈尔而建立的陵墓，结合了印度建筑和波斯建筑的风格，被誉为“印度穆斯林艺术的珍宝和世界遗产中被广泛赞美的杰作之一”，又被称为“印度的珍珠”。它由殿堂、钟楼、尖塔、水池等构成，全部用纯白色大理石建成，用玻璃、玛瑙镶嵌，具有极高的艺术价值，是伊斯兰教建筑中的代表作。

1983年，泰姬陵被联合国教科文组织列为世界遗产。虽然白色大理石圆顶陵墓是泰姬陵最让人熟悉的部分，但整个泰姬陵是一个拥有多处建筑的复杂建筑群。泰姬陵大约在1632年开始建造，在1653年左右完工，使用了成千上万的工匠。

泰姬陵在早中晚呈现出的面貌各不相同，早上是灿烂的金色，白天在阳光下是耀眼的白色，斜阳夕照下，白色的泰姬陵从灰黄、金黄，逐渐变成粉红、暗红、淡青色，而在月光下又成了银白色，白色大理石映着淡淡的蓝色荧光，更给人一种恍若仙境的感觉。

泰姬陵的外形被用作饭店的标志、酸辣酱和调味品的商标，实际上它无论被用在什么地方，人们看到之后立刻就会想到印度。很少有人看了泰姬陵会感到失望。印度诗人泰戈尔用极其优美的诗句盛赞泰姬陵是“一滴永恒的泪珠”。泰姬陵还被美国《国家地理·旅行家》杂志评为“人一生要去的50个地方”之一的人类创造的不朽的“世界奇观”。

泰姬陵每年吸引200万~400万名游客，有超过20万来自海外。游客多集中在天气比较凉爽的10~12月。泰姬陵附近不准停车，游客要步行或搭乘电动车前往，允许游客带小型摄影机、照相机和手机。有人说，不看泰姬陵，就不算到过印度；不在月光下来到泰姬陵，就不算到过泰姬陵（图 4-5、图 4-6）。

图 4-5　泰姬陵 1

（资料来源：印度旅游官网）

图 4-6　泰姬陵 2

（资料来源：印度旅游官网）

第五章

非洲世界遗产

如此可爱的地方，我真想一辈子生活在这里。草地如此静谧，且远离尘世的喧嚣，置身其间，你尽可以向世界敞开胸怀，与一切美好事物倾心交谈。

——约翰·缪尔(美国博物学家)

非洲是人类的起源地，也是原生动物的王国，有着最壮丽、最野性的大自然。本章主要收录非洲世界遗产大国的世界遗产，包括非洲北部的阿拉伯世界。

一、奥卡万戈三角洲

1. 沙漠明珠奥卡万戈

奥卡万戈三角洲(Okavango Delta)于 2014 年被联合国教科文组织列入《世界遗产名录》，更是第 1 000 个世界遗产。

奥卡万戈三角洲亦被称为“奥卡万戈沼泽”，以莫雷米野生动物保护区为主体，因其美丽、多样的自然风光而被誉为非洲大陆上的“沙漠明珠”。其地处博茨瓦纳共和国(The Republic of Botswana)北部，是一块草木茂盛的热带沼泽地，四周环绕着卡拉哈里沙漠草原，是地球上最大的内陆三角洲，也是非洲面积最大、风景最美的绿洲，面积约 1.5 万平方千米，莫雷米野生动物保护区约占 20% 的流域面积。

奥卡万戈三角洲是由堪称“博茨瓦纳生命之河”的奥卡万戈河流过干涸的卡拉哈里沙漠，雕琢出“九曲十八弯”的特殊河曲形态，最后形成的独具特色的扇形三角洲。河水漫溢南下,其所到之处,树木繁茂,各种生命形态如雨后春笋般,水美草肥的环境成了鸟兽的天堂。大部分水通过蒸发和蒸腾作用而流失。当达到最大规模时,三角洲的面积将增大到 2.2 万平方千米。每年大约有 11 立方千米的水灌溉 1.5 万平方千米的土地,多余的水会流入恩加米湖。该地区曾经是马卡迪卡迪湖的一部分,该湖泊在全新世早期几乎全部干涸。

奥卡万戈河被人们描述为“永远找不到海洋的河”,它位于卡拉哈里沙漠北部边缘地区的一块独一无二的绿洲上。来自安哥拉高地的雨水汇集形成汹涌的洪流,由奥卡万戈河流经卡拉哈里沙漠后,携带大量诡沙横越纳米比亚,最终倾入三角洲。它们四处流散,在 2 万多平方千米的土地上形成数以万计的水道和潟湖。

三角洲在南、东、西三面的延伸超过了 100 千米。这个区域由沼泽和小岛拼缀而成,小岛上草木丛生,生长着洋槐、棕榈和无花果树。野生动物的种类繁多,沼泽内生活着河马、沼泽羚羊和驴羚(另一种水生羚羊),而小岛上则生活着其他品种的羚羊(图 5-1)、大象、斑马、狒狒、长颈鹿(图 5-2)以及食肉动物,如狮子、美洲豹、猎豹、土狼和非洲野狗。居住在奥卡万戈水域的鱼类约有 80 种,总数达到 350 万尾。

莫雷米动物保护区占奥卡万戈三角洲面积的 20% 左右,位于奥卡万戈三角洲中心地带。保护区内有各种各样的野生动物,大象、野牛、长颈鹿、狮子、美洲豹、猎豹、野狗、鬣狗、胡狼,还有各种羚羊和赤列羚。鸟类丰富,包括各种水鸟。莫雷米有开满百合的沼泽地、绿草茵茵的草原和郁郁苍苍的森林。

当洪水来临时,数以千计的动物纷纷逃离,但另一些动物则前来繁殖和觅食,如鸟类、虎鱼、鳄鱼、河马、水龟和蟾蜍等。

当地巴依人都是狩猎者。他们划着叫作“梅科罗”的独木舟,穿行于三角洲地区。他们要避免直接与河马相遇,因为河马轻而易举就能将水舟掀翻。在三角洲地区河马极为有用,它们将植物踩倒,吃掉大量的草，使水道保持畅通。

洪水既带来生命之源，又为生物带来了巨大的挑战。在这里，猎豹是真正的“飞毛腿”，是世界上跑得最快的动物。速度仅次于猎豹的是非洲犬，这种野犬是群居动物。

洪水退却后，旱季就来了，绿洲一下子变成了泥潭。可怜的河马在泥潭里挣扎；鳄鱼为求得一些小溪流来生存，在泥潭里窜出一条条深沟；穿山甲和鼠类则拿出自己钻地的本领，躲进地下去生活；水牛则成群结队地远涉他乡去寻找新的水源。

雷电季节到来时，电火会烧着树木，野火成了生物的灾难。许多小动物和昆虫葬身火海，野犬则纷纷逃到岛中，躲过一劫。不过火也有它的好处，燃烧后的草木灰成了很好的有机肥，为新的植物生长准备了养分。

野火过后，洪水季节又来到了。水，这沙漠中的甘泉又将滋养着许许多多的新生命。神秘的非洲三角洲又会演绎出新的生命乐章。

三角洲靠近卡拉哈里沙漠的边缘地带，繁茂地生长着纸莎草和凤凰棕榈，而丰富的水域也为鱼鹰、翠鸟、河马、鳄鱼和虎鱼提供了一个理想的生态环境。奥卡万戈河系每年挟带着超过 200 万吨的泥沙灌入三角洲，而它 3% 的河水则涌入另一头的恩加密湖或跨过 482 千米长的卡拉哈里地区，然后注入沙乌湖和玛加第加第盆地。三角洲的面积在泄洪高峰期可扩展至 2 万多平方千米，在低潮期则萎缩为不到 9 000 平方千米。当洪水过境时，三角洲上的野生动物开始向这一区域的腹地退缩。当三角洲的周边地带开始露出水面的时候，野生动物则开始在新近的水地边缘地带集中，这一时期为 5 月至 10 月。这里是卡拉哈里大型动物的天然避难所和大水潭。充足的水分使许多令人意想不到的生命形态在这块“沙漠”地带出现：在水中悠游的鱼儿、在沙滩上晒太阳的鳄鱼、自由吃草的河马和沼泽羚羊。

奥卡万戈河是古代大湖——玛加第加第湖最后的遗迹。几百万年以前的奥卡万戈河流入内陆湖玛加第加第湖。玛加第加第的湖水和相连的沼泽曾经覆盖了卡拉哈里沙漠中部的大部分地区。奥卡万戈的东北部与宽渡河、林扬提以及科比沼泽河系相邻。据说很久以前，奥卡万戈河、科比河、宽渡河和赞比西河前段曾是融为一体的一条大河，它穿过卡拉哈里中部地区，和林波波河汇合，最后流入印度洋。

2. 奥卡万戈的旅游开发

作为博茨瓦纳旅游格局的中心地区，奥卡万戈三角洲上有超过 122 000 的博茨瓦纳人。其中，超过九成的人直接或者间接地依靠丰富的自然资源为生。奥卡万戈国家公园面积约占三角洲地区的 25%，从 1963 年建立之初的莫雷米保护区发展而来，现为博茨瓦纳最主要的旅游景点之一。每年来访的游客在 150 万人以上，以欧美的国际游客居多，并且每年以超过 10% 的速度增长。奥卡万戈国家公园长期以来被誉为地球上原始生态保护最好的区域之一，也获得了由世界旅游业理事会（WTTC）颁发的旅游目的地大奖和非洲最佳营地奖等荣誉称号。

经过几十年的发展，奥卡万戈国家公园成为博茨瓦纳第二大保护区，其游客参观人数和收入仅排在乔贝国家公园之后。园区内可以开展的旅游活动主要包括航空摄影、露营、野餐、划船、徒步游、自驾游等。奥卡万戈三角洲地区的旅游业开发主体主要为外资注入的旅游公司经营的旅馆和旅行社，在该地区的旅游中心城市马翁分布着许多国外旅游巨头公司修建的宾馆和野营地。对于以奥卡万戈国家公园为代表的旅游资源和景点，政府坚持“小规模、高收费”的旅游开发战略。“小规模”指的是控制游客的数量，使游人对园区环境的影响降到最低程度。目前，奥卡万戈国家公园内部只有野营地可以露营和住宿，其他地区禁止露营。整个园区内总共只有 30 多个营地，每个营地平均每天接待游客不超过 20 人。国内外的游客需要先预付百分之百的订金，才能进入这片世界上最美的内河三角洲欣赏风景。因为营地数量有限,游客往往需要提前几个月才能预订到。“高收费”指的是根据入园游客的需求打造高品质的旅游服务,从西式大餐到当地的特色野味,从小飞机低空游览到泛舟划行,从旅游咨询到贴身的导游、服务员等,基本上一位游客一次奥卡万戈公园的旅游开销不低于1万元人民币。1994年博茨瓦纳政府在马翁市设立奥卡万戈湿地研究中心,以期通过对这一地区水文、生物等生态系统的研究,达到长期养护奥卡万戈三角洲的目标,使奥卡万戈国家公园走可持续发展之路。如图5-1所示为成群的羚羊在博茨瓦纳奥卡万戈三角洲的涝原上奔跑。

图5-1　成群的羚羊在博茨瓦纳奥卡万戈三角洲的涝原上奔跑

3. 问题与解决之道

(1)生态环境破坏与生物多样性减少

随着游客的大量增加,人类对环境的影响及破坏的趋向越来越明显。例如奥卡万戈三角洲地区的湿地环境受旅游设施的建设及活动开展的影响而遭受破坏,部分野生动物物种明显减少。“大象无国界”

通过对三角洲内动物较集中的恩加米兰区进行调查发现，与 1996 年的一次调查相比，11 个动物种群的数量平均下降了 61%。其中几个动物种群已经面临生存危机，鸵鸟的数量下降最快，从 1996 年的 11 893 只下降到 2010 年的 497 只，降幅近 96%；此外角马数量下降了 90%，疣猪减少 81%，而长颈鹿数量下降了近 2/3。此外，博茨瓦纳有些地区环保法律的执行并不严格，缺少监管等原因也间接造成了生态环境的恶化。如图 5-2 所示为成群的长颈鹿在博茨瓦纳奥卡万戈三角洲的涝原上奔跑。

图 5-2 成群的长颈鹿在博茨瓦纳奥卡万戈三角洲的涝原上奔跑

（摄影：肯尼亚 Martin Harvey 资料来源：环球网）

（2）旅游业被国外的行业巨头垄断

奥卡万戈国家公园的游客以欧美人士居多，他们从美国、澳大利亚、英国、法国等发达国家前来，体验非洲热带草原风情。从整个旅游产业链条来看，其运营的载体主要分为三大块：以旅游咨询、低空摄影为代表的旅行社或旅游公司，以洲际航行为代表的交通运输，以宾馆和野营地为代表的酒店住宿。与其他发展中国家的旅游业发展一样，博茨瓦纳的旅游业也深受外资的“长驱直入”之苦，其运营所获得的大部分利润均被外资企业抽走，在奥卡万戈三角洲地区尤为突出。

目前，园区内的大旅游公司基本被国外的行业巨头控制，总部多来自纽约、休斯敦、柏林、伦敦、约翰内斯堡和悉尼等地，这也造成国家公园的一部分收入流出了博茨瓦纳。如果有游客到此游玩或者在公园的野营地居住，都要事先由位于国外的公司总部进行处理，而不是在博茨瓦纳或者马翁(奥卡万戈三角洲的旅游中心城镇)。国际旅游巨头公司凭借技术上的优势，拓展市场、更新旅游信息，并从中获取80%以上的利润。

(3)原住民的利益维护

奥卡万戈国家公园主要以莫雷米野生动物保护区为主体，在1963年保护区建立之前，这里分布着居住了将近1 000年的原住民，他们以狩猎、采集和种植为生。在国家公园建立之后，他们搬迁到了较远一些的地方建立了村寨。村民们原本依靠这片土地上的动植物资源生活，搬迁大大影响了他们传统的狩猎和种植生活模式。

随着园区及周边旅游业的发展，外商成为旅游开发的主体，而居民只能从中获取微不足道的好处，导致了居民对野生动物保护和发展旅游业持消极态度。他们认为政府和国家公园篡夺了原本属于他们的资源并进行控制。这种想法使得居民与公园的管理者之间存在矛盾。

经过长时间的摸索和在学者的建议下，最终当地社区居民加入了博茨瓦纳政府的“CBNRM”计划，与政府和园区管理者们一起参与当地资源的利用和开发。“CBNRM”是一个以社区为基础的自然资源管理项目，被全世界誉为解决资源利用和社区冲突的灵丹妙药，并在非洲国家有着广泛的推广基础。相对于其他国家而言，奥卡万戈三角洲地区的“CBNRM”计划推行得还是比较成功的。

具体的管理方式为:博茨瓦纳政府在此把国家公园分为 28 个狩猎小区,在每个小区内实行“WMA”模式,使当地民众可以参与其中。因为公园内是没有围栏的,野生动物可以自由流动,当地民众可以利用其进行摄影、狩猎、划船等旅游活动。政府负责分配土地和野生动物资源配额;私人或者旅游企业运营商进行投资;当地社区成立的发展基金委员会参与管理。

二、塞伦盖蒂国家公园

塞伦盖蒂国家公园位于坦桑尼亚北部,其北部与肯尼亚接壤,连接肯尼亚的马赛马拉国家保护区。东南是恩戈罗保护区,西南是尼亚利昆古猎物禁猎区(马斯瓦禁猎区),西部是阿昆郎古和格鲁美猎物禁猎区,东北是洛利翁多猎捕管制区。这些地区合起来称为塞伦盖蒂生态系统。

塞伦盖蒂国家公园包括面积达 14 750 平方千米的草地平原和稀树草原,还有沿河森林和林地。园内为热带草原气候,海拔 920 米至 1 850 米。因每年都会出现超过 150 万只白尾角马或斑纹角马和约 250 000 只斑马的迁徙而闻名。1981 年列入联合国教科文组织《世界遗产名录》。

塞伦盖蒂国家公园通常被划分为三个地形区。

①塞伦盖蒂平原。塞伦盖蒂平原十分广袤,南部几乎完全没有树木的草原是该国家公园的标志性景观。平原上的角马主要在 12 月至次年 5 月活动,此外例如斑马、瞪羚、黑斑羚、大羚羊、转角牛羚、水牛、非洲大羚羊等也在雨季时栖息于此。火山灰形成的结晶岩是平原上主要的岩层,部分地区的丘陵由花岗岩构成。

②西部走廊。西部走廊位于国家公园比较偏远的位置,是一个由黑黏土覆盖的类似沼泽的大草原。走廊中的格鲁美地河是尼罗河鳄、

疣猴、战雕等动物的主要栖息地，迁徙动物在5至7月时亦会经过此地。

③北塞伦盖蒂。北塞伦盖蒂主要由开阔的林地（主要为没药属植物）和丘陵构成，南起塞罗勒那，北至肯尼亚边境的马拉河。除了迁徙的角马和斑马（通常发生于7月到8月及11月），还有大象、长颈鹿、小羚羊等在这个浓密的热带稀树草原栖息（图5-3）。

图5-3　野性塞伦盖蒂的斑马、大象

（摄影：Gary　资料来源：维基百科）

园内的雨季为11月至次年5月，其中12月、3月和4月三个月是雨水最充沛的月份，降水量由西向东、向北递减，出现严重干旱时草原会退化为沙漠。当地年平均气温为20.8℃。

除了迁徙的有蹄类动物以外，塞伦盖蒂国家公园也是“非洲五霸”的栖息地。其中狮子现存约3 000头，被认为是非洲数量最多的地方；因20世纪80年代的偷猎数量减少的非洲象主要生活在园内北部，且数量有所恢复；非洲豹现存约1 000头；黑犀主要栖息在园区中部的残留山丘上；非洲水牛目前数量相对较多，但受到疾病的威胁。

塞伦盖蒂国家公园还有猎豹、羚羊、转角牛羚、大角斑羚、鬣狗、狒狒、黑斑羚、非洲野犬、长颈鹿等动物。此外，园内有约500种鸟类，如鸵鸟、蛇鹫、南非大鸨、丹顶鹤、非洲秃鹳、战雕、情侣鹦鹉、秃鹰等。

塞伦盖蒂国家公园是坦桑尼亚的首座国家公园，它目前在坦桑尼亚的旅游业中有示范和带头作用。旅游部门常常安排将塞伦盖蒂地区与马尼亚拉湖、塔兰吉雷、阿鲁沙国家公园和恩戈罗恩戈罗保护区打包的游览方式。

三、肯尼亚东非大裂谷的湖泊系统——人类的起源地

肯尼亚东非大裂谷的湖泊系统是肯尼亚的一处世界遗产，由三个浅水湖泊组成，分别为博戈尼亚湖、纳库鲁湖、爱尔曼特塔湖。肯尼亚东非大裂谷的湖泊系统于2011年被列入《世界遗产名录》，面积32 034公顷，缓冲区面积3 581公顷。

东非大裂谷是世界大陆上最大的断裂带，长度相当于地球周长的1/6，从卫星照片上看犹如一道巨大的伤疤。大裂谷自叙利亚向南，延伸数千千米。这个地堑系统还包括红海和东非的一些湖泊。谷地上有很多死火山的遗迹，在谷地边缘还能看到过去的岩浆活动的痕迹。

肯尼亚东非大裂谷的湖泊系统地区是世界上鸟类最为丰富的地区之一，其中有13种鸟类是濒危物种。这里不仅是火烈鸟（图5-4）最重要的觅食之所，也是白鹈鹕的筑巢和繁殖基地。景区内还生活着大量的大型哺乳动物，如黑犀牛、罗斯柴尔德长颈鹿、扭角林羚、狮子、猎豹和野狗等，对研究重大生态过程具有重要价值。

中部的纳瓦沙湖和纳库鲁湖是鸟类等动物的栖息之地，也是重要的游览区和野生动物保护区，其中的纳瓦沙湖湖面海拔1 900米，是裂谷内最高的湖。南部马加迪湖产天然碱，是肯尼亚重要的矿产资源。北部图尔卡纳湖是人类发祥地之一，曾在此发现过200万年前的古人

图 5-4　东非大裂谷的湖泊系统地区的火烈鸟

（资料来源：你好网）

类头盖骨化石。

当乘飞机越过浩瀚的印度洋，进入东非大陆的赤道上空时，从机窗向下俯视，地面上有一条硕大无比的"刀痕"呈现在眼前，顿时让人产生一种惊异而神奇的感觉，这就是著名的"东非大裂谷"，亦称"东非大峡谷"或"东非大地沟"（图 5-5）。这条长度相当于地球周长 1/6 的大裂谷，气势宏伟，景色壮观，是世界上最大的裂谷带，有人形象地将其称为"地球表皮上的一条大伤痕"，古往今来不知迷住了多少人。

东非大裂谷是人类文明最古老的发源地之一。20 世纪 50 年代末期，在东非大裂谷东支的西侧、坦桑尼亚北部的奥杜韦谷地，发现了史前人的头骨化石，据测定分析，其生存年代距今足有 200 万年，这具头骨化石被命名为"东非人"。1972 年，在裂谷北段的图尔卡纳湖畔，发掘出一具已经有 290 万年历史的头骨，其与现代人头骨十分近似，被认为是已经完成从猿到人过渡阶段的典型的“能人”。1975 年,在坦桑尼亚与肯尼亚交界处的裂谷地带,发现了距今已经有 350 万年历史的“能人”遗骨,并在硬化的火山灰烬层中发现了一段延续 22 米的“能人”足印。这说明,早在 350 万年以前,大裂谷地区已经出现能够直立行走的人,属于人类最早的成员。自 20 世纪 80 年代后期以来,一系列 DNA 研究证据为现代人非洲起源说提供了强有力的支持。

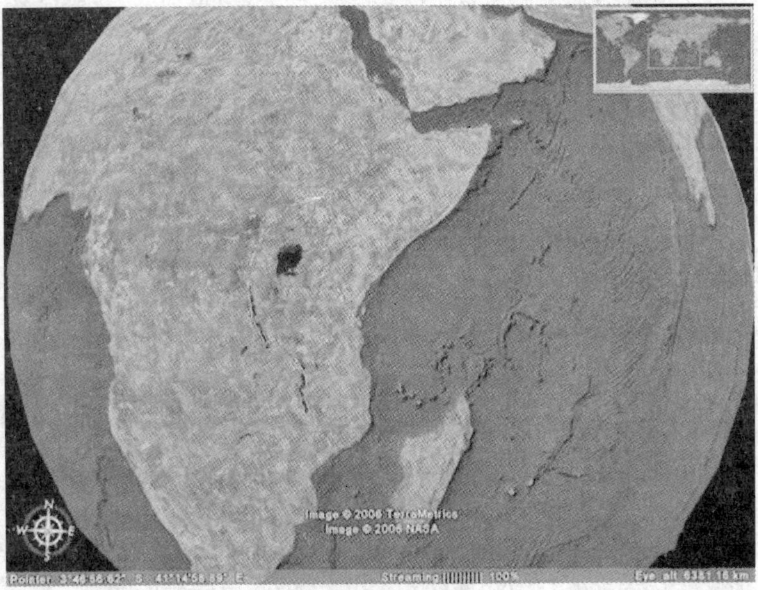

图 5-5　东非大裂谷

(资料来源:Google Earth)

第六章

拉丁美洲和加勒比地区世界遗产

在这片珍贵的自然保护区中至少度过一个月时间，这段时间绝不会占用你的生命。它不仅不会使你的生命缩短，相反它却会使你的生命延长，使你获得真正的永生。你从此将忘却时光的流逝，心中再也没有了沉重的焦虑，一切都像来自天堂的礼物一样降临，轻柔而美好。

——约翰·缪尔（美国博物学家）

拉丁美洲和加勒比地区的世界遗产列表目前包括26个拉丁美洲和加勒比地区国家的世界遗产。本章主要收录世界遗产大国的世界遗产。

一、中亚马孙保护综合体——地球最神秘的“生命王国”

雅乌国家公园（葡萄牙语：Parque Nacional do Jaú），位于巴西亚马孙地区，南纬1°00′～3°00′西经61°30′～64°00′之间的地域。

雅乌国家公园是南美洲最大的森林保护区，面积23 000平方千米。一般人进入国家公园会受到限制，只有得到巴西政府的许可才能进入。2000年公园被列入联合国教科文组织《世界遗产名录》，2003年扩展，登录名称改为“红树林和附近的亚马孙河林地”。

亚马孙河（图6-1）位于南美洲北部，是世界上流量、流域最大，支流最多的河流。由于河流长度测量方法多样，亚马孙河河长便有了多种不同的说法，其中最为常见的是6 400千米。

图 6-1 亚马孙河及其热带雨林

（资料来源：百度百科）

亚马孙河流量达每秒 21.9 万立方米，比其他三条大河——尼罗河（非洲）、长江（中国）、密西西比河（美国）的总和还要大几倍，大约相当于 7 条长江的流量；流域面积达 691.5 万平方千米，占南美洲总面积的 40%；支流数量超过 1.5 万条。

流域内大部分地区为热带雨林气候，上游属于高原山地气候，年雨量 2 000 毫米以上。亚马孙河沉积下的肥沃淤泥滋养了约 650 万平方千米的地区。

著名的亚马孙热带雨林(图 6-2)就生长在亚马孙河流域。这里同时还是世界上面积最大的平原(面积达 560 万平方千米)。平原地势低平坦荡,大部分在海拔 150 米以下,因而这里河流蜿蜒曲折,湖沼众多。多雨、潮湿及持续高温是其显著的气候特点。

图 6-2　亚马孙热带雨林

(摄影:Cesar Paes Barreto　资料来源:维基百科)

由于赤道附近多雨,亚马孙河水量终年充沛。亚马孙河河口年平均流量为每秒 22 万立方米。巴西人自豪地称之为"河海"。据估计,所有在地球表面流动的水有 20% ~25% 在亚马孙河。

亚马孙热带雨林孕育着世界上最为丰富多样的生物资源,其种类多达数百万种。这里聚集了约 250 万种昆虫、10 余万种植物和 2 000 种鸟类和哺乳动物,生活着全世界鸟类总数的 20% 。有专家估计每平方千米内大约有超过 7.5 万种树木、15 万种高等植物,包括有 9 万吨的植物生物量。

亚马孙河水中生活着凯门鳄、淡水龟以及水栖哺乳类动物如海牛、淡水海豚等。陆地上生活着美洲虎、细腰猫、貘、水豚、犰狳等。另有2 500多种鱼以及1 600多种鸟。亚马孙河因其淡水观赏鱼资源而闻名世界,其丰富绮丽的淡水热带观赏鱼一直牵动着全世界观赏鱼爱好者和生物学家的心。

二、马丘比丘历史保护区

马丘比丘(西班牙语:Machu Picchu,意为“古老的山”),是秘鲁著名的前哥伦布时期印加帝国的遗迹(图6-3、图6-4),位于库斯科西北约130千米处,整个遗址高耸在海拔2 350 ~ 2 430米的山脊上,俯瞰着乌鲁班巴河谷,是世界新七大奇迹之一。

由于独特的位置和发现时间较晚(1911年),马丘比丘成了印加帝国最为人所熟悉的标志。在1983年,马丘比丘古神庙被联合国教科文组织列入《世界遗产名录》,且为双重遗产。但与此同时,马丘比丘也面临着遭旅游业破坏的威胁。

马丘比丘城建在库斯科西北约130千米处的马丘比丘山脊上,海拔2 000多米,是南美洲最重要的考古学中心,也是秘鲁最受欢迎的旅游景点。

在马丘比丘的悬崖边,人们可以欣赏到落差600米直到乌鲁班巴河的垂直峭壁。要消除高原反应,人们可以嚼古柯叶或muña——一种有香味的多项功效超过青霉素的草。

整个遗迹由约140个建筑物组成,包括庙宇、避难所、公园和居住区。这里还建有超过100处阶梯——每个通常由一整块巨大的花岗岩凿成。还有大量的水池,互相间由穿凿石头制成的沟渠和下水道相联系,通往原先的灌溉系统。

马丘比丘的全部建筑都是印加传统风格的:磨光的形状规则的墙

以及美妙的接缝技巧，墙上石块和石块之间的缝隙连匕首都无法插进去，让人简直无法想象印加人究竟是如何把它们拼接在一起的，也没有人明白古老的印加文明是如何将重达20吨的巨石搬上马丘比丘的山顶的。

图6-3　马丘比丘1

（摄影：Martin St-Amant　资料来源：维基百科）

图6-4 马丘比丘2

（摄影:Martin St-Amant 资料来源:维基百科）

第七章

生态与生态系统

人类并非创造历史的唯一演员,其他生物、大自然发展进程等都与人一样具有创造历史的能力。如果在撰写历史时忽略了这些能力,写出来的肯定是令人遗憾的不完整的历史。

——克罗农 · W. Crono(环境史学家)

一、生态与生态学

生态学是研究生态系统的科学。生态系统是指一定空间中共同栖居的所有生物,以及生物与其环境之间由于不断的物质循环和能量流动过程而形成的统一整体。

生态学是研究生物与其环境间相互关系的科学。环境又可分为生物环境和非生物环境。1869 年,德国动物学家赫克尔(Haeckel)最早提出生态学(Ecology)的定义:生态学就是研究生命有机体和周围环境之间相互关系的科学。

英国生态学家埃尔顿(Charles Elton, 1927)把生态学定为"科学的自然历史"。澳大利亚生态学家安德烈沃斯(Andrewartha, 1954)给生态学下了这样的定义:研究有机体的分布和多度的科学。他强调种群动态,反映了生态学研究的重心由动物的自然历史转向种群生态学。

生态学是研究生物与环境、生物与生物之间相互关系的一门基础学科。生态学研究的重点在于生态系统和生物圈中各组成成分之间,尤其是生物与环境、生物与生物之间的相互作用。生态学研究的是以种群、群落和生态系统为中心的宏观生物学。生态系统中物质的循环和能量的流动、生态系统的稳定与平衡以及影响平衡的因素及相关结果等都是生态学家所关心的。

二、生态因子

1. 什么是生态因子

生态因子是环境中对生物的生长、发育、繁殖、行为和分布有直接或间接影响的环境要素。

生态因子包括以下类别。

(1)非生物因子

①气候因子：阳光、温度、湿度、降雨、风、气压、雷电等。

②营养因子：(植物)无机元素；(动物)有机物。

③水因子：水量、水的 pH 值、盐浓度。

④土壤、地形和地理因子(陆生动植物)：土壤结构、土壤理化性质、山脉起伏程度、地形和地理位置。

⑤海洋地理因子(海洋动植物)：海水的深度、洋流的变化和海岸带地理位置(如河口、潮上带、潮间带、潮下带等)。

⑥大气成分：空气中氧气的浓度和二氧化碳的浓度等。

⑦自然灾变：火山喷发、地震、森林大火等。

(2)生物因子

①生物之间的各种相互作用。

②人类的活动对自然界其他生物产生的影响。

③政治、经济、文化、科学技术等社会因素对个人和整个人类的作用和影响。

2. 生态因子作用的特征

①综合作用。生态环境是由许多生态因子组合起来的综合体，对

生物起着综合作用。各个单因子之间互相联系、互相促进、互相制约，任何一个单因子的变化必然在不同程度上引起其他因子的变化。

②主导因子作用。组成环境的所有生态因子不是等价的，在一定条件下，其中必然有一个或两个是起主导作用的，这种起主导作用的因子被称为主导因子。

③直接作用和间接作用。有些生态因子起直接作用，而许多地形因子，如地形起伏、坡向、坡度、海拔、经纬度等，起间接作用。

④阶段性作用。

⑤不可替代性和补偿性作用。生态因子虽然不是等价的，但却同等重要。某个因子的缺少，会引起生物的正常生活失调，生长受阻，甚至死亡。而任何一个因子都不能由另一个因子来代替，这就是生态因子的不可替代性和同等重要性规律。

3. 限制因子

限制生物生存和繁殖的关键性因子，是指低于某种生物需要的最小量的任何特定因子，是决定该种生物生存和分布的根本因素。

4. 耐受性定律

任何一个生态因子在数量上或质量上的不足或过多，即当其接近或达到某种生物的耐受限度时，会使该种生物衰退或不能生存。

每一种生物对不同生态因子的耐受范围存在差异。生物在整个个体发育过程中，对环境因子的耐受限度是不同的。不同的生物物种，对同一生态因子的耐受性是不同的。

5. 生态幅

每种生物对每种环境因素都有一个耐受范围，即有一个上限和一个下限，上限和下限之间的范围称为生态幅或生态价。

各种生物对周围环境各种变化的适应程度，称为物种的生态可塑性。生态可塑性可分为“广生态型”和“狭生态型”。

三、生物物种、种群及其关系

地球上的一切生命形式，包括植物、动物、微生物等，都有各自不同的特征及生存环境，它们相互间存在着错综复杂的关系。生物与环境的关系及相互作用包括了从个体到群体、从局部到全局、从微观到宏观不同的层次，也就是个体→种群→群落→生态系统。

1. 物种

物种是生物分类的基本单位，是具有一定的自然分布区，形态、结构、功能、发育、生态分布基本相同的一群生物。物种是生物进化和自然选择的产物。同物种中的个体具有相同的遗传性状，可以彼此交配产生后代，不同物种之间具有生殖隔离。物种是生态系统中的功能单位。同种生物具有一个共同的进化祖先。

物种形成的原因有以下几种。

(1)地理隔离

地理隔离由地理屏障引起，将两个种群彼此隔开，阻碍了种群间个体交换，从而使基因交流受阻。

(2)独立进化

独立进化指两个地理上和生殖上隔离的种群各自独立地进化，适应于各自的特殊环境。

(3)生殖隔离机制建立

假如地理隔离屏障消失，两个种群的个体可以再次相遇和接触，但由于建立了生殖隔离机制，基因交流已不可能，因而成为两个种，物种形成过程完成。

2. 种群

种群是栖息在同一地域中同种个体组成的集合体，是占据特定空间(地理位置)的同种有机体的集合群。种群是由同种个体组成的，占有一定空间的，具有潜在杂交能力和自己独立的特征、结构和机能的整体，是物种在自然界存在的基本单位，又是生物群落的基本组成单位。种群是一种特殊组合，具有独特性质、结构、机能，有自动调节大小的能力。

一个物种通常由许多存在着明显的地理隔离的种群构成。长期隔离有可能使一个物种发展出不同的亚种，甚至产生新的物种。事实上，种群的空间界限和时间界限并不十分明确，除非种群栖息地具有清楚的边界，如岛屿、湖泊等。

(1)种群的分布类型

种群的分布类型指全部个体在种群界定范围内的空间分布类型。

均匀型：种群个体均匀分布，是个体相互作用、争取获得更大空间和更多资源的结果。例如正在营巢的鸟类相互拉开距离，各自占据一定的地盘和活动空间。

随机型：种群内的个体既不相互排斥，也不相互吸引，即个体的分布不受其他个体的影响。

群集型：种群的个体相聚成群，如蚂蚁成窝、小鱼结伴、芦苇集中生长等。群集型是较为普遍的种群分布类型。

(2)种群的年龄结构

种群内不同年龄的个体数量分布情况，根据年龄结构可划分为三种种群类型：增长型、稳定型、衰退型(图 7-1)。

增长型种群：年龄结构呈典型金字塔形，种群有大量幼体，老龄个体少，出生率大于死亡率，种群数量迅速增长，种群数量呈上升趋势。

稳定型种群：出生率等于死亡率，种群数量稳定。

衰退型种群：出生率小于死亡率，种群数量趋于减少。

种群(特别是优势种)的年龄结构，直接关系到本身及其所在群落的发展趋势。测定种群的年龄结构，便可分析它的自然动态，推知它及其所在群落的历史，预测它们的未来。

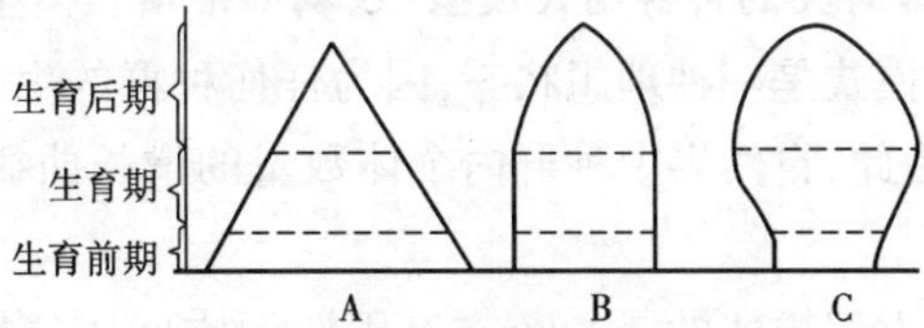

图 7-1　种群年龄结构的三种类型

A. 增长型种群：有许多幼年个体，补充率大于死亡率

B. 稳定型种群：补充率大致等于死亡率，种群的大小趋于稳定

C. 衰退型种群：大多数个体已经过了生殖年龄，种群的大小趋于减小

(3) 种群的增长模型

马尔萨斯方程又称指数增长模型。在世代重叠的情况下，种群以连续的方式增长。

$$N_t = N_0 e^{rt}$$

$r > 0$ 时，种群上升；

$r = 0$ 时，种群稳定；

$r < 0$ 时，种群下降。

r 代表增长率；N 代表种群数量；t 代表时间。

如以横坐标代表时间，纵坐标代表种群的个体数，绘成曲线，则得到类似英文字母 J 的曲线，称为 J 形曲线。该曲线在开始时增长较慢，随后在较短时间内急剧上升至顶端。在环境条件良好时，种群是按几何级数增长的。当环境条件不能支持该种群继续增长且环境恶劣导致大量个体死亡时，种群趋于消亡，该曲线就急剧下降，故又称为“爆发—灭绝”曲线。

所有种群都有数量爆发性增长的潜力，也就是指数增长的潜力。个体数量越大，增长速度越快。在最适宜的条件下，大肠杆菌每 20 分钟就繁殖一代，用不了几天，一个大肠杆菌的后代，其重量就可以与地球相当。

自然界中绝大多数种群都不遵照指数增长模型，但是也有特例。

(4)与密度有关的种群增长模型(逻辑斯蒂增长模型)

指数增长模式是一种理想状态,因为任何种群的生长都存在一定的限制因子,因此,自然界中种群内个体数量的增长曲线不是J形,而是S形。

逻辑斯蒂方程描述的是一个在有限资源空间中的简单种群的增长。在起始段,资源丰富,死亡率最小,个体数量的增长不断加速,繁殖尽可能地快,种群内个体可达到内禀增长率,符合指数增长模式;然后是减速阶段,增长速度降下来。当种群更加拥挤时,种群增长率减少到零,种群大小处于稳定状态。这可用逻辑斯蒂方程来表示:

种群大小随时间的变化率 = 内禀增长率 × 种群大小 × 密度制约因子

$$dN/dt = rN(1-(N/K))$$

N 代表种群数量,K 代表生物在特定环境的饱和度,也就是环境容量。

当种群达到环境容纳量,种间竞争变得更激烈时,密度制约因子 $(1-(N/K))$ 会接近零。增长曲线呈倾斜舒展的"S"形,又称逻辑斯蒂曲线(图7-2),如在真实种群中通常所观察到的那样。此模型为种群增长的普遍规律。

(5)环境容纳量(Carrying Capacity)

某一种群在一个生态系统中,即一个有限的环境中所能稳定达到的最大数量(或最大能度)叫作系统或环境对该种群的环境容纳量。常用 K 来表示。

环境容纳量的大小一般取决于两个方面:一是温度、光照、水、养分等非生物因子或食物、空间等资源;二是食性行为、适应能力等种群的遗传特性。种群的数量在 K 值附近波动。如果没有环境限制,没有 K 水平,种群的繁殖是惊人的。

3. 生物种间关系

生物物种之间存在着各种各样的相互依存、相互制约的关系,根

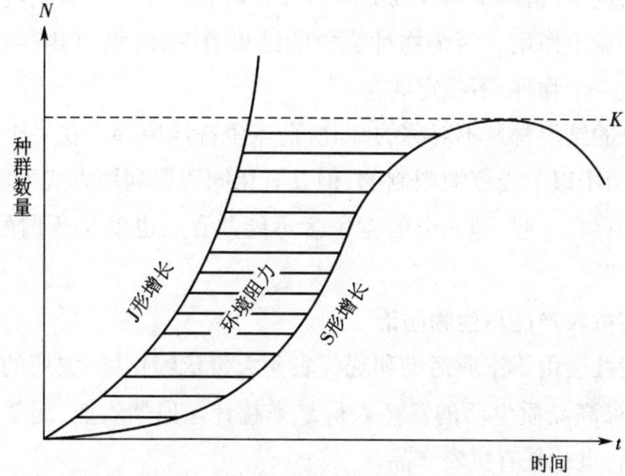

图 7-2　种群增长的理论曲线

据种间关系的性质，可以把它们分为三种基本类型，即共生、敌对、互容。我们可分别用符号"+""-""0"来表示。理论上讲，种群间相互作用的基本形式相当于这三种类型的可能组合（表 7-1）。

表 7-1　物种种群相互作用分析

相互作用类型	物种		相互作用的一般特征
	甲	乙	
中性作用	0	0	两物种彼此不受影响
竞争：直接干涉型	-	-	互相抑制，两物种皆受危害
竞争：资源利用型	-	-	资源缺乏时的间接抑制
偏害作用	-	0	物种甲受抑制，物种乙不受影响
寄生作用	+	-	物种甲寄生得利，物种乙受害
捕食作用	+	-	物种甲捕食受益，物种乙被捕食受害
偏利作用	+	0	物种甲是偏利者，物种乙不受影响
原始合作	+	+	互相有利，但不是必然的
互利共生	+	+	互相作用，二者都受益

种间竞争:指两个物种或更多物种共同利用同样的有限资源时产生的相互竞争作用。两个物种竞争的结果有三种:稳定共存、一个物种战胜另一个物种、不稳定共存。

竞争的结果常是不对称的,即所谓竞争排斥原理。在一个稳定的环境内,两个以上受资源限制的、但具有相同资源利用方式的物种,不能长期共存在一起,即完全的竞争者不能共存。也就是所谓的“一山不容二虎”。

4. 有机农产品与生物防治

现代社会由于工业污染和现代农业大量依赖化肥、农药的高污染特征,追求高品质生活的富裕人群越来越怀念原始农业,渴望无污染农业产品,也就是有机农产品。

有机农产品是根据有机农业原则和有机农产品生产方式及标准生产、加工出来的,并通过有机食品认证机构认证的农产品,是纯天然、无污染、安全营养的食品,也可称为“生态食品”。

有机农业的原则是在农业能量的封闭循环状态下进行生产,全部过程都利用农业资源,而不是利用农业以外的能源(化肥、农药、生产调节剂和添加剂等)影响和改变农业的能量循环。有机农业生产方式是利用动物、植物、微生物和土壤4种生产因素的有效循环,不打破生物循环链的生产方式。

绿色农产品是遵循可持续发展原则,按照特定生产方式生产,经专门机构认定、许可使用绿色食品标志的无污染的农产品。可持续发展原则的要求是,生产的投入量和产出量保持平衡,既要满足当代人的需要,又要满足后代人同等发展的需要。绿色农产品在生产方式上对农业以外的能源采取适当的限制,以更多地发挥生态功能的作用。

我国的绿色食品分为A级和AA级两种。其中A级绿色食品生产中允许限量使用化学合成生产资料,AA级绿色食品则较为严格地要求在生产过程中不使用化学合成的肥料、农药、兽药、饲料添加剂、食品添加剂和其他有害于环境和健康的物质。按照农业部发布的行业标准，AA 级绿色食品等同于有机食品。

有机农产品与其他农产品的区别主要有以下 3 个方面。

①有机农产品在生产加工过程中禁止使用农药、化肥、激素等人工合成物质，并且不允许使用基因工程技术；其他农产品则允许有限使用这些物质，并且不禁止使用基因工程技术。

②有机农产品在土地生产转型方面有严格规定。考虑到某些物质在环境中会残留相当一段时间，土地从生产其他农产品到生产有机农产品需要 2 ~ 3 年的转换期，而生产绿色农产品和无公害农产品则没有土地转换期的要求。

③有机农产品在数量上须进行严格控制，要求定地块、定产量，其他农产品没有如此严格的要求。

生物防治是根据种群竞争、捕食与寄生等负相互作用原理，利用一类生物种群压制另一类生物种群，使其不能达到危害农业生产的种群密度。

生物防除杂草指利用一些专食性昆虫或细菌、真菌等对杂草采食或寄生，达到防除杂草的目的。如原产欧洲、亚洲对牲畜有毒的黑底叶金丝桃侵入美国后蔓延到美国广大地区，因侵染面积大，采用化学及耕作方法防除均难以实行，后引入原产法国南部的金丝桃叶甲、四重叶甲、金丝桃长吉丁，它们繁殖起来后才消灭了当地的黑底叶金丝桃。据报道，美国利用食草昆虫已不同程度地控制了 25 种严重危害农作物的杂草。

5. 生态位

生态位主要指在自然生态系统中一个种群在时间、空间上的位子及其与相关种群之间的功能关系，也就是物种在生物群落或生态系统中的地位和角色。对于某一生物种群来说，只能生活在一定环境条件范围内，并利用特定的资源，甚至只能在特殊时间里在该环境中出现，例如，食虫的蝙蝠是在夜间活动的，夜间鸟类很少在觅食。随着有机体发育，它们有的能改变生态位。例如，蟾蜍在变态前占据水体环境，是藻类和碎屑的取食者，当变为成体时它们成为陆生的和食虫的。

如果两个物种的资源利用曲线完全分开，那么就有某些未利用资源。扩充利用范围的物种将在进化过程中获得好处；同时，生态位狭窄的物种，其激烈的种内竞争更将促使其扩展资源利用范围。由于这两个原因，进化将导致两物种的生态位靠近、重叠增加，种间竞争加剧。另一方面，生态位越接近，重叠越多，种间竞争也就越激烈；按竞争排斥原理，这将导致某一物种灭亡，或者通过生态位分化而得以共存。后一种情形是导致两共存物种的生态位分离。总之，种内竞争促使两物种的生态位接近，种间竞争又促使两竞争物种生态位分开，这是两个相反的进化方向。生态位的 4 种关系见图 7-3。

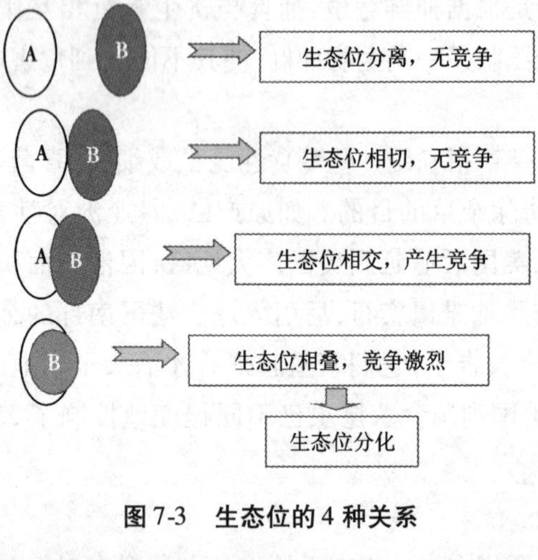

图 7-3　生态位的 4 种关系

6. 外来物种与生态入侵

人类由于傲慢与无知，基于科学研究、农业需要和宠物、观赏等目的，随意在不同地区甚至不同大洲引进外来物种，这些没有节制、没有生态测试的引进，造成了一系列生态入侵的灾难。

生态入侵也称作外来生物入侵。它是指某一生物通过有意或无意的人为活动被引进其自然分布范围以外的非原产地区；在适宜其栖息和繁衍的地区，种群不断扩大，在当地自然或人为生态系统中建立了可自我维持的种群；其分布区逐步稳定扩展，造成自然生态系统或景观的明显变化，或给当地的自然或人为生态系统造成损害。

典型的例子是欧洲穴兔、美洲仙人掌被引入澳大利亚所引起的灾难性的环境破坏。澳大利亚本来不产兔子，1859 年，移民偶然地从英国带来了 12 只欧洲穴兔。由于兔子在澳大利亚没有鹰、狐狸这些天敌，也没有能够引起欧洲穴兔大量死亡的病毒与寄生虫，与兔子生态位相近的小袋鼠也没有能力跟它们竞争，于是它们开始了几乎不受任何限制的大量繁殖。到了 1907 年，兔子已遍布整块大陆。由于兔子和牛羊争夺牧草，澳大利亚的畜牧业遭受了巨大的损失。

印度、南非向联合国提交的报告称，印度和南非每年因生物入侵造成的经济损失分别为 1 300 亿美元和 800 亿美元。美国康奈尔大学公布的数据表明，美国目前每年要为“生物入侵”损失 1 370 亿美元。这还不包括那些无法计算的隐性损失，如外来生物引起的人们的受伤和死亡、本地生物物种的灭绝以及改变环境景观造成的美学价值的丧失。还有，在全世界濒危物种的植物名录中，有 35% ~46% 是部分或完全由外来生物入侵引起的。

据估计，美国有 5 000 多种植物和动物是从世界其他地方引入的，在夏威夷和佛罗里达，植物外来种的数量分别占 45% 和 40% 。专家估计入侵植物已经在美国 1 亿多英亩的土地上蔓延滋生，而且每年以 8% ~20% 的速度递增。每年由于植物入侵而损失的土地为 300 万英亩，相当于东部特拉华州面积的两倍。2002 年时，因斑马蚌堵塞水管而关闭电力设施所造成的损失估计达 50 亿美元；七鳃鳗的入侵造成五大湖地区渔业和鲑鱼资源的崩溃，美国和加拿大每年用于控制七鳃鳗的费用达1 300万美元;亚洲天牛科的昆虫在纽约布鲁克林造成的损失达500万美元;大戟类植物每年引起美国蒙大拿州、北达科他州、南达科他州和怀俄明州牲畜草料的损失达14 400万美元,等等。

很多人都看过美国电影《杀人蜂》。杀人蜂是人类在无意间改变生态环境的一个恐怖范例。

1956年,巴西遗传学家科尔博士从非洲带回47只毒蜂蜂后,他想研究是不是能够把这些毒蜂加以驯化。不料一年后实验室发生偶然事故,其中26只蜂后从实验室飞走了,于是这种毒蜂开始以每年300~500平方千米的速度“占领”周围地区,从最初的26只蜂后发展到今天总数超过10亿的庞大种群。

自1957年以来,有超过1 000人因受到成群的杀人蜂叮咬而死亡。这种非洲品种的蜜蜂已经与本地蜜蜂杂交,由南美洲向北迁徙,进入美国境内,目前在德州、亚利桑那州、加州时有它们的踪迹。

尽管杀人蜂的毒液量和成分与它们欧洲品种的近亲差别并不大,但这些非洲品种的蜜蜂更容易引起刺激反应,它们集结的速度更快,在防卫蜂巢时更具有攻击性,也更会叮人。

“疯牛病”的扩散也是一种生物入侵,1986年,英国爆发“疯牛病”,欧盟各国为防止该病入境至少耗去30亿欧元。

我国也是外来物种入侵造成严重灾害的国家之一。目前严重危害我国农林业的外来动物约有40种,害虫类包括美国白蛾、松突圆蚧、湿地松粉蚧、稻水象甲、斑潜蝇、松材线虫、蔗扁蛾、苹果棉蚜、葡萄根瘤蚜、二斑叶螨、马铃薯甲虫、桔小实蝇、白蚁、红脂大小蠹等。其他外来动物如原产于南美的福寿螺、原产于东非的非洲大蜗牛,原产于北美洲的麝鼠(又名水耗子、青根貂),原产于苏联的松鼠、褐家鼠和黄胸鼠,原产于南美洲的獭狸(又名海狸鼠、草狸鼠、沼鼠)等。引进外来鱼类对湖泊的本地鱼种和生态系统也构成了巨大威胁。

对农业危害较大的外来微生物或病害有11种,它们是水稻细菌性条斑病、玉米霜霉病、马铃薯癌肿瘤、大豆疫病、棉花黄萎病、柑橘黄龙病、柑橘溃疡病、木薯细菌性枯萎病、烟草环斑病毒病、西红柿溃疡病、鳞球茎茎线虫。

国家环保总局在2003年3月6日公布了16种外来入侵物种，分别为紫茎泽兰、薇甘菊、空心莲子草、豚草、毒麦、互花米草、飞机草、凤眼莲（水葫芦）、假高粱、蔗扁蛾、湿地松粉蚧、强大小蠹、美国白蛾、非洲大蜗牛、福寿螺、牛蛙。

这些外来物种的入侵每年给我国造成损失574亿元。

紫茎泽兰与飞机草原产于中美洲，均属泽兰属、菊科。新中国成立前后从中缅、中越边境传入我国云南南部，现在广泛分布于云南、广西、贵州、四川地区，并以很快的速度向北推移，仅云南目前发生面积就达2 470万公顷。紫茎泽兰和飞机草总是以漫山遍野密集成片的单优植物群落出现，大肆排挤本地植物，侵占宜林荒山，影响林木生长和更新，并侵入经济林地，影响栽培植物生长，堵塞水渠，阻碍交通。它们已经严重威胁到我国生物多样性的关键地区之一——西双版纳自然保护区内许多物种的生存和发展。紫茎泽兰含有的毒素易引起马匹的气喘病，仅1979年在云南省的52个县179个乡，发病马就达5 015匹，死亡3 486匹，甚至造成“无马县”；牛羊也因无可食饲料种群数量锐减。

薇甘菊的英文名叫Mile-a-Minute Weed，意思是“一分钟一英里草”，说明其惊人的扩张速度，是原产于中、南美洲的菊科草质藤本植物。薇甘菊产生蔓生茎，攀缘并缠绕其他植物，可使成片树木枯萎死亡，所到之处别无他草。由于其生长极为迅速，繁殖力极强，扩散速度极快，控制极其困难，成为热带、亚热带地区危害最严重的杂草之一。

薇甘菊于20世纪80年代初入侵到深圳，当时深圳的自然植被保存完好，薇甘菊并未引起人们的注意。20世纪90年代以来，由于深圳市快速进行建设，自然的生态环境遭到了大规模的破坏，同时薇甘菊逐步适应了深圳的自然环境,开始成害。现在薇甘菊正迅速向珠江三角洲扩散,分布面积急剧扩增,目前已造成受危害林地面积4万余亩。深圳内伶仃岛是国家级自然保护区,岛上生长着600多只猕猴以及穿山甲、蟒蛇等重点保护动物,这些猕猴依赖香蕉、荔枝、龙眼、野生橘及一些灌木和乔木为生,但是目前薇甘菊覆盖了全岛7 000多亩山林40%~60%的面积,猕猴面临着严重的食料短缺。

松突圆蚧随着进口我国的杉材潜入,先是在广东沿海,随后扩散至华南、华东并向北蔓延,其所到之处松树连片枯萎死亡,到20世纪90年代初蔓延达72万公顷。还有一种原产于美国的湿地松粉蚧,1988年随进口的一批松树穗条传入我国,此后便四处"安营扎寨",蔓延扩展,令人防不胜防,据1996年统计已损害松林27万公顷。20世纪70年代美国白蛾潜伏在交通工具中进入我国,这种白蛾有贪婪的胃口,能咀嚼几乎所有的绿色乔木,现已在辽、鲁、冀、陕、津、沪等省市出现。

水葫芦学名凤眼莲,雨久花科、凤眼莲属植物,现已被列为世界十大害草之一,也叫水浮莲、水凤仙、水荷花等。大约于20世纪30年代作为畜禽饲料引入我国,并曾作为观赏和净化水质植物得以推广种植,后逸为野生,广泛分布于华北、华东、华中和华南的大部分省市。水葫芦主要分布于河流、湖泊和水塘中,往往形成单一的优势群落,通常自由漂浮于水面。广东、云南、江苏、浙江、福建、上海等省市每年都要人工打捞水葫芦,浙江温州和福建莆田1999年用于人工打捞水葫芦的费用分别为1 000万元和500万元,全国总的费用有多少,目前没有准确统计,至少1亿元,而水葫芦带来的农业灌溉、粮食运输、水产养殖、旅游等方面的经济损失更大。

美洲斑潜蝇最早于1993年在海南出现,到1998年已在全国21个省市区发生面积达1.3万平方千米以上,它寄生22个科的110种植物,尤其是蔬菜瓜果类受害严重,包括黄瓜、甜瓜、西瓜、西葫芦、丝瓜、西红柿、辣椒、茄子、豇豆、菜豆、豌豆和扁豆等，目前在我国，每年防治斑潜蝇的成本高达4亿元。

在国际贸易活动中，外来种常常引起国与国之间的贸易摩擦，成为贸易制裁的重要借口或手段。近年来我国出口美国的木制包装品因光肩星天牛问题给我国的对外贸易带来了数以千万计的经济损失。

7. 生存对策——为什么农药没有消灭害虫反而导致了珍稀鸟类的灭绝

生物可分为*r*-对策者和*K*-对策者两类。简单地说，*r*-对策者是以“量”取胜者，*K*-对策者是以“质”取胜者。

环境是一个连续的谱系。一个极端是气候稳定、难以预测的天灾很少的系统，例如热带雨林就属于这种情况，它是生态上饱和的系统，动物密度很高，竞争激烈。在这类环境中，动物种群数量达到或接近环境容纳量的水平，即与种群逻辑斯蒂增长模型的饱和度*K*值接近，因此称为*K*-选择。另一个极端是气候不稳定、难以预测的天灾多的地方，如寒带或干旱地区，它们属于生态上真空、没有密度影响、没有竞争的类型。在这类环境中，种群密度处于*K*值以下的增长段，因此种群常常处于高增长期，种群的繁殖速率是高增长率(*r*)的，所以称为*r*-选择。

K-对策者种群竞争性强，数量较稳定；但一旦受危害造成数量下降，种群恢复比较困难。*r*-对策者死亡率高，但高*r*值能使种群快速恢复，且具有高扩散能力，更有利于形成新物种。

r-对策者和*K*-对策者在进化过程中各有利弊。*r*-对策者的防御和竞争能力不强，死亡率很高，种群很不稳定。但种群不稳定并不意味着进化中必然不利。*r*-对策者不像*K*-对策者那样易于灭绝。在低数量时通过迅速增长就能恢复到较高水平；在密度很高时，它们可能消耗大量资源，使生境破坏，但它们通过扩散而离开被破坏的地方，并且迅速地在别的地方建立起新的种群。杂草和害虫通常是*r*-对策者，出生率和死亡率都很高，条件适宜时种群增长极快，具有较强的扩散和

迁徙能力，难以灭绝。

人类社会面对杂草和害虫的危险，总是想斩草除根。如果懂得生态学就应该知道，这其实是根本不可能的。而过度使用农药，农药通过生态系统富集，反倒会使生态系统中杂草和害虫的天敌被消灭，大量鸟类濒临灭绝，也对人类本身产生一系列危害。

K-对策者的种群接近 *K* 值但不超过，超过有导致生境退化的可能。低生育力要求有高存活率，这样才能保证种族的延续，因此 *K*-对策者的防御和保护幼体的能力较强。由于有亲代关怀，*K*-对策者通常存活率较高，个体较大，寿命较长，这些特征保证了 *K*-对策者在激烈的生存斗争中取得胜利。但是，*K*-对策者在过度死亡后，恢复到原有平衡的能力低下，还有可能灭绝。

珍稀濒危动、植物多数为 *K*-对策者，出生率和死亡率都较低，条件适宜时种群增长也不快，扩散和迁徙能力差，种群密度低时容易灭绝。

表 7-2　*r*-对策者和 *K*-对策者的特征对照

	r-对策者	*K*-对策者
气候	多变，难以预测，不确定	稳定，可预测，较确定
死亡率	常是灾难性的，无一定的规律性，非密度制约的	比较具有规律性，密度制约的
存活曲线	幼体存活率很低	幼体存活率高
种群大小	时间上变动大，不稳定，低于环境容纳量 *K* 值	时间上稳定，种群平衡，密度在 *K* 值通常临近
种内种间斗争	群落不饱和，生态上真空，每年有再移植，变动性大，通常不紧张	群落处于饱和状态，没有移植必要性，经常保持紧张
选择有利于	①快速发育 ②高繁殖率 ③提早生育 ④体型小 ⑤单次生殖	①缓慢发育 ②高竞争力 ③生殖开始迟 ④体型大 ⑤多次生殖
寿命	短，通常少于 1 年	长，通常大于 1 年
导致	高生育力的	高存活率的

四、群落

1. 群落的概念

生物群落是栖息在同一地域中,相互之间具有直接或间接关系的所有种群的集合体,包括该地域中的动物、植物和微生物。

与种群一样,生物群落也有一系列的基本特征,这些特征不是由组成它的各个种群所能包括的,也就是说,只有在群落总体水平上,这些特征才能显示出来。生物群落的基本特征包括群落中物种的丰富度(群落所包含的物种数目),群落的形式(如森林、灌丛、草地、沼泽等)和结构(垂直结构、水平结构、时间结构),优势种(群落中以其体积大、数量多或活动性强而对群落的特性起决定作用的物种),相对丰盛度(群落中不同物种的相对比例),营养结构等。

2. 群落最小面积

群落最小面积要求能够表现群落结构的主要特征。也就是说至少需要这样大的空间,才能包括组成群落的大多数物种。组成群落的物种种类越丰富,群落的最小面积越大。

如西双版纳热带雨林,由于环境条件优越,群落结构复杂,物种十分丰富,最小群落面积 2 500 平方米,主要高等植物在 130 种左右;而东北小兴安岭红松林群落,最小面积为 400 平方米,主要高等植物仅 40 种左右。

3. 群落演替

演替是指在一定地段上,群落由一个类型转变为另一个类型的有顺序的演变过程,是一个群落为另一个群落所取代的过程,它是群落动态的一个最重要的特征。演替导向稳定性。

经典演替观基本思想:①群落演替是有顺序的过程,有规律地向一个方向发展,因而是能够预测的;②虽然群落演替受生境中物理环境所约束,但主要是由生物群落自身决定,即演替前期为后期的物种入侵和繁殖准备了条件;③演替的最后阶段是稳定的系统,往往生物量最大,物种种群间的相互作用最紧密。

一个先锋群落在裸地形成后,演替便会发生。一个群落接着一个群落相继不断地为另一个群落所代替,直至顶极群落。这一系列的演替过程就构成了一个演替系列。按照演替发生的起始条件,演替可分为原生演替、次生演替。

原生演替是开始于原生裸地或原生芜原(完全没有植被并且也没有任何植物繁殖体存在的裸露地段)上的群落演替。次生演替是指开始于次生裸地或次生芜原(不存在植被,但在土壤或基质中保留有植物繁殖体的裸地)上的群落演替。

4. 顶极群落

随着群落的演替,最后将出现一个相对稳定的群落——顶极群落。决定顶极群落类型的因素有气候、土壤类型、生物(包括人类活动)、火、风等。自然条件下的顶极群落是生态恢复的目标。

5. 控制群落演替的主要因素

(1)生态环境不断变化

群落本身较早阶段的生物群落往往在生命活动中改造环境,为其他植物的生存提供有利条件,使原来的群落解体,从而引起演替。

(2)外部环境条件的改变

从大规模的地壳运动(冰川、地震、火山等),到小范围的地貌变化(洪水、滑坡等),以及气候变化、火灾等常可成为引起演替的重要条件。

(3)人类活动

人类活动的影响远远超过自然因子,特别是人类的放火烧山、砍伐森林、开垦土地等。

6. 云杉林的采伐演替——我国亚热带东部常绿阔叶林次生演替的典型案例

(1) 采伐迹地阶段

喜光的禾本科、莎草科及其他杂草——杂草群落。

(2) 小叶树种阶段

喜光的阔叶树种，如桦、山杨、桤木等。

(3) 云杉定居阶段

阔叶森林形成了适宜云杉、冷杉等幼苗生长所需的环境，30 多年后，云杉成为第二层；50 多年后，云杉进入上层林冠。

(4) 云杉恢复阶段

云杉成林后，淘汰了喜光阔叶树种，形成了云杉林顶极群落。

五、生态系统

1. 生态系统的定义

生态系统是在一定的时间和空间内，生物和非生物的成分之间，通过不断的物质循环和能量流动而相互作用、相互依存的统一体，是构成一个生态学的功能复合体。生态系统是生物群落和非生物环境的复合体。

2. 生态系统的组成

生态系统的组成包括生物组分和非生物组分。

(1) 生物组分

生物组分包括生产者、消费者和分解者。

1) 生产者

生产者指自养生物，能利用简单的无机物制造食物的自养生物，主要包括能进行光合作用的藻类高等植物及光合细菌等。生产者是自然界生命系统中唯一能将太阳能转化为生物化学能的媒介。

2)消费者

消费者针对生产者而言,即它们不能利用无机物制造有机物而是直接或间接依赖生产者所制造的有机物质,因此属于异养生物。消费者包括食草动物、肉食动物、顶级肉食动物、杂食动物和寄生动物。

3)分解者

分解者亦称为还原者,分解已死的原生质或复杂的化合物,吸收其中某些分解的产物,释放能为生产者所利用的无机营养物质。分解者主要包括微生物(真菌、细菌、放线菌等),原生动物,腐食性动物(蚯蚓、白蚁、秃鹫等)。

(2)非生物组分

非生物组分包括光照、水分、温度、空气、土壤等自然条件和参加物质循环的无机元素,如氧气、氮气、二氧化碳、水和各种无机盐以及联结生物成分和非生物成分的有机物质(如蛋白质、糖类、脂类和腐殖质)等。

3. 食物链、食物网与营养级

(1)食物链

生态系统中贮存在有机物中的化学能,通过一系列吃与被吃的关系,把生物与生物紧密地联系起来,这种生物之间能量传递的关系被称为食物链。民谚所说的“大鱼吃小鱼,小鱼吃虾米”就是食物链的生动写照。一般食物链都由4~5个环节组成。

食物链分成四种类型。

1)捕食食物链

捕食食物链指一种活的生物取食另一种活的生物所构成的食物链。捕食食物链都以生产者为食物链的起点。如草原上的青草→昆虫→小鸟→鹰;湖泊中的藻类→甲壳类→小鱼→大鱼。

2)碎食食物链

碎食食物链指以碎食(植物的枯枝落叶等)为食物链的起点的食

物链。其构成方式为碎食物→碎食物消费者→小型肉食性动物→大型肉食性动物。

3)寄生性食物链

寄生性食物链由宿主和寄生物构成。以大型动物为食物链的起点,继之以小型动物、微型动物、细菌和病毒。后者与前者是寄生性关系。如哺乳动物或鸟类→跳蚤→原生动物→细菌→病毒。

4)腐生性食物链

腐生性食物链以动、植物的遗体为食物链的起点。腐烂的动、植物遗体被土壤或水体中的微生物分解利用。后者与前者是腐生性关系。

(2)食物网

生态系统中生物之间实际的取食和被食关系并非由一个个相互分离的食物链所表征的简单关系。由于一种捕食者可捕食多种猎物,而一种猎物又可被多个捕食者取食,于是食物链交错起来,多条食物链相连,各食物链之间形成一种错综复杂的网状联系,这就是食物网。

一般认为食物网越复杂,生态系统抵御外力干扰的能力就越强,食物网越简单,生态系统就越容易发生波动,遭受毁灭。

(3)营养级

营养级是一类生物和另一类生物之间的营养关系。某个营养级就是食物链某个环节上一切生物种的总和,是处在某一营养层次上一类生物和另一营养层次上另一类生物的关系。

食物链中每一个生物成员,都处于营养级的某一环节中。如绿色植物和自养微生物均处于食物链的第一环节,构成第一营养级;以生产者为食的动物属于第二营养级,即植食性动物营养级;以草食动物为食的肉食动物为第三营养级;以上还可能有第四和第五营养级(顶级肉食动物)。生态系统中的物质和能量就这样通过营养级向上传递。

4. 生态系统的基本特征

生态系统都具有下面一些共同特征。

①生态系统是一个开放的系统，具有物质循环、能量流动和信息传递的特点。能量流动是单方向的，物质流动是循环式的，信息传递则包括营养信息、化学信息、物理信息和行为信息，构成了信息网。通常，物种组成的变化、环境因素的改变和信息系统的破坏是导致自我调节失效的三个主要原因。

②生态系统具有许多调节机制以维持系统的相对稳定，能够适应外界变化条件、维持系统动态平衡。生态系统的结构越复杂，物种数目越多，自我调节能力也越强。但生态系统的自我调节能力是有限度的，超过了这个限度，调节也就失去了作用。

③生态系统由非生物环境、生产者、消费者和分解者构成。生态系统中营养级的数目受限于生产者所固定的最大能值和这些能量在流动过程中的巨大损失，因此生态系统营养级的数目通常不会超过5~6个。

④生态系统是一个动态的系统，要经历从简单到复杂、从不成熟到成熟的演化过程，具有产生、发展、消亡的周期性，其早期发育阶段和晚期发育阶段具有不同的特性。

5. 生态系统的分类

生态系统根据大环境条件的不同，通常可分为两大类，即陆地生态系统和水生生态系统。这两大生态系统还可以进一步分为更多的生态系统。

(1)陆地生态系统

陆地生态系统包括陆地上的各类生物群落。根据地理位置、水、热等条件及植被状况，又可分为以下几种生态系统。

1)热带雨林

热带雨林主要分布于南北纬10°之间的区域。全球可分为三大群系:美洲雨林群系,非洲雨林群系,亚洲雨林群系。热带雨林生态系统通常气温高、降雨量大、植物繁茂、生物种类较多(几千种)。

热带雨林是地球表面最为繁茂的植被类型,是由热带种类组成的高大繁茂、终年常绿的森林群落,垂直分层较明显,被称作地球之肺。动物种类也较多,最多的是灵长类、鸟类和各种昆虫。

我国的热带雨林属于亚洲热带雨林群系的北方边缘,不很典型,分布于台湾、两广、藏、滇以及海南岛的南部。

2)热带落叶林

热带落叶林分布于热带有周期性干湿交替的地区,由热带种类组成,不连续地分布在亚洲、非洲和美洲的热带地区,以亚洲东南部最为发达。其植物群落特征是旱季乔木树种部分或全部落叶,季相变化明显;种类组成、结构、高度等均不及雨林发达。其动物区系具有明显的过渡区或群落交错区的特征,常见的有独角犀、亚洲虎、野猪、印度野牛、原鸡、叶猴、罗猴、懒熊,等等。

3)旱生林

旱生林包括热带旱生林和热带稀树草原。

旱生林主要分布在非洲、南美洲和大洋洲的热带季节性干旱地区。小而多刺的乔木或灌木植物在群落中占优势。稀疏散布有耐旱、矮生乔木的植物群落。栖息着大量草食动物及其捕食者,如野兔、斑马、长颈鹿、羚羊、野驴、猎豹、狮子等。另外还有许多鸟类和蛇等爬行动物。影响稀树草原最主要的非生态因子是周期性的雨季和旱季。雨季时,草原生长繁茂;旱季时,大型草食动物常向水分充足的地区迁移。

4)荒漠和半荒漠

荒漠和半荒漠分布在亚热带和温带(纬度30°~40°之间)的副热带地区。北非的撒哈拉沙漠、阿拉伯沙漠、中亚大沙漠和东亚大沙漠(包括我国的柴达木、准噶尔、塔里木、阿拉善等沙漠)都属于典型的荒漠和半荒漠生态系统。沙漠常年降雨量不足300毫米，地表温度较高（有的高达60℃），植被少。沙漠植物对干旱的主要适应是减少表面积，根系分布在沙土中最有利于吸收雨水的深度。沙漠动物的种类较少，包括骆驼、黄羊、沙漠兔等。

5）温带草原

温带草原出现于中等程度干燥、较冷的大陆性气候地区，属于温带大陆性气候地区的旱生草本植物群落。

欧亚大陆草原、北美大陆草原、南美草原都属于典型的温带草原。我国温带草原主要存在于内蒙古和大兴安岭以西的广大地区，向西逐渐过渡成荒漠。

温带草原乔木很少，以草本植物为主。植被分层简单，以多年生的禾草类占优势，其中以针茅属植物最为丰富，还有莎草科、豆科等植物。代表动物有羚羊、黄羊和各种鼠类等。

6）亚热带常绿林

亚热带常绿林是分布在亚热带大陆东岸湿润地区的，由常绿的双子叶植物所构成的森林群落。亚热带常绿林主要分布在澳大利亚，东亚的中国、日本、朝鲜半岛，北美的佛罗里达半岛和加利福尼亚，南美的智利等地。

7）温带落叶林

温带落叶林是分布于温带湿润的海洋性气候地区如北美、西欧、中欧，由落叶双子叶植物所构成的森林群落。中国的华北和东北沿海地区也有温带落叶林分布。这些地区温度高，四季分明，雨水集中在夏季。

温带落叶林以阔叶林为主，植物的种类很多，包括榉树、槭树、桃树、栎树等，有的也混杂一些松树和柳树，地面分布各种灌木和阔叶草本植物。动物有鸟类、爬行类和昆虫等，优势草食性动物是鹿，优势肉食性动物为黑熊。

8)北方针叶林或泰加林

其分布区冬季严寒,夏季温暖湿润,温度年差较大。分布横跨亚、欧和北美温带地区。

在我国主要分布于大兴安岭和阿尔泰山。主要由常绿的针叶树如松、杉、柏等树种组成,代表树种有云杉、冷杉和松。地表植被一般不发达,常被落叶覆盖。动物种类较多,有野鸡、松鼠、鹿、狼、熊和各种鸟类、昆虫等。

9)冻原

冻原又称苔原,出现在高纬度和高海拔的寒冷地区,约占地球陆地面积的20%。气候严寒,降雨少,土壤终年冻结。植被的高度一般只有几厘米,优势植物是多年生灌木、苔草、禾草、苔藓和地衣。动物较少,有驯鹿、麝牛、旅鼠、北极狐和狼等。

陆地生态系统具有鲜明的空间结构。生物群落在空间上有明显的垂直和水平分布,即具有三维空间结构和二维水平结构。

(2)水生生态系统

水生生态系统包括海洋、河流、湖泊和沼泽等水域。根据水体的物理、化学性质不同,又可分为海洋生态系统和淡水生态系统。

淡水生态系统可分为流水生态系统和静水生态系统。其中植物包括浮游藻类、漂浮植物和挺水植物,动物包括各种蛤、蚌、鱼、虾等。一些爬行动物和两栖类动物大都栖息在沿岸地带。

海洋生态系统根据位置和海水的深度分为海岸带、浅海带、远洋带和海底带等类型。不同的海洋带分布的海藻类植物和海洋动物的类群差异很大。海岸带经常可看到海藻、海星、沙蚕、沙蟹和各种甲壳类动物。浅海带由于阳光射入和来自陆地较丰富的营养物质,具有较多的海洋生物种类,是海洋资源丰富的区域。远洋带的营养物含量较少,但仍有各种浮游藻类、鱼、虾等。在海底带的生物与其他类型群落的差异较大,几乎全是异样生物,有海绵、软体动物、甲壳动物和棘皮动物等。

六、生态系统的功能

任何生态系统都在不间断地进行着能量流动、物质循环和信息传递，三者紧密联系形成了一个整体。能量流动、物质循环和信息传递是生态系统的三大基本功能。

1. 能量流动

能量在生态系统中的流动、转移和转化严格地遵守热力学第一定律和第二定律。

(1)热力学第一定律

热力学第一定律又称能量守恒原理。它是指在自然界的一切现象中，能量既不能创造也不能消灭，而只能以严格的化学计量比例由一种形式转变为另一种形式。在生态系统中，能量的形式不断转换，如太阳辐射能通过绿色植物的光合作用转变为存在于有机物质化学键中的化学能，生物的化学能可以互相转化以维持生命活动，也可以转化为机械能、电能，甚至萤火虫的光能。但是在转化中，进入生态系统的全部能量总是等于释放出的能量与储存于生态系统的能量之和。

(2)热力学第二定律

热力学第二定律也称熵增定律。熵(Entropy)是系统热量被温度除后所得到的结果，在一个等温过程中，系统的熵值变化

$$\Delta S = \Delta Q/T$$

若用熵概念表示热力学第二定律，则：

①在一个内能不变的封闭系统中，其熵值只朝一个方向变化，常增不减；

②开放系统从一个平衡态到另一个平衡态的一切过程使系统熵值与环境熵值之和增加。

也就是说系统倾向于取得最大的混乱度(或无序度)。

在地球生态系统中,人类社会的发展是以地球生态系统的熵增加为代价的,人类社会转化的能量越大,地球所承受的环境污染也就是熵增加越多。

(3)地球生态系统的能量流动

从能量观点看,地球是一个开放系统,即存在着能量输入与输出的系统。一切生物(包括人类在内)所消耗的能量,除了极少部分的化学能外,最终还是来源于太阳能。食物是通过光合作用新近储存的太阳能,而化石燃料则是过去地质年代中光合作用储存的太阳能。地球可获取的太阳能约占太阳输出总能量的20亿分之一,到达地球大气层的太阳能是8.12 J/(cm^2·min),其中约34%被反射回去,20%被大气吸收,只有46%左右能到达地表,而真正能被绿色植物利用的只占辐射到地面的太阳能的1%左右。

生态系统中的能量流动是以绿色植物即生产者把太阳能固定在体内以后开始的。生态系统的生产者通过光合作用,把太阳能固定在它们所制造的有机物中,这样,太阳能就转变成化学能,输入生态系统的第一营养级。

输入第一营养级的能量,一部分在生产者的呼吸作用中以热能的形式散失了,另一部分则用于生产者的生长、发育和繁殖,也就是储存在构成植物体的有机物中。在后一部分能量中,一部分随着植物遗体和残枝败叶等被分解者分解而释放出来,还有一部分则被初级消费者——植食性动物摄入体内。被植食性动物摄入体内的能量,有一小部分存在于动物排出的粪便中,其余大部分则被动物体同化。这样,能量就从第一营养级流入第二营养级。

能量在第三、第四营养级的变化,与第二营养级的情况大致相同。由此可见,生态系统中能量的源头是阳光。生产者固定的太阳能的总量便是流经这个生态系统的总能量,这些能量是沿着食物链(网)逐级流动的。

地球生态系统的能量流动与营养级见图7-4。

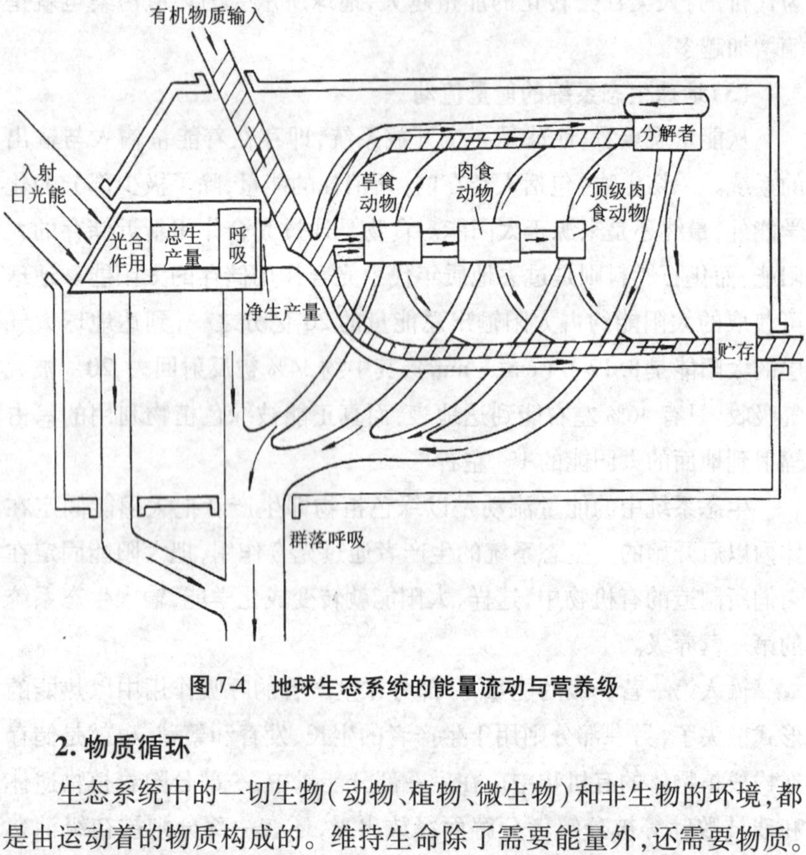

图7-4　地球生态系统的能量流动与营养级

2. 物质循环

生态系统中的一切生物（动物、植物、微生物）和非生物的环境，都是由运动着的物质构成的。维持生命除了需要能量外，还需要物质。能量和物质紧密相连，不能分开。在生态系统中，物质从非生物环境开始，经生产者、消费者和分解者，又回到非生物环境，完成一个由简单无机物到各种高能有机化合物，最终又还原为简单无机物的生态循环。

有机体中几乎可以找到地壳中存在的全部90多种天然元素。这些元素的含量和作用都不相同。有些元素属于生物的必需营养元素，在机体的生理、生化过程中起着重要的作用。还有一些元素是非必需元素,在特定条件的外界环境下进入机体。随着科学技术的发展,人们发现的有机体生命必需的元素逐渐增多。现在,认为有机体生命必需的元素有碳、氧、氮、氢、钙、硫、磷、钠、钾、氯、镁、铁、碘、铜、锰、锌、钴、铬、锡、钼、氟、硅、硒、钒等,可能还有镍、溴、铝和硼。

生物维持生命所必需的化学元素虽然为数众多,但有机体的97%以上是由氧、碳、氢、氮和磷五种元素组成的。这五种元素在生命中起着最关键的化学作用,被称为“关键元素”。除此之外,其他的元素分为两类:一类是常量元素,另一类是微量元素。常量元素包括钙、硫、钠、钾、氯、镁、铁、铜等。微量元素包括碘、锰、锌、钴、铬、锡、钼、硒、钒、镍、溴、铝、硼等。微量元素虽然很少,但其作用与任何常量元素一样,一旦缺乏,动植物就不能正常生长。微量元素过多对动植物也会产生危害,当前的环境污染问题中,有些就是由于某些微量元素过多引起的。

作为物质循环的例子,下面分别介绍碳、氮和磷的生态循环过程。

(1)碳循环

碳是构成生物细胞的基本元素,约占生物物质总量的25%。虽然它在自然界中的蕴藏量极为丰富,但绿色植物能够直接利用的仅仅限于空气中的二氧化碳(CO_2)。生物圈中的碳循环主要表现在生产者——绿色植物从空气中吸收二氧化碳,经光合作用转化为葡萄糖,并放出氧气(O_2)。有机体再利用葡萄糖合成糖类物质以及其他有机化合物。生物体内的糖类物质一部分作为有机体代谢的能源经呼吸作用被氧化为二氧化碳和水,并释放出其中储存的能量。糖类物质一部分被植物消耗,另一部分则通过食物链被消费者——动物消耗,由食物氧化而产生二氧化碳又通过动物呼吸释放回大气中。动植物死亡后,经过分解者——微生物分解作用产生的二氧化碳再释放回大气中,然后再被植物利用,这是碳循环的第二种形式。通过碳循环,大气中的二氧化碳大约20年就完全更新一次。

无机环境中,碳是以二氧化碳和碳酸盐的形式存在的。生态系统中碳循环的基本形式是大气中的二氧化碳首先通过生产者的光合作用进入生物圈,然后通过消费者、分解者再回到大气中去,一小部分形成化石燃料贮存在地层中。

生物残体埋藏在地层中,经过漫长的地质作用形成煤、石油、天然气等化石燃料。它们通过燃烧和火山活动释放出大量二氧化碳,再被植物利用,然后重新进入生态系统的碳循环中,这是碳循环的第三种形式。

上述碳循环的三种形式是同时进行的(图7-5)。在生态系统中,碳循环的速度很快,最快的只有几分钟,或者几小时。一般在几星期或几个月内则可完成一个循环周期。

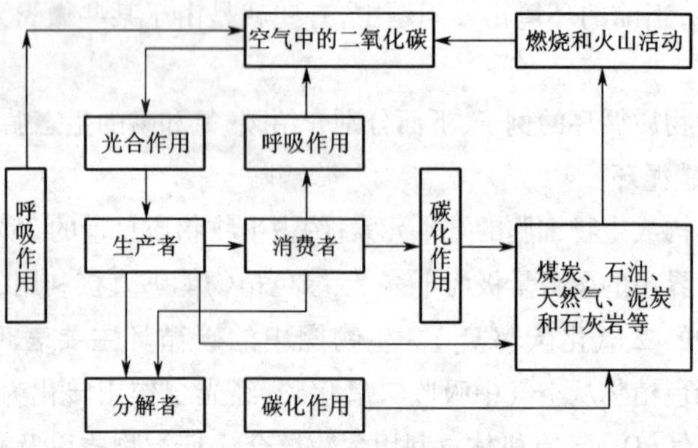

图7-5 生态系统的碳循环

(资料来源:祝廷成等,1995)

(2)氮循环

在自然界,氮元素以分子态(氮气)、无机结合氮和有机结合氮三种形式存在。氮是形成蛋白质、氨基酸和核酸的主要成分,是构成生命最重要的元素之一。在大气中,氮占79%,但绝大多数生物都不能够利用分子态的氮，只有像豆科植物的根瘤菌一类的细菌和某些蓝绿藻能够将大气中的氮气转变为硝态氮（硝酸盐）加以利用。植物只能从土壤中吸收无机态的铵态氮（铵盐）和硝态氮（硝酸盐），用来合成氨基酸，再进一步合成各种蛋白质。动物则只能直接或间接利用植物合成的有机氮（蛋白质），将其分解为氨基酸后再合成自身的蛋白质。

大气中的氮进入生物有机体主要有四种途径：

①生物固氮（豆科植物、细菌、藻类等）；

②工业固氮（合成氨）；

③岩浆固氮（火山爆发）；

④大气固氮（闪电、宇宙线电离）。

第①种途径能使大气中的氮直接进入生物有机体，而其他途径要通过氮肥形式或随雨水形式间接地进入生物有机体。

进入植物体内的氮化合物与糖类物质反应形成氨基酸，随后形成蛋白质和核酸。这些物质和其他化合物共同组成植物有机体。植物死亡后，一部分氮直接回到土壤中，通过微生物分解重新为植物所利用。另一部分植物有机体中的氮，则随着食物进入动物体内。动植物排泄物或残体等含氮的有机物经微生物分解为二氧化碳、水和氨返回环境。氨可被植物再次利用，进入新的循环。这样就完成氮循环过程。

在整个氮循环过程中，通过生物、工业、岩浆和大气的固氮作用，每年进入生物圈的氮为 9.2×10^7 吨，而经过反硝化作用回到大气中的氮每年为 8.3×10^7 吨。两者之差的 9×10^6 吨代表着生物圈中固氮的速度，它们分布在土壤、海洋、河流、湖泊和地下水中。生态系统的氮循环见图 7-6。

(3) 磷循环

磷是生命信息元素，是构成核酸的重要元素。生物细胞内发生的一切生物化学反应中的能量转移都是通过高能磷酸键在二磷酸腺苷

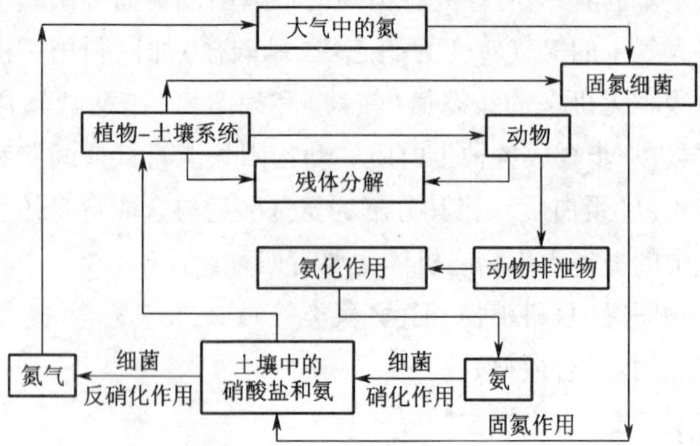

图 7-6　生态系统的氮循环

（资料来源：G. T. Miller，1996）

（ADP）和三磷酸腺苷（ATP）之间的可逆转化实现的。磷还是生物体内重要的酸碱缓冲剂。所以，磷也是组成生物的重要元素。

磷在生物圈中的循环过程不同于碳和氮，属于典型的沉积型循环。磷以不活跃的地壳作为主要贮存库。生态系统中的磷的来源是磷酸盐岩石和沉积物以及鸟粪层和动物化石。这些磷酸盐矿床经过天然侵蚀或人工开采，磷酸盐进入水体和土壤，供植物吸收利用，然后进入食物链。含磷有机物沿两条循环支路循环：

①沿食物链传递，并以粪便、残体归还土壤；

②以枯枝落叶、秸秆归还土壤。

各种含磷有机化合物经土壤微生物的分解，转变为可溶性的磷酸盐，可再次供给植物吸收利用，这是磷的生物小循环。在这一循环过程中，一部分磷脱离生物小循环进入地质大循环，其支路也有两条：

①动植物遗体在陆地表面的磷矿化；

②磷受水的冲蚀进入江河，流入海洋。

经短期循环后，这些磷的大部分随水流失到海洋的沉积层中。因此，在生物圈内，磷的大部分只是单向流动，不形成循环。磷酸盐资源也因而成为一种不能再生的资源。

生态系统中的磷循环见图 7-7。

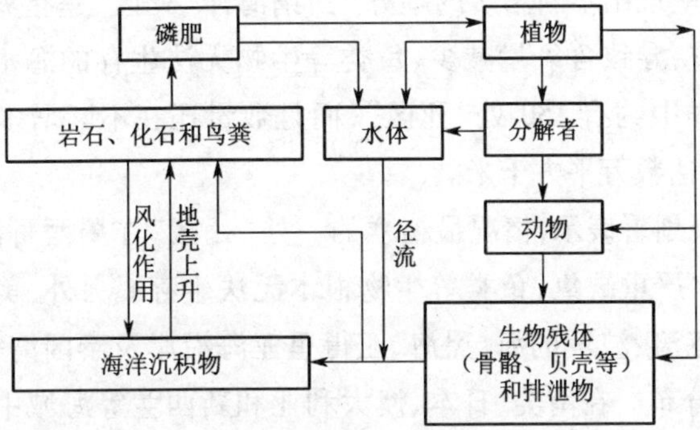

图 7-7　生态系统中的磷循环

3. 富营养化污染

富营养化污染主要指水流缓慢、更新期长的地表水体，接纳大量氮、磷、钾等植物营养素引起的藻类等浮游生物急剧增殖的水体污染。现代社会，工业废水、生活污水以及农田施用化肥中氮、磷、钾的流失，打乱了自然界的氮磷循环与生态平衡，使水体中的藻类尤其是蓝藻与甲藻等单细胞藻类大量繁殖，是导致水体富营养化污染的主要因素。藻类大量繁殖，一方面夜间呼吸消耗水中的溶解氧，另一方面产生毒素，导致鱼类等窒息和死亡。富营养化现象还可以加速湿地生态系统的退化，使湖泊贫营养→富营养→沼泽→干地的速率大大加速。

富营养化污染在淡水生态系统中的表现为“水华”，在海洋生态系统中为“赤潮”。

我国有 75% 的湖泊出现了不同程度的富营养化，最值得关注的是著名的三大湖：太湖、巢湖、滇池，这几个湖现在由于富营养化污染，平均水质只能达到四类左右，这些水严格来说，是不能直接饮用的。

联合国环境规划署日前在其官方网站上发布的《2003 年全球环

境展望年鉴》显示，由于富营养化污染现象日益严重，过去10年中，全球海洋中不适合生物生存的“死亡区域”（简称“死区”）面积翻了一番，而且还呈现出不断增多的趋势。所谓海洋“死区”是指海水富营养化日益严重，导致含氧量减少、鱼类等生物无法生存的海水区域。目前全球海洋中约有150处“死区”，而且数量还在不断增多，有些“死区”面积高达数万平方千米。

环境规划署表示，情况最糟糕的一处“死区”在墨西哥湾，这里的大面积海水严重缺氧，鱼类等生物根本无法生存。另外，美国东海岸的切萨皮克湾、波罗的海、黑海、亚得里亚海沿岸及泰国湾等海域，均有“死区”分布。在南美、日本、澳大利亚和新西兰等海域中也开始出现这样的区域。

海洋的“赤潮”爆发，是由少数微小的海洋浮游生物如蓝藻、甲藻在一定的环境条件下，如日趋严重的富营养化污染，以及合适的水温、日照，突然快速繁殖引起的。一个甲藻仅在27次时间很短的细胞分裂后即能产生一亿三千万个后代。由于蓝藻、甲藻数量大，呼吸及死亡时均要消耗大量的溶解氧，使水体缺氧，而且蓝藻、甲藻还要分泌毒素，导致大量的其他海洋生物死亡，从而造成生态灾难。鱼、虾、贝类等生物处于有毒赤潮区域内，摄食这些有毒生物，虽不能被毒死，但生物毒素可在体内积累，其含量大大超过食用时人体可接受的水平。这些鱼、虾、贝类等生物如果不慎被人食用，会引起人体中毒，严重时可导致死亡。

赤潮，作为一种日趋严重的全球性海洋灾害，已被列入国际减灾十年计划。由赤潮引发的赤潮毒素通称为贝毒，目前已经确定的有10余种贝毒，其毒性比眼镜蛇毒素高80倍，比一般的麻醉剂，如普鲁卡因、可卡因强10万多倍。赤潮毒素引发人体中毒事件在世界沿海地区时有发生。据统计全世界因赤潮毒素引起的贝类中毒事件每年有300多起，死亡300多人。

我国遭受赤潮灾害的海域主要有以下几处。

渤海海域:辽东湾中部、秦皇岛附近海域、渤海湾、莱州湾。

黄海海域:辽宁庄河附近海域、胶州湾、海州湾。

东海海域:长江口海域、舟山群岛附近海域、浙江东部沿海、厦门西港。

南海海域:大鹏湾、大亚湾、珠江口附近海域、柘林湾以及香港的维多利亚湾等。

其中辽东湾、渤海湾、莱州湾、长江口(包括杭州湾)和珠江口为赤潮多发区。辽东湾、渤海湾和长江口赤潮发生的面积可能增加,而珠江口海域赤潮发生的面积一般不会太大,但赤潮发生的频率相对要高些。由于南海水温较高,有毒藻类种类及其引发的有毒赤潮相对要多些,因此造成的经济损失和人员中毒事件也会增多。

国家海洋局第二海洋研究所最新的研究报告称,赤潮在我国东海发生的频率最高。从1993年至1997年我国已观察到的赤潮中,东海共发生132次,黄渤海共发生72次,南海为61次,其中东海近年来每年发生赤潮在19次以上。

4. 生物富集与生物放大——“水俣病”和“痛痛病”的原因

(1)生物富集

生物富集(Biological Enrichment)又称为生物浓缩(Bio-concentration),是指生态系统中同一营养级上的许多生物种群或者生物个体,从周围环境中蓄积某种元素或难分解的化合物,使生物体内该物质的浓度超过环境中的浓度的现象。

不同生物体吸收环境中物质的方式不同。高等植物主要靠根系吸收;藻类植物、原生动物和腐生微生物等主要靠直接吸收;大多数动物主要靠吞食进行吸收。环境中的各种物质进入生物体后,参加到新陈代谢的各项活动中。其中,一部分生命必需的物质参加到生物体的组成中,非生命必需的物质则被分解并且排出体外。但是有少数物质

（如重金属和滴滴涕）既不容易分解又不能被排出体外，从而长期蓄积于生物体内。这样生物体内这些物质的浓度便高于周围的环境，形成生物富集现象。早在1887年，人们就发现牡蛎能够不断地从海水中蓄积铜元素，以致这些牡蛎的肉呈现绿色，叫作“牡蛎绿色病”。

(2)生物放大

生物放大(Biomagnification)是指在生态系统的食物链上，高营养级生物以低营养级生物为食，某种元素或难分解化合物在生物体中的浓度，随着营养级的提高而逐渐增大的现象。

生物放大作用在生态系统中分为四类：①捕食性食物链，它以植物为基础，后者捕食前者，如青草→野兔→狐狸→狼→虎；②以碎食物为基础形成的食物链，如树叶碎片及小藻类→虾(蟹)→鱼→食鱼的鸟类；③寄生性食物链，是小动物寄生到大动物上形成的食物链，如哺乳类→跳蚤→原生动物→细菌→过滤性病毒；④腐生性食物链，以腐烂的动植物尸体为基础，然后被微生物利用的食物链。

(3)生物富集与生物放大的危害

生物的富集作用可使环境中低浓度的物质在最后一级生物体内提高几十倍甚至成千上万倍。在生态环境中，由于食物链的关系，一些物质如金属元素或有机物质可以在不同的生物体内经吸收后逐级传递，不断积聚和浓缩，最后形成生物富集或生物放大作用。例如，海水中汞的浓度为0.000 1 mg/L时，浮游生物体内的汞含量可达0.01 ~0.02 mg/L，小鱼体内可达0.2 ~0.5 mg/L，大鱼体内可达1 ~5 mg/L，大鱼体内的汞浓度比海水高1万~6万倍。

初级生产者所产生和固定的能量、物质，通过一系列取食被食的关系，在生态系统中传递，便可形成生物富集或生物放大。像人们已知的滴滴涕等杀虫剂通过食物链的逐步浓缩，充分展示了它们对人类健康的危害，它还曾危及美国的国鸟白头海雕，使其几乎灭绝。研究表明，滴滴涕在海水中的浓度经过浮游植物、蛤蜊，再到银鸥时就扩大了 100 万倍。

滴滴涕对英国雀鹰的影响也是灾难性的。母鸟吃了富集滴滴涕的小虫等食物,导致产下的卵壳太薄,使得小鸟在孵出之前就夭折了。

水体中的滴滴涕浓度约为 $0.000\,05 \times 10^{-6}$

↓

浮游生物 0.04×10^{-6}

↓

刚毛藻 0.08×10^{-6}

↓

网茅 0.33×10^{-6}

↓

螺 0.26×10^{-6},蛤 0.42×10^{-6},鱼 1.24×10^{-6}

↓

燕鸥 3.42×10^{-6}

↓

河鸥幼体 55.3×10^{-6},成体 18.5×10^{-6}

↓

秋沙鸭 22.8×10^{-6}

↓

鹭鸟 26.4×10^{-6}

↓

银鸥 75.5×10^{-6}

图 7-8　滴滴涕在食物链中的生物放大

由于生物放大作用的存在,环境污染对人和生物的危害也呈现富集或放大作用,因此生物放大作用也威胁着人类食物链,比如污染各种副食、肉类和鱼类的持久性有机污染物(POPs)和重金属铅、汞、镉等通过食物链的放大作用,对人和生物的危害非常大,但这种危害一直没引起关注。

中国科学院水生生物研究所的研究人员发现,我国典型湖泊底泥中在19世纪早期已存在微量二噁英，这种物质一旦沉积很难通过环境物理因素再转移，却可通过食物链传给其他生物，因此对水生生物和人类的健康产生极大的威胁。

环境中的铅容易污染的食品主要是蔬菜。由于铅在土壤中以凝结状态存在，因此通过作物根系吸收量不大，主要是通过叶片从大气吸收。蔬菜中铅含量富集程度以叶菜最高，其次是根、茎、果菜。靠近公路两侧的蔬菜的铅含量远远高于远离公路的蔬菜，这既说明含铅汽油是污染源，也说明了铅的放大途径。

汞主要蓄积于鱼的脂肪组织中。鱼龄越大，体内富集的汞就越多。不同鱼种富集汞的能力不同。一般来说，食肉鱼体内汞含量大于食草鱼，吃鱼的鸟在体内蓄积的汞更多。著名的“水俣病”就是由汞的生物富集与放大作用引起的。

镉是通过水生生物的养殖进入食品链的。海产品中镉的浓度是海水的4 500倍。作物的根系也可吸收土壤中的镉。镉污染地区的蔬菜、粮食中的镉含量远高于无污染地区。不同作物对镉的富集程度不同，比如蔬菜中镉含量顺序由多到少排列为：芹菜叶、菠菜、莴笋、大白菜、油菜、小白菜、芹菜茎、韭菜、茄子、圆白菜、黄瓜、菜花。镉对机体的危害是破坏肾脏的近曲小管，造成钙等营养素的丢失，使人骨质脱钙，导致“痛痛病”。

持久性有机污染物不但具有生物富集作用和生物放大作用，还可以通过“蚱蜢跳效应”或者“全球蒸馏效应”扩散到地球的每个角落。印第安纳大学对从赤道到高纬度寒冷地区90个地点采集的树皮进行分析，都检出滴滴涕、林丹、艾氏剂等农药残留。曾被视为“环境净土”的地球两极，由于大气环流、海洋洋流及生物富集等综合作用，在格陵兰冰层、南极企鹅体内，均已检测出滴滴涕等农药残留。

5. 信息传递

生态系统的功能整体性，除体现在生物生产过程能量流动和物质循环等方面外，信息传递也是生态系统的重要功能之一。生态系统中的信息形式主要有物理信息、化学信息、营养信息和行为信息。尽管我们对这些自然界的“对话”之谜尚未完全解开，但这些信息对种群和生态系统调节的重要意义，是值得我们深入研究的。

(1)物理信息

生物通过声、光、色、电、磁等向同类或异类传达的信息构成了生态系统的物理信息。蛙鼓、蝉鸣、鸟语、花香、兽吼等都是物理信息，可以传达惊慌、安全、恫吓、警告、嫌恶、有无食物和要求配偶等各种信息。

例如，鸟类在繁殖季节，常伴有鲜艳色彩的羽毛或其他的奇特装饰以及美妙动人的鸣叫等。大雁迁飞时，中途停歇，总会留有一名哨兵担任警戒，一旦哨兵发现敌情，即会发出一种特殊的鸣声，向同伴们传达出敌袭的信息，雁群即刻起飞。含羞草在强烈声音的刺激下，就会表现出小叶合拢、叶柄下垂的运动。有人做实验给植物以声刺激，发现植物的生物电位会发生变化。

候鸟迁徙时，在夜间是靠天空星座确定方位的，这就是借用了其他恒星所发出的光信息。昆虫可以根据花的颜色判断其食物花蜜的有无。鱼在水中把光作为信息，石油污染可以导致洄游性鱼类的信息系统遭到破坏，无法溯流产卵，以致影响其繁殖。

鱼类对电很敏感。例如团扇鳐能感到 0.02～0.01 $\mu V/cm^2$ 的电场电压。整个鱼群的生物电场还能很好地与地球磁场相互作用，使鱼群能正确选择洄游路线。鳗鱼、鲑鱼等能按照洋流形成的地电流来选择方向和路线。有些鱼还能察觉海浪电信号的变化，预感风暴的来临，及时潜入海底。

候鸟成群结队长途迁徙，历尽千山万水而不迷失，每年都回到相同的地方；百花争艳的原野上，工蜂可以无数次将花蜜运回蜂巢。在这些行为中，动物主要是凭着自己身上带的电磁场，与地球磁场相互作用确定方向和方位。

(2)化学信息

生物在某些特定条件下,或某个生长发育阶段,分泌出某些特殊的化学物质,这些分泌物对生物不是提供营养,而是在生物的个体或种群之间起着某种信息的传递作用,即构成了化学信息。化学信息由生物代谢产物,尤其是分泌的各种激素组成。

同种动物间以释放化学物质传递求偶、行踪和活动范围等信息是相当普遍的现象。例如昆虫分泌性外激素吸引异性个体,猫科动物、犬科动物通过排尿标记活动领域以及领地范围,白蚁通过释放化学物质传递生殖信息等。

生物种间也存在着化学通信联系,而且这种联系不仅存在于动物与动物之间,也常见于动物与植物之间,植物与植物之间。物种在进化过程中,逐渐形成释放化学信号于体外的特性。例如臭鼬释放臭气抵抗敌害,还可用来获取食物。蜜蜂取食和传粉,除与植物花的香味、花粉和蜜的营养价值紧密相关外,还与许多花蕊中含有昆虫的性信息素成分有关。

成熟橡树叶子含有的单宁不仅能抑制细菌和病毒,同时还使蛋白质形成不能消化的复杂物质,限制脊椎动物和蛾类幼虫的取食。有些金丝桃属植物能分泌一种引起光敏性和刺激皮肤的化合物——海棠素,使误食的动物变盲或致死,故多数动物会避开这种植物,但叶甲却利用这种海棠素作为引诱剂以找到食物之所在。烟草中的尼古丁和其他植物碱可使烟草上的蚜虫麻痹。胡桃树的叶产生抑制土壤中其他灌木和草本植物生长的物质。这些都是植物为自我保护向其他生物所发出的化学信息。

化学信息对集群动物具有极重要的作用。群居动物通过群体气味与其他群体相区别。许多动物平常都是分散居住,在繁殖期依靠雌性动物身上发出的特别气息——性诱激素聚集到一起繁殖后代。蚂蚁可以通过自己的分泌物留下化学痕迹，以便后者跟随。有些动物在遇到天敌时，往往会迅速释放报警信息素，通知同类个体逃避。如七星瓢虫捕食蚜虫时，被捕食的蚜虫会立即释放报警信息素，于是周围的蚜虫纷纷跌落。与此相反，小蠹甲在发现榆、松寄生植物后，会释放聚集信息素，以召唤同类来共同取食。

(3) 营养信息

食物和养分也是一种信息。通过营养交换的形式，把信息从一个种群传递给另一个种群，或从一个个体传递给另一个个体，即为营养信息。食物链(网)就是一个营养信息系统。

以草本植物、鹌鹑、鼠和猫头鹰组成的食物链为例(图 7-9)，可表示为：当鹌鹑数量较多时，猫头鹰大量捕食鹌鹑，鼠类很少被害；当鹌鹑较少时，猫头鹰转而大量捕食鼠类。这样，通过猫头鹰对鼠类捕食的轻重，向鼠类传递了鹌鹑的信息。

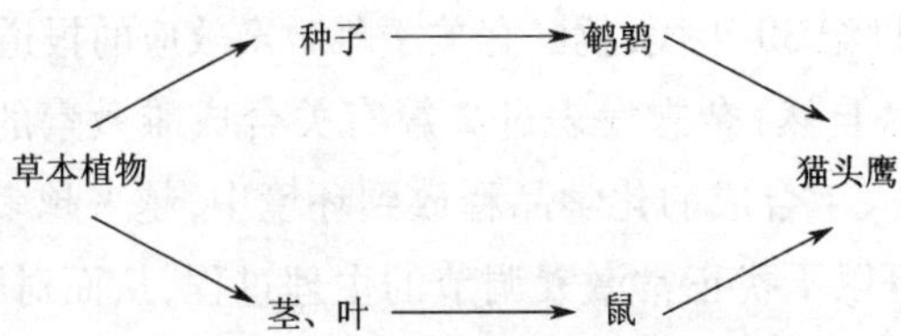

图 7-9 草地生态系统的营养信息

(4) 行为信息

无论是同一种群还是不同种群，个体之间都存在行为信息的表现。不同的行为动作传递着不同的信息。有些动物可以通过特殊的行为方式向同伴或其他生物发出识别、威吓、求偶和挑战等信息。蜜蜂通过舞蹈告诉同伴花源的方向、距离。燕子在求偶时，雄燕会围绕着雌燕在空中做出特殊的飞行方式。丹顶鹤在求偶时，雌雄双双起舞。人类的手语也是一种行为信息方式。

6. 环境内分泌干扰物污染

如果你把眼光转向自己的身体内部，就会发现你和你的曾祖父母（约100年前）不同，你的身体中包含了许多人工合成化学品。人工合成化学品自20世纪20年代问世以来，已有700万种，约10余万种进入环境。时至今日，它们已无所不在，包括存在于每个人的生理组织中。我们的身体正在成为我们自己制造的化学品的垃圾站。这些人工合成化学品随着科技的进步，其危害性正逐步显现。这些物质主要作为持久性有机污染物与内分泌干扰物影响人体的生理、遗传以及代谢。

随着世界经济的一体化发展，化学污染物通过食物、水、大气和土壤等环境介质与包括人类在内的环境生物体系全方位地接触，其对生态环境和人类的健康与生存可能带来的潜在危害及其防治，成为新世纪的重大研究课题。

早在20世纪30年代，就已有关于雌激素效应的报道。1933年和1936年，英国《自然》杂志发表过2篇有关合成雌激素的论文。近几十年来，大量人工合成的化学品释放到环境中，越来越多的证据证实许多化学物可以干扰正常激素调节的生理过程，从而对野生动物、实验动物和人类的发育和生殖功能产生不良影响。

值得关注的是，20世纪后半叶以来，人类对关系到自身以及生态系统安全的内分泌破坏物的关注越来越多。某些化学成分会打乱普通的内分泌功能，这些对人类和动物已经造成了一定的威胁。一开始只关注化学药品模仿内生雄性激素活动的能力，但现在范围已经不单单扩展到生殖系统，还包括了内分泌腺（例如垂体、甲状腺、胸腺、肾上腺）和很多调整内分泌的生理系统，包括免疫系统和神经系统。

（1）环境内分泌干扰物定义

由于人类的生产和生活活动而释放到周围环境中，对维持生物体内平衡、生殖、发育及行为的正常激素的合成、分泌、结合、清除等功能产生影响,从而影响内分泌系统的化学物质,统称为环境内分泌干扰物(Environmental Endocrine Disputers)。

其他名称:

环境雌激素(Environmental Estrogen)

环境激素(Environmental Hormones)

内分泌活性化合物(Endocrine Active Compounds)

内分泌干扰化合物(Endocrine Disputing Chemicals)

(2)环境内分泌干扰物的来源

①农药类物质:滴滴涕及其代谢产物、甲氧氯、拟除虫菊酯类化合物、氯丹等。

②添加剂:食品添加剂、塑料制品添加剂(如双酚 A、邻苯二甲酸酯)等。

③工业化学物质:多氯联苯类、二噁英类、多环芳烃类物质等。

④重金属:植物来源和人工合成的雌激素。

⑤其他物质:三丁基锡、壬基酚、辛基酚、酚红、非离子表面活性剂等。

(3)环境内分泌干扰物的特点

①延迟性:生物在胚胎、幼年时所造成的影响可能到成年和晚年才显露出来。

②时段性:不同生长阶段对生物个体会造成不同方式的影响和后果。

③复杂性:不同剂量、不同暴露方式对不同器官可能造成不同的影响,其毒性有时有协同或拮抗作用。

④去除困难:在环境中不易分解,通过食物链蓄积放大,通常具有脂溶性,进入生物体后不易排除。

(4)环境内分泌干扰物的危害

①影响生物的内分泌系统。

②影响生殖和发育,导致繁殖能力下降和生殖器官的永久性变化。

③致癌作用,特别是生殖系统的癌变。

④神经系统毒效应,引起人或动物出现行为、学习、记忆障碍。

⑤影响免疫系统,导致免疫功能下降或增加自身免疫性疾病的易感性。

7. 持久性有机污染物污染

(1)持久性有机污染物及其来源

持久性有机污染物(Persistent Organic Pollutants,POPs),是指具有长期残留性、生物蓄积性、半挥发性和高毒性,能够在大气环境中远距离迁移并能沉降到地表层,对人类健康和环境造成严重危害的天然或人工合成的有机污染物质。

1998 年 6 月,联合国环境规划署(UNEP)召开了第一届持久性有机污染物条约化会议,将以下 12 种物质列为持久性有机污染物。

现在已经停止生产的物质:艾氏剂、狄氏剂、异狄氏剂、毒杀芬等农药,多氯联苯(PCBs)。

差不多要停止生产的物质:灭蚁灵、六氯苯等农药。

现在还在使用的物质:滴滴涕(农药)、氯丹、七氯(白蚁用药)。

非本意生成物质:二噁英、呋喃类。

这一清单是开放性的,将来会按规定筛选程序和标准进行扩充。

联合国欧洲经济委员会在条约化会议召开之前独自通过了一个草案,把农药十氯酮、HCH、非本意生成物质多环芳香族碳氢化合物(PAHs)等物质也加到持久性有机污染物之中。2001 年 5 月 23 日,127 个国家和地区的代表签署了旨在严格禁止或限制使用 12 种持久性有机污染物的《斯德哥尔摩公约》。

2004 年 11 月 11 日,《关于持久性有机污染物(POPs)的斯德哥尔摩公约》正式对我国生效。按公约规定,我国将逐步削减和淘汰包括灭蚁灵、滴滴涕、二噁英在内的12种对人类健康和自然环境最具危害性的污染物(表7-3)。

表7-3 12种持久性有机污染物

艾氏剂(Aldrin)	氯丹(Chlordane)	滴滴涕(DDT)
狄氏剂(Dieldrin)	二噁英(Dioxins)	异狄氏剂(Endrin)
呋喃(Furan)	七氯(Heptachlor)	六氯苯(Hexachlorobenzene)
灭蚁灵(Mirex)	多氯联苯(Polychlorinated Biphenyls)	毒杀芬(Toxaphene)

(2)持久性有机污染物的特性及其对人体的危害

1)高毒性

在每年人类释放到环境中的污染物中,持久性有机污染物是最危险的高毒污染物质,可造成一系列负面影响。首先,持久性有机污染物可引起过敏、中枢及周围神经系统损伤、生殖系统和免疫系统伤害;其次,持久性有机污染物还具有发展性与致癌性等特征,特别严重的可导致动物以及人类的疾病甚至死亡。其中一些持久性有机污染物还可通过改变激素平衡引起内分泌失调而破坏生殖与免疫系统,它们不仅危害暴露于持久性有机污染物的个体,而且对它们的后代也有影响,即通过胎盘和母乳传输,影响正处于关键性发育阶段的胎儿和婴儿,从而导致动物以及人类的死亡、发病和畸形儿的产生。

最新研究表明,持久性有机污染物因对儿童有严重的影响而更加令人关注。持久性有机污染物能造成婴儿和儿童免疫功能的降低和感染的增加、大脑发育异常、神经功能的损坏以及肿瘤的增加等。

持久性有机污染物在低浓度时也会对生物体造成伤害。例如,二噁英类物质中最毒者的毒性相当于氰化钾的1 000倍以上,号称世界上最毒的化合物之一。每人每日能容忍的二噁英摄入量为每千克体重1皮克。二噁英中的2,3,7,8 - TCDD只需几十皮克就足以使豚鼠毙命,连续数天施以每千克体重若干皮克的喂量能使孕猴流产。

很多持久性有机污染物不仅具有致癌、致畸、致突变性作用，而且还具有内分泌干扰作用。有研究表明，持久性有机污染物对人类的影响会持续几代，将对人类生存繁衍和持续发展构成重大威胁。据调查，近年来人群中男性精子数量大幅下降也与持久性有机污染物污染有关。

美国科学家的研究表明，滴滴涕、多氯联苯、二噁英的污染导致北美五大湖区野生动物的数量锐减以及对生态的严重影响，并造成附近居民患癌率增加。

从 1988 年春开始，在 1 年左右的时间里，发生了前所未有的事件。在面临北海的瑞典、丹麦、德国、挪威、英国、荷兰等国的海岸上漂浮着大量海豹的尸体。经过大约 1 年的尸体打捞，仅德国北部 2 个州就有约 6 000 头，总计达到 18 000 头。有的海豹栖息地的海豹全部灭绝。

该事件是由以多氯联苯和滴滴涕等含氯有机化合物为主的化学物质造成的海洋污染引起的。释放到环境中的化学污染物依靠食物链作用浓缩。估计海豹体内的污染物浓度远远高于海水中的浓度，致使海豹的免疫力低下，感染了类似狗的犬瘟热病毒，从而引起死亡。

其后的很多调查结果表明，北海周边的生物体内的多氯联苯和滴滴涕浓度非常高。由于化学污染影响到生物，此前知道的例子也很多，但像这样数目巨大的大型动物在广泛地区突然死亡的事例还很少见。这一事件警示了化学物质污染当扩展到全球规模时，将会对包含人类在内的生态系统造成重大的影响。

2）稳定性

持久性有机污染物具有的共同特征是半衰期长，因此不易分解，具有高度的稳定性，在地球可持续存在数年至数十年。研究表明，普遍来说，持久性有机污染物的半衰期在水中大于 2 个月，在土壤和沉积物中大于 6 个月，在人体和动物体内则从 1 年到 10 年不等。因此，即使是10年前使用过的持久性有机污染物,在许多地方依然能够发现残留物。

持久性有机污染物具有抗光解性、化学分解和生物降解性。例如,二噁英在土壤中的半衰期可达10~15年。多氯联苯系列物在大气中的半衰期为3天到114年,在水相中为60 ~2 713天,在土壤和沉积物中为2 196天到38年,而其在人体内的半衰期约为7年。

3)蓄积性及生物富集作用

持久性有机污染物具有高亲油性和高憎水性。虽然POPs不溶于水,但通过食物链进入生物体内后,既不容易分解又不能被排泄出体外,从而长期蓄积在生物体内,在活的生物体的脂肪组织中进行生物积累,通过食物链危害人类健康。

持久性有机污染物可通过生物富集过程在生物体内聚集,即通过脂肪组织吸收、积累而放大到原始值的数千倍甚至数万倍。通常持久性有机污染物首先被浮游生物、植物吸收,然后这些生物被初级消费者以及次级消费者捕食。这些持久性有机污染物随着其在食物链中的循环,最终会污染了鱼、肉及奶乳食品。鱼类、禽类、哺乳动物等由于处于食物链顶端,所以会大量吸收持久性有机污染物。这些被污染的食品被人类食用后,持久性有机污染物被人体脂肪组织吸收,蓄积于脂肪细胞中,其浓度可放大到原始值的7万倍。持久性有机污染物还可通过胎盘和哺乳传染给婴儿,对人类来说,胚胎和婴儿时期是一生中最脆弱的时刻,正在发育的身体、大脑、神经系统和免疫系统受到这些污染物的危害最大。

比如在水生生物链中,水体中的DDT浓度约为$5\times10^{-5}\times10^{-6}$,而在食鱼鸟类的体内浓度则高达$(25\sim75)\times10^{-6}$,通过食物链,DDT浓度被放大了百万倍。又如在北极生态系统中,海豹、北极熊和因纽特人等哺乳动物母体体内DDT浓度为水体中浓度的千万倍以上。

4)迁移性——“蚱蜢跳效应”

持久性有机污染物具有半挥发性，在室温下就能挥发进入大气层，能够从水体或土壤中以蒸汽形式进入大气环境或被大气颗粒物吸附，通过大气环流实现远距离迁移。在较冷的地方或者受到海拔高度影响时会重新沉降到地球上。而后在温度升高时，它们会再次挥发进入大气，进行迁移。由于其具持久性，所以能在大气环境中远距离迁移而不会全部被降解。这也就是所谓的“全球蒸馏效应”或“蚱蜢跳效应”。这种过程可以不断发生，使得持久性有机污染物沉积到地球偏远的极地地区，导致全球范围的污染传播。因为这种性质，持久性有机污染物容易从比较暖和的地方迁移到比较冷的地方。如今在地球两极以及珠穆朗玛峰都已监测到持久性有机污染物。

通过上述过程，持久性有机污染物可在生活于距排放地千里之外的北极等地区的人类与动物体内发现。在完全没使用过持久性有机污染物的爱斯基摩人的母乳中，居然检测到了数倍于生活在发达国家大城市中的居民体内浓度的持久性有机污染物。

男人睾丸生产力急剧下降 “精子危机”席卷全球

（徐海屏 玄昌 中国《新闻周刊》）

与1940年相比，今天全世界男子的精子密度下降了一半，平均每年下降1%；几十年之后，人类甚至可能会出现“无精危机”。

2002年3月，英国医学研究会的一份科研报告称，英国男子的精子数量在过去50年中减少了一半多，其他发达国家亦出现同样现象。报告称，1970年以后出生的苏格兰男子，生育能力较20世纪50年代出生的男子降低25%，精子数量正以每年2%的速度下降。

1年多以后，相似的故事发生在中国。

2003年12月，《中华男科学》杂志上发表了一份题为《成都地区549名大学生精子质量调查》的报告，成都市计划生育技术指导所主治医师李刚及其同事，通过对成都地区14所高校549名志愿学生的精子状况进行检查，并将此检查结果与国内文献报道的结果进行对比，得出了令人震惊的结论：成都地区的未婚男性大学生“将来不育症的发生率可能高于目前文献报道的12%～16%，甚至超过1/3”。

席卷全球的精子滑坡

10年前，一些美国研究人员曾劝说人们不要顾虑男性精子数量问题。但今天，尽管对于男性精子数量是否下降的争议还没有完全结束，但科学界已经把它作为一个大问题来看待。美国的一位化学教授甚至预言，到2040年，美国将有一半的男人没有生育能力。

最早关于全球成人精子质量下降的报道来自丹麦。1992年，丹麦科学家卡尔森等人在综合了来自世界20多个国家的61份研究报告后发现，从1940年到1990年，成年人每毫升精液所含精子数量从1.13亿下降到6 600万，精液量从3.40毫升下降到2.75毫升。与1940年相比，世界男子的精子密度下降了一半，平均每年下降1%。

接着，又有相似结论陆续发表。1994年，比利时根特大学医院的研究者报道，从1977年到1994年，精子捐献者每毫升的精子数量平均下降了1 000万。爱丁堡苏格兰生物生殖中心的研究发现，生于20世纪60年代后期的男性供精者，精子平均数量较20世纪40年代的男性供精者少40%。法国巴黎精子银行的消息也不乐观，捐精者的平均精子数大约每年下降2%，从1973年到1992年，总共下降32%。

由于以人为研究对象有许多困难，尸检结果显得难能可贵。芬兰的研究人员通过30年尸检记录，发现精子数量逐年降低。日本科学家发现，30～50岁的日本男子平均1毫升的精液中有8 400万个精子，而20岁上下的男子只有4 600万个，几乎少了一半，这造成男性不育症大大增加。

还有一个值得重视的现象是，除了精子数量下降，活动精子的比例和正常形态精子的比例也逐年下降（分别为每年下降0.6%和

0.5%）。

据日本国立环境研究所科学家森田昌敏介绍，在全国范围内对精液性状（包括数量、精子运动能力、精巢重量及功能等）进行的调查结果表明，精子的运动能力较过去显著降低；对交通事故死亡者的解剖结果表明，近20年来精巢重量也有明显变化，相比之下，20世纪80年代的精巢最重，以后有所减轻，这有可能是精液量下降的原因之一。

国内情况令人担忧

1997年，有科学家采用对不同地区进行分类研究的方法，从另一个角度分析了卡尔森报告中的数据，发现精子数量下降的情况主要发生在欧美，在非西方国家不明显。

然而近年的报道却反映出中国的情况也不容乐观。

根据广州市第二医院生殖助孕中心的统计，广州市男性每毫升精液所含精子数量从50年前的1亿至2亿个，减少到了目前的6 000万至1亿个。

上海市人类精子库在接受志愿者捐献精子时也发现，只有20%的捐献者精子能通过严格检验。在最早有意向上海市人类精子库捐献精子的700多名志愿者中，85%以上都是在校大学生，多数人精子不合格，主要表现为精子少、存活率低、活跃性差。

有关部门的另一项调查数据是：与20世纪80年代初期相比，在北京市从未有过性交史的青年每毫升精液含精子数目下降一半以上，精液量下降20%以上，每次排射精子总数下降65%以上，精子活动力下降25%以上，正常形态精子百分率下降20%以上。

有一个台湾教授研究了台湾成年男子精液质量，发现在过去的50年内呈直线下降趋势，人均精子数目减少了一半。该教授在公开刊物上提醒后人，将来有一天可能会出现"无精危机"。

与此同时，精子的质量也在悄然衰退。畸形、劣质精子的比例在增多，其活力、穿透力、致孕率在下降，这也导致男性不育的比例逐年增加。有统计表明，1960 年因为不育而寻求咨询的男性只占 8%，如今则高达 40% 以上。20 世纪 70 年代男女不育症患者的比例为 3∶7，90 年代这一比例已上升到 1∶1。

公认的结论，未确定的证据

“虽然男性精液状况逐渐下降的科学猜测基本被世界医学界所承认，但是到目前为止尚无足够的严谨证据来证明这个猜测。”在接受中国《新闻周刊》记者采访时，中国工程院院士、北京大学泌尿外科研究所名誉所长郭应禄教授指出，“目前认可的证据还都是偶然性的或者不是结论性的。要得到科学、完善、严谨的结论还需要通过合理设计研究课题、协作和投资研究等手段，来明确男性生殖健康方面的相关问题，以避免我们后代的生育能力与生殖健康受到损害”。

华中科技大学同济医学院计划生育研究所所长、生殖医学中心负责人熊承良教授告诉中国《新闻周刊》记者，目前中国产生的科研结论都是从很局部的数据中得到的，这并不能反映我国整体的男性精液，甚至不能反映一个地区的真实状况。“很多成果建立在早先一些文献提供的数据基础上，并没有做一个很大样本的流行病学调查。各项研究检测的方法、检测手段也不够统一与标准，检验过程与人员也没有经过统一化，这样得出的结论都不具有足够的科学性、权威性、准确性。”

谁是罪魁祸首？

相当多的证据表明，文化程度高的男性精子密度要低于文化程度相对较低的人群；城镇户口男性、使用电器数多的男性、精神紧张的男性，其精子数量与精子正常形态百分率都会比这些因素打分较低的男性要少。

而高文化程度、城镇生活、电器数量等因素都是伴随着社会的整体进步而出现的，这似乎意味着社会的进步必然以男性生殖健康的退化作为代价。

郭应禄和熊承良都认为，辐射、水污染、内分泌干扰物等都会影响生殖健康。但郭应禄教授指出，在某种情况下，相关性并不一定意味着因果关系，还需要调查其他可能的影响。熊承良教授也指出这个因果关系还需要进一步的分析与研究。“到目前为止，影响男性生殖健康的真正原因还不是很清楚，仅仅在不育方面，迄今为止还有40%左右的病因无法查明。”

但是一些因素还是明显暴露出对男性健康的负面影响。郭应禄教授指出，食物中就有相当一部分会影响生育，比如食品添加剂、着色剂、防腐剂以及一些农副产品可能残留的农药等合成化学污染物。而人们接触的物质中，损害生殖功能的也不少，主要有来自于化学工业造成的空气、水等环境污染，除此以外还有随处可见的各种辐射。男性的“生活标志”——抽烟与喝酒对男性生殖健康也构成了最普遍的威胁。滥用抗生素、激素类等药物，以及越来越多的性保健品都会对生殖健康构成巨大的威胁。

郭应禄还指出，男性生活质量普遍比女性低，这也是一个原因。相比之下，他们平均睡眠少，不注重饮食，参加体育运动时间少，接受健康体检次数少。

“相对而言，男性健康长期处在被忽视的状态，特别是生殖健康。”熊承良指出，与身体其他部位相比，生殖健康方面产生的影响是潜在的、隐形的，所以长期没有引起注意，特别是男性这个领域。

（本文部分数据引自浙江省计划生育科研所专家张凡论文《环境因素与精子质量》）

第八章

生态平衡、生态价值与生物多样性保护

大自然究竟填满了多少张嘴巴，我们有多少邻居，而我们对它们了解得多么少，又是怎样地很少走进彼此的世界！

——约翰·缪尔（美国博物学家）

一、生态平衡

1.生态平衡的定义

生态平衡是指在一定时间和相对稳定的条件下，生态系统各部分的结构与功能处于相互适应与协调的动态平衡之中。任何一个成熟的生态系统，其结构与功能，包括物种组成、各种群的数量和比例，以及物质与能量的输出、输入等方面，都处于相对稳定状态。就是说，在一定时期内，系统内生产者、消费者和分解者之间保持着一种动态平衡，系统内的能量流动和物质平衡在较长时期内保持稳定，这种状态就是生态平衡。

2.生态系统中物质与能量的输入与输出保持相对平衡

任何一个生态系统都是开放的耗散结构，既有物质和能量的输入，也有物质与能量的输出，物质与能量在生态系统中与其环境间不断进行差异开发性流动。对一个平衡的生态系统来说其物质和能量的输入与输出应该相对平衡。人们可以无须详细分析生态系统内众多组分之间的关系，只根据输入和输出就能判定系统是否处于平衡状态，即所谓的“黑箱理论”（Black Box Theory）（图8-1）。

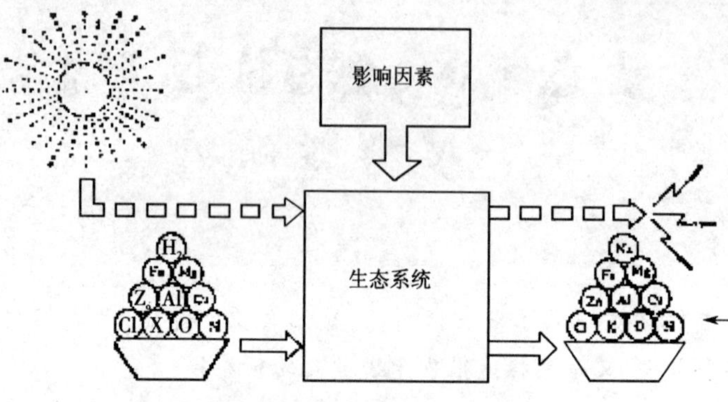

图 8-1　判断生态平衡的"黑箱理论"示意

3. 生态平衡是一种动态平衡过程，是自然发生的演替过程

生态系统中的能量流动和物质循环在通常情况下（没有受到外力的剧烈干扰）总是平稳地进行着。与此同时，生态系统的结构也保持相对稳定状态。生态系统具有自我调节和维持平衡状态的能力。生态平衡的最明显表现就是系统中的物种数量和种群规模相对平稳。当然，生态平衡是一种动态平衡，即它的各项指标，如生产量、生物的种类和数量，都不是固定在某一水平，而是在某个范围内来回变化。

如一个生物种群中的个体会不断死亡和新生，但从总体上看，整个种群数量没有剧烈变化，因此系统保持相对稳定。

如果生态系统中物质与能量的输入大于输出，则其总生物量增加，反之则生物量减少。在自然状态下，生态系统的演替总是自动地向着物种多样化、结构复杂化、功能完善化的方向发展。如果没有外来因素的干扰，生态系统最终必将达到成熟的稳定阶段。那时生物种类最多，种群比例最适宜，总生物量最大，系统的内稳性最强。

生态系统在不同发育期在结构和功能上是有区别的。发育到成熟期的生态系统生物群落结构多样性增大，包括物种多样性、有机物的多样性和垂直分层导致的小生境多样化等。其中物种多样性一均匀性是基础,它是物种数量增多的结果,同时又为其他物种的迁入创造了条件(有多种多样的小生境)。有机物多样性或称“生化多样性”(Biochemical Diversity)的增加,是群落代谢产物或分泌物增加的结果,它可使系统的各种反馈和相克机制及信息量增多。

4. 生态系统具有自稳定机制和自我调节能力,以维持生态系统的结构和稳定性

成熟期的生态系统都具有自稳定机制,生态系统平衡实际上就是生态系统内稳定的显示。这种能力主要表现为系统内部生物的种内和种间关系复杂,共生关系发达,抵抗干扰能力强,信息量多,熵值低。这是生态系统发育到成熟期在结构和功能上高度发展和协调的结果。

每个生态系统都在来自内部和外部两类因素的压力下运行。内部因素是生物群落自身发展和由此引起的生境变化。外部因素常与生物群落自身无关,如气象条件等。对于各层次的生命系统来说,无论是哪类压力引起环境条件的改变,系统都是通过调节机能来尽量维持自身的稳定,这种调节机能实际上是生态系统的一种适应能力。

生态系统平衡的调节主要是通过系统的反馈机制、抵抗力和恢复力实现的。

生态平衡是靠一系列反馈机制维持的。负反馈调节作用的意义就在于通过自身的功能来减缓系统内的压力,以维持系统的稳定。物质循环与能量流动中的任何变化,都是对系统发出的信号,会导致系统向进化或退化的方向变化。但是变化的结果又反过来影响信号本身,使信号减弱,最终使原有平衡得以保持。种群数量调节的方式之一,就是通过密度制约作用的负反馈机制来抑制种群数量的无限增长。

例如,某一森林生态系统中食叶昆虫(如松毛虫)数量增多(信号),林木因此受害。这种信号传递给食虫鸟类(如灰喜鹊),促使其大量繁殖,捕食食叶昆虫,使虫口得到控制,于是森林生态系统的生态平衡逐渐得到恢复。

抵抗力是生态系统抵抗外干扰并维持系统结构和功能原状的能力,是维持生态平衡的重要途径之一。抵抗力与系统发育阶段状况有关,其发育越成熟,结构越复杂,抵抗外干扰的能力就越强。例如我国长白山红松针阔混交林生态系统,生物群落垂直层次明显、结构复杂,系统自身贮存了大量的物质和能量,这类生态系统抵抗干旱和虫害的能力要远远超过结构单一的人造林次生生态系统。

恢复力是指生态系统遭受外部干扰破坏后,系统恢复到原状的能力。如切断污染水域污染源后,生物群落的恢复就是系统恢复力的表现。生态系统恢复能力是由生命成分的基本属性决定的,即由生物顽强的生命力和种群世代延续的基本特征所决定。

5. 生态系统的调节能力是有限度的

一个生态系统的调节能力是有限度的。外力的影响超出这个限度,生态平衡就会遭到破坏,生态系统就会在短时间内发生结构上的变化,比如一些物种的种群规模发生剧烈变化,另一些物种则可能消失,也可能产生新的物种。但变化总的结果往往是不利的,它削弱了生态系统的调节能力。这种超限度的影响对生态系统造成的破坏是长远性的,生态系统重新回到和原来相当的状态往往需要很长的时间,甚至造成不可逆转的改变,这就是生态平衡的破坏。

二、生态平衡的破坏

影响生态平衡的因素既有自然的,也有人为的。

自然因素主要有火山、地震、海啸、林火、台风、泥石流、水旱灾害以及海陆变迁等,这些因素对生态系统的破坏是严重的,甚至可使其彻底毁灭,并具有突发性的特点。但这类因素常是局部的,出现的频率并不高。

人为因素包括人类有意识"改造自然"的行动和无意识造成对生态系统的破坏的行动。例如，农业生产上为防治害虫而施用了大量农药；工厂在产品生产的同时排放了大量的各类污染物；大面积开采森林，牧业发展带来的过度放牧所导致的草场退化；兴建大型水利工程在获得经济效益的同时产生的生态影响；尤其是人类工业生产所带来的大规模环境污染。这些人为因素都能破坏生态系统的结构与功能，引起生态失调，直接或间接地危害人类本身。所谓的"生态危机"大多是指人类活动引起的此类生态失调。

生态平衡的破坏往往出自人类的贪欲与无知，过分地向自然索取，或对生态系统的复杂机理知之甚少而贸然采取行动。近年来有些生态学家提出了许多正确的见解，并把它们提高到规律和定律的高度，这些都是人类应该遵循的客观规律。不幸的是，我们迄今所采取的许多行动往往只顾及眼前的和局部的利益，而忽略了长远的和全球的利益，由此造成对生物圈的某些伤害，其中有些严重影响是深远的。

作为生物圈一分子的人类，对生态环境的影响力目前已经超过自然力量，而且主要是负面影响，成为破坏生态平衡的主要因素。人类对生物圈的破坏性影响主要表现在以下三个方面。

①大规模地把自然生态系统转变为人工生态系统，严重干扰和损害了生物圈的正常运转。农业开发和城市化是这种影响的典型代表。

②大量取用生物圈中的各种资源，包括生物的和非生物的，严重破坏了生态平衡。森林砍伐、水资源过度利用是其典型例子。

③向生物圈中超量输入人类活动所产生的产品和废物，严重污染和毒害了生物圈的物理环境和生物组分，包括人类自己。化肥、杀虫剂、除草剂、工业三废和城市三废是其代表。

自然界的生态规律适用于地球上的一切生物种群，人类当然也不例外。生态系统中的任何种群的数量都不可能无限制地增长，即不能永远是指数增长模式。而随着人口增长，可使用的资源越来越少，空间也越来越小，人类面临的威胁也越来越大。由这些威胁引发的饥荒、疾病和争夺资源的战争等都将阻碍人口数量的增加。但人类不能像其他生物一样被动地等着由自然来调控。人具有自律自控能力，可以认识到维持生态平衡的重要性。但到什么时候，或地球人口数量到怎样的程度，全球人口的增长才会由指数增长模式转向逻辑斯蒂增长模式？这与地球生态环境的人口承载容量相关。有的学者根据资料推断，地球陆地表面可以供养80亿到150亿人口，有的认为可更多。所有学者都承认，地球上自然资源是有限的，不限制人口数量，人类将无法维持生存安全和文明延续，人类最终将受到自然规律和生态规律的惩罚。对于这一问题，我们将在《人口资源与环境》一章里进行详细讨论。

特别需要指出的是：人类需要的生态平衡是对人类生存与发展有利的平衡。例如，自然的生态平衡其初级生产力很低，不能维持人口增长的需要。因此人类建立了更高效的农业生产系统来满足对食物等的需要。这种经人工改造的农业生态系统是不稳定的，它的平衡需要人类来维持。人为选择高产物种导致了遗传单一性，从而使现代农业和畜牧业对病虫害的侵犯特别敏感。在一个自然生态系统里，病原生物等必须把它所危害的生物从许多物种中区分出来，但在人工改造的生态系统中，它们很容易找到被危害物，并大量聚集，迅速传播。

三、生物多样性

科学家们曾在一棵树上发现多达650种的昆虫，它们是如何结成一个生态系统的？即使是一只昆虫本身也能自成一大千世界。将一只蜣螂置于显微镜下，可以惊讶地发现蜣螂的背上和翅膀上各住着两种不同的虫子，两种虫子因种类不同，栖息地也不一样，它们之间是如何达成协议的？

1. 多姿多彩、多种多样的生命

在我们共同生活的地球上，从38亿年前产生最早的生命开始，生命经历了漫长的进化过程。在生物群落发展的历史过程中，不断有物种灭绝，不断有新的物种分化出来。地球是一个生机勃勃、丰富多彩的世界，生命无所不在，从热带雨林上端离地数百尺的地方，到澳大利亚的沙漠，到深海火山熔岩的缝隙，处处都有生命。

如今已发现并得到正式命名的物种约160.4万种，尚未发现的有1千万种至1亿种。另据联合国环境署1996年估算，如今得到定义的物种约175万种。其中：植物26万种；昆虫76万种；脊椎动物50万种；真菌10万种（有科学家估计为150万种）。

生物的分类主要是根据形态特征、生物之间遗传进化的关系以及是否具有共同祖先或同源性等进行。现代分类法更是将分子生物学技术引入到生物分类学中，以探索生物的系统发育和进化历史，揭示生物的多样性及其亲缘关系。

生物的分类从高级单元分为若干分类阶层，至最基本的分类单元。从高级到低级的顺序是：

界（Kingdom）
门（Phylum）
纲（Class）
目（Order）
科（Family）
属（Genus）
种（Species）
亚种（Subspecies）
变种（Variety）
品系（Strain）

2. 生物多样性的内涵

1992年6月，全世界150多个国家的首脑在巴西里约热内卢联合国环境与发展大会上共同签署了全球《生物多样性公约》。公约第2条把生物多样性定义为“所有来源的活的生物体中的变异性,这些来源除其他外包括陆地、海洋和其他水生生态系统及其所构成的生态综合体,这包括物种内,物种之间和生态系统的多样性”。

或者说:所谓生物多样性就是地球上所有的生物体及其所构成的综合体。它包括遗传多样性、物种多样性和生态系统多样性三个层次。保护生物多样性就是在基因、物种与生态环境三个水平上的保护。

(1)物种多样性

从无细胞结构的病毒,单细胞的细菌、藻类、原生动物,到多细胞的真菌、动植物。大自然中的每一种物种都是独特的,多种多样、千姿百态的生物构成了物种的多样性。从10纳米的口蹄疫病毒到150吨重的蓝鲸,从缓慢爬行的蜗牛到奔跑速度为每小时90千米的猎豹,不胜枚举。

(2)基因或遗传多样性

基因或遗传多样性是指种内基因的变化,包括同种的显著不同的种群(如水稻的不同品种)和同一种群内的遗传变异。基因是生物信息的功能单位,一个基因编码一个蛋白质。

A(腺嘌呤)、T(胸腺嘧啶)、G(鸟嘌呤)、C(胞嘧啶)四种碱基在DNA长链中不同的排列组合,决定了基因及遗传的多样性。据估计人类DNA上有3万个基因,每个基因中的核苷酸数为600~1 800个。

大自然用几十亿年的时间建造起浩繁、精致和复杂的基因库。任何一个物种的灭绝,都会带走它独特的基因,令人类不可挽回地永远遗憾!

(3)生态系统多样性

生态系统的多样性我们已经在上一章中论述过,本章不再重复。

四、生态价值与生物多样性价值

1. 由生态金字塔(生态锥体)看生态价值

由生态金字塔(图 8-2 可看出)当能量在食物网中流动时,其转移效率是很低的。绿色植物所吸收的能量部分用于维持生存(呼吸消耗),部分用于生长(形成生物量);绿色植物总生产量的一部分被植物本身消耗掉,草食动物所摄取的只是绿色植物的一部分净生产量,还有枯枝落叶不能为草食动物利用。草食动物所摄取的部分也不可能全部消化。由于这些原因,草食动物的生物量通常小于植物产量的1/10。同样道理,第一级肉食动物的产量也必然小于草食动物的产量,平均说来,净生产效率只有 10% 左右(生态学上称为林德曼效率,也称为 1/10 定律)。

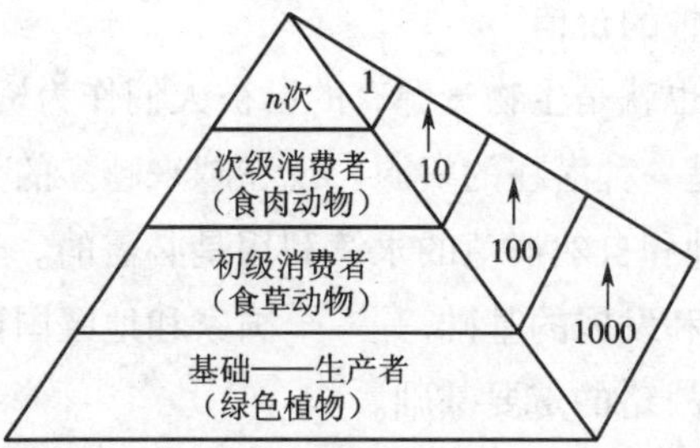

图 8-2 生态金字塔示意

(1) 生物数目金字塔

生态学家对一片草地上食物链的所有生物成员做了统计,得到以下结果:

生产者(野草)5 842 424 株;

消费者Ⅰ(草食动物、昆虫) 708 624 只;

消费者Ⅱ(肉食动物、吃昆虫的小鸟) 354 904 只;

消费者Ⅲ(肉食动物、吃小鸟的鹰) 3 只。

(2) 生物量金字塔

生态学家对一片海域中的生态系统做了统计:

生产者(大叶藻) 4 800 万吨;

消费者Ⅰ(吃大叶藻的小鱼虾) 1 200 万吨;

消费者Ⅱ(吃小鱼虾的大鱼)17 万吨;

消费者Ⅲ(吃大鱼的鱼)3 万吨。

(3) 生物能量金字塔

生态学家研究表明在某一生态系统 1 平方米的面积上:

生产者(植物)净生产的能量是 36 922 千焦;

消费者Ⅰ(草食动物)净生产的能量是 6 178 千焦;

消费者Ⅱ(肉食动物)净生产的能量是 280 千焦;

消费者Ⅲ(肉食动物)净生产的能量是 25 千焦。

2. 生物多样性的价值

生物多样性也就是生物资源有的已被人们作为资源利用,而更多的还未被利用,是一种潜在的资源。现在越来越多的人已经认识到生物多样性,对物种和自然群落的永续利用是必需的。生物多样性是人类社会赖以生存和发展的基础,是一个国家和地区国民经济和社会实施可持续性发展战略的重要基础。

(1) 直接价值

①消耗性利用价值:人们常从他们的周围环境中获得薪柴、蔬菜、水果、肉类、医药、建筑材料等生活必需品。

②生产性利用价值:木材、渔业等。

从当前看,人类从野生的和驯化的生物物种中,得到了几乎全部食物、许多药物和工业原料与产品。就食物而言,据统计,地球上有 7 万 ~8 万种植物可以食用,其中可供大规模栽培的有 150 多种,迄今被人类广泛利用的只有 20 多种,却已占世界粮食总产量的 90%。驯化的动植物物种基本上构成了世界农业生产的基础。野生物种方面，主要以野生物种为基础的渔业，1989 年向全世界提供了 1 亿吨食物。实际上，野生物种在全世界大部分地区仍是人们膳食的重要组成部分。

就药物而言，在近代化学制药业产生之前，差不多所有的药品都来自动植物。至今，直接以生物为原料的药物仍保持着重要的地位。在发展中国家，以动植物为主的传统医药仍是 80% 的人口维持基本健康的基础。至于现代药品，在美国，所有处方中 1/4 的药品含有取自植物的有效成分，超过 3 000 种抗生素都源于微生物，所有 20 种最畅销的药品中都含有从植物、微生物和动物中提取的化合物。

就工业生产而言，纤维、木材、橡胶、造纸原料、天然淀粉、油脂等来自生物的产品仍是重要的工业原料。生物资源同样构成娱乐和旅游业的重要支柱。

(2)间接价值

①非消耗性利用价值：科学研究、观赏、旅游等。比如娱乐与生态旅游的特点是非消耗性地享受自然美——休闲价值。

②选择价值：保留对将来有用的选择价值。在单个作物和牲畜种内发现的遗传多样性，同样具有重大的价值。在作物和牲畜与其害虫和疾病之间持续进行的斗争中，遗传多样性提供了维持物种活力的基础。目前，生物育种学家们已经培育出了许多优良的品种，但还需要不断地在野生物种中寻找基因，用于改良和培育新的品种，提高和恢复它们的活力。杂交育种者和农场主同样依靠作物和牲畜的多样性，以增加产量和适应不断变化的环境。从 1930 年到 1980 年，美国差不多一半的农业收入应归功于植物杂交育种。遗传工程学将进一步增加遗传多样性，创造提高农业生产力的机会。

③存在价值：生物存在的生态伦理上的价值。我们应该知道：a. 每一物种都有生存的权利；b. 所有物种是相互依存的；c. 人类必须像

其他物种一样生活在同一生态范畴内；d. 人们必须对他们的行为负责；e. 生物资源不应浪费；f. 尊重人类生活和人类多样性与尊重生物多样性是一致的；g. 自然具有超越经济价值的精神和美学价值；h. 生物多样性对确定生命的起源是必要的。

3. 生态价值

当代最负盛名的环境伦理学家霍尔姆斯·罗尔斯顿从社会整体的角度对大自然所承载的价值进行了总结，将大自然的价值具体分为14种。其中较为重要的是大自然的经济价值和生命支撑价值。

(1)经济价值

自然的事物种类繁多，具有多姿多彩的巨大能量，因而大自然具有丰富的实用潜能，人类可以加以利用，这是经济价值的来源，价值依赖于人的劳动，但人类的技艺无论如何都不可能产生非自然的化学物质和能量，所以其基础是自然物固有的属性。

(2)生命支撑价值

生态系统是我们人类文化的底基。人是生态系统的栖息者，人依赖于自然给我们的空气、阳光、水、食物链、光合作用，等等。自然是一个进化的生态系统，在几十亿年的过程中创造了上万个物种，在人类之前所有的生命都和谐相处，各有所用。

1)生态系统生产力

生态系统生产力(表8-1)是人类生存的保证，也是人类农业、食品、林业、畜牧业以及生物医药业的基础。植物的光合作用为整个地球生命系统提供物质、能量和有氧环境，因此，生物多样性为地球上的生命提供了维持系统。

2)保护水资源

生物群落在保护集水区、生态系统抵御特大山洪和干旱的缓冲能力，以及保持良好的水质方面起着极其重要的作用。

3)保护土壤

生物群落能保护和保持土壤，防止水土流失。

4)调节气候

植物群落在调节地方、区域甚至全球的气候方面都有十分重要的作用。

5)对污染物的吸收和分解

生物群落能分解和固定重金属、农药、污水等污染物。

6)物种关系

农作物需要依赖其他野生生物才能延续生命。

表 8-1　生态系统的生产力

生态系统类型	面积/(10^6 km^2)	净初级生产量			每年能量固定	
		范围/(g/(m^2·a))	近似平均值/(g/(m^2·a))	总生产量/(10^9 t)	平均值/(10^6 J/a)	总量/(10^{18} J)
热带雨林	17.0	1 000~3 500	2 000	34.0	34.3	583.5
夏绿林	7.0	400~2 500	1 000	7.0	19.2	134.8
暖温带混交林	5.0	600~2 500	1 000	5.0	19.7	98.4
北方针叶林	12.0	200~1 500	500	6.0	10.0	120.6
疏林地	7.0	200~1 000	600	4.2	11.7	82.0
矮生灌丛	26.0		90	2.4		42.7
苔原	8.0	100~400	140	1.1	2.5	20.1
荒漠灌丛	18.0	10~250	70	1.3	1.2	22.6
热带草原	15.0	200~2 000	700	10.5	11.7	175.8
温带草原	9.0	100~1 500	500	4.5	8.4	75.3
干荒漠	8.5	0~10	3	—	—	0.4
耕地	14.0	100~4 000	650	9.1	11.3	158.2
沼泽湿地	2.0	800~4 000	2 000	4.0	35.2	70.3
湖泊江河	2.0	100~1 500	500	1.0	9.6	19.2

引自 Lieth(1971,1973),按作者的估算,世界总初级生产量为 155.2×10^9 t/a 的干物质,其中陆地为 100.2×10^9 t/a,海洋为 55.0×10^9 t/a,1978 年作者提出陆地为 121.7×10^9 t/a。

五、生态服务价值与生态福利

生态福利即生态化社会福利。这个概念是对社会福利的补充和完善。生态福利是社会福利的一部分,故在社会福利中应当占据基础性的地位。一个国家、地区和社会在制定一系列为改善全体社会成员物质与精神生活的政策及措施,以及为全体社会成员提供福利设施和相关服务时,应当充分考虑对生态环境因素的影响,并针对生态环境问题适时做出相应的对策,以提高全体社会成员的生态福利,这是社会政策生态化的一个发展趋向。

近些年来,生态文明、绿色 GDP、GNH(国民幸福指数)等词语成为出现在中国公众视线内的高频率词。究其原因,随着当代中国改革开放 30 年来经济社会的不断发展,社会成员的生活水平不断提高,需求层次和生活定位有了新的提升,人们在关注国家 GDP 增长的同时也在关注中国绿色 GDP 在国际上的排名,在关注生活水平提高的同时也更加关注自身生活质量的改善,也就是自身以及我国的生态福利。生态福利概念的引入必将对社会福利和社会政策的完善与发展起到更为积极的促进作用。

生态系统服务(Ecosystem Services)是指对人类生存和生活质量有贡献的生态系统产品(Goods)和服务(Services)。产品是指在市场上用货币表现的商品。服务是不能在市场上买卖,但具有重要价值的生态系统的性能,如净化环境、保持水土、减轻灾害等。

自霍尔德伦和欧利希(1974)提出"生态系统服务"概念以来,生态学界就给予其很大重视,尤其是美国马里兰大学生态经济学研究所所长科斯坦萨等(1997)在《自然》杂志发表关于《世界生态系统服务和自然资本的价值》文章和戴利的《生态系统服务:人类社会对自然生态系统的依赖性》一书出版以后,一股研究生态系统服务的热潮正在兴起，各国领导、科学家和公众对保护生物多样性的重要性的认识和支持都显著提高。

科斯坦萨根据已出版的研究报告和少数原始数据进行最低估计，获得全球生态系统提供的服务总价值，为每年平均33 万亿(16 亿 ~54 亿)美元，与之相比，1997 年全球 GNP 的年总量为 18 万亿美元，即全球生态系统服务总价值大约为当年全球 GNP 的 1. 8 倍(表 8-2)。

继科斯坦萨之后，《生物科学》杂志于 1997 年又发表了题为《美国生物多样性经济价值初步估计》的文章，估计美国每年从生物多样性，如有机废物处理、土壤形成和生物固氮等，可以获得 3 000 亿美元。

表 8-2　全球生态系统服务的价值

生态系统	面积/($10^5 hm^2$)	价值/(美元/(hm^2 · a))	全球价值/(万亿美元/年)
海洋	33 200	252	8. 4
近海水域	3 102	4 052	12. 6
热带森林	1 900	2 007	3. 8
其他森林	2 955	302	0. 9
草地	3 898	232	0. 9
湿地	330	14 785	4. 9
湖泊河流	200	8 498	1. 7
农田	1 400	92	0. 1
全球总价值			33. 3 万亿美元

(引自 Roush, *Science*,276:1029, 1997)

根据《中国生物多样性国情研究报告》的研究成果，中国生物多样性的价值为 39. 33 万亿元。直接使用价值达 2 000 亿美元/年，间接使用价值达 4 万亿美元/年 。目前我国有 1. 34 亿公顷森林，每年可蓄水达 3 400 亿吨，为现在全国水库容量的 75%，可创造经济价值 2 527 亿元。中国生物多样性经济价值初步评估见表 8-3。

国家林业局对我国森林防止水土流失生态效益的统计说明，每年森林可减少的土壤侵蚀总量为246亿立方米或320亿吨,相当于每年为国家创收2 691亿元。

表8-3　中国生物多样性经济价值初步评估(单位:万亿元)

价值类型		价值
直接使用价值	产品及加工品年净价值	1.02
	直接服务价值	0.78
	小计	1.80
间接使用价值	有机质生产价值	23.3
	二氧化碳固定价值	3.27
	氧气释放价值	3.11
	营养物质循环与贮存价值	0.32
	土壤保护价值	6.64
	涵养水源价值	0.27
	净化污染物价值	0.40
	小计	37.31
潜在使用价值	选择使用价值	0.09
	保留使用价值	0.13
	小计	0.22

对于生态系统服务,有几点认识是值得强调的。

①只要自然生态系统存在,各种生态过程在正常地运行着,不管人们是否认识其意义和估计了它的价值,它都给居住在地球上的人类提供着无偿的或有偿的服务。生态系统服务是客观存在的,它是与生态过程紧密地结合在一起的。生态系统,包括其中各种生物种群,在自然界的运转中,充满了各种生态过程,同时也就产生了对人类的种种生态系统服务。另一方面,由于生态系统服务在时间上是从不间断的,所以从某种意义上说,其总价值是无限大的。全人类的生存和社

会的持续发展，都要依赖于生态系统。

②最重要的生态系统服务价值多数是没有进入市场的间接价值，对环境和生命维持系统的许多重大调节功能，例如二氧化碳和氧气平衡、水土保持、土壤形成、环境净化等。这部分价值在以往被人们认为是可以免费使用的、公共的自然恩施，社会对此并没有任何控制，并且其价值明显大于可以作为买卖的直接价值。

要使公众和政府认识生物多样性保育的重大意义，其主要困难就在于人们如何认识和掌握有价值的自然生态过程的种种机理，并加以定量，把非财政利益翻译为财政利益。但是，传统的经济学并没有估计这类生态系统服务的间接价值，因此，很多学者认为发展生态经济学是当前重要的任务。

③生态系统服务中，有不少是跨地区、超越国界的，例如热带森林对于保护良好气候和减少温室气体具有重要的作用。不少属于这一类生物多样性的生存价值（Existence Value），其价值不能从本地生物资源直接获得，而依附于别的国家的遥远的生态系统。因为世界上发展中国家多数为富有生物多样性的，而发达国家由于其发达的企业，许多环境污染物（如燃料消费和化学物生产）的产生往往大部分来源于它们。国际环保署曾为此偿还发展中国家某些债务，以交换其为生物多样性的保护所做出的贡献，即所谓“以货易货的自然债务”的原则。同样，我国东部人民也依赖于西部公众对生物多样性的保护。广东北部是山区，东南部是发达地区，同样应该支持欠发达的山区。

④科斯坦萨还提出，据此研究可以得到一个重要结论：社会应彻底检查和修改其环境和经济政策，例如对湿地丧失收取税收。当然，也有学者说，每个生态系统是不同的，通用的环境税可能会导致某些地区的过保护和另一些地区的低保护。不过，后者显然是可以通过试行和在实践中的修正解决的。

表 8-4 还列出了科斯坦萨生态系统的功能和公益价值（指标体

系)。

⑤霍尔德伦等(1999)把生态系统服务划分为基本的和需求推动的两类,前者指维持生态系统功能和稳定性所必需的,它们都是人类生存的基本前提,通常没有与市场的经济价值发生直接的联系。后者包括食品、水产养殖和药用植物种植的产品等,它们由人类需求和直接经济价值驱动,并依赖于自然生态系统。

表 8-4　科斯坦萨生态系统的功能和公益价值(指标体系)

序号	公益类型	生态系统环境功能
1	调节大气	平衡大气化学成分(CO_2/O_2 等)
2	调节气候	调节气温,降水等(全球,局地)
3	干扰调节	对环境变化的反应(容量,抗干扰性)
4	调节水分	水循环
5	供应水资源	存储和保持水分
6	控制侵蚀与淤积	土壤保持
7	土壤形成	土壤形成过程
8	养分循环	养分贮藏、循环、获取(固氮、氮磷循环)
9	废物处理	流动养分的补充,去除或破坏
10	授粉	花配子运动
11	生物控制	生物量营养 - 动态调节
12	避难所	永久居住或暂时栖息地
13	食物生产	总第一生产力中可食部分(农、牧、副业)
14	原材料	总第一生产力中可用部分(如木林、水产)
15	基因资源	特有生物和产品资源(药、作物、园艺)
16	娱乐	提供娱乐基础(生态旅游等)
17	文化	提供非商业用途机会(美学、文学、艺术)

补充阅读:

一株野生大豆的价值

中国是大豆的原产地,拥有世界上已知野生大豆品种的90%,共超过6 000 多种。同时,大豆也是中国最早食用和种植的五谷之一,栽培历史在4 000年以上。直到现在，中国仍然是世界上大豆的生产大国之一。

但是，目前美国孟山都(Monsanto)公司正在对大豆的一项研究申请国际专利，专利一旦获得批准，极有可能出现的情形是：中国农民或育种专家在并不知晓的情况下，就已经侵犯了孟山都的专利；中国的有些大豆产品甚至因此无法出口，否则甚至会引起国际贸易制裁。虽然孟山都这项研究的关键材料来自中国的一个野生大豆品种。

如果没有适当的对策，类似的危机也极有可能落到中国的小麦、水稻或玉米身上。有关专家称："处理不好，将会危及一国的经济安全。"

本月22日是联合国于德国波恩召开的《生物多样性公约》会议的开幕日。绿色和平组织揭发了跨国农业企业孟山都公司(总部在美国)，试图以垄断性的专利权控制源自中国的野生和栽培大豆，影响大豆的研究育种，威胁地球生物多样性。

孟山都对中国野生大豆申请专利

美国孟山都公司目前是全球第二大农业化工公司和头号生物工程公司。2000年4月6日，孟山都公司向全球包括中国在内的101个国家申请一项有关高产大豆及其栽培、检测的国际专利。目前，这项专利各国正在审查中。

这项专利源自对中国上海附近的一种野生大豆品种的检测和分析。孟山都从中发现了与控制大豆高产性状密切相关的基因"标记"(即Marker，生物学术语，指一段DNA序列，能够控制特定的性状)。

孟山都接着用这一野生大豆品种作为亲本，与一栽培大豆品种杂交，培育出含有该"标记"的大豆。孟山都即据此申请专利，保护其发明的"高产大豆"，并一口气提出了64项专利保护请求。

长达90多页的英文专利申请书对专利保护范围逐一说明，其中包括：与控制大豆高产性状的基因有密切关系的"标记"；所有含有这些“标记”的大豆(无论是野生大豆还是栽培大豆)及其后代;生产具有高产性状的栽培大豆的育种方法;以及凡被植入这些“标记”的转基因植物,其中包括大麦、燕麦、卷心菜、棉花、大蒜、油菜、亚麻、花生、高粱、甜菜、甘蔗、土豆,甚至还有苜蓿、向日葵、棕榈、花椰菜……

“绿色和平”和复旦女生的发现

最早发现孟山都对中国野生大豆申请国际专利的,是它的老对头绿色和平组织的一名德国成员,时间是去年年底。当得知中国国内并不关注此事,他相当惊讶,因为在国际上,对动植物品种方面的生命专利权讨论非常热烈。

绿色和平香港方面负责人卢思骋在了解此事后,希望在国内找到对此问题有兴趣的人。最终,复旦大学法律系1998级女学生林燕梅成了合适人选。

林燕梅是上海一家民间环保组织的成员,当时她正在选修一门专利法课程。其间,著名的印度香米官司引起了她的强烈关注。

让林燕梅没想到的是,这种事情很快就发生在中国身上,而且事关中国野生大豆资源。香港中文大学学生施鹏祥和林燕梅一起展开了研究。

今年年初,林燕梅利用业余时间,就孟山都申请专利一事,先后访问了国内一些著名的生物专家、法律专家。也就是说,虽然孟山都早在2000年4月就公布了其专利申请,但开始引起国内注意,已是今年之事。

接受林燕梅访问的专家,大都对孟山都的做法提出疑问。在此基础上,林、施二人合作写出了专门的研究报告《新世纪的圈地运动:生命专利》,作为其中重要一节,孟山都申请大豆专利一事被专门讨论。

中国农民可能侵犯国际专利

由于国际上已有不少类似的例子,林燕梅等人争取到了来自一些国际专家对此事件的评估。

评估报告认为，鉴于世界各国对专利权在生物技术领域授予标准不一，此项专利将很有可能在如美国、欧盟获得批准。专利通过将意味着孟山都公司对所有大豆的高产品种都拥有了垄断权，并允许孟山都对中国这一野生大豆遗传资源的控制。

国际专家进一步认为，如果不经孟山都首肯，由于专利的排他性，中国的科研和育种人员将不能使用高产“标记”进行研究或育种，虽然它直接来自中国。

我国出口到这些国家的大豆，如果在育种过程中使用了孟山都得到的这种野生大豆，或者仅含有这种所谓的高产“标记”，都会被视为侵权而遭索偿，甚至受到贸易制裁。

记者又部分重复了林燕梅的工作，先后在上海、南京和北京三地采访有关专家学者。专家们最先想到的是专利一旦获准通过的后果。

英国纽卡素大学育种专家卡罗·雷夫特教授认为：“若此项专利申请不被驳回，其他研究人员如果未经孟山都同意，将不能使用上述大豆的遗传资源做研究和育种，种植这些大豆的农民也将可能被迫交使用费，蒙受巨大的损失。”

有一种观点认为，如果中国不批准这项专利，至少在中国种植含有高产“标记”的大豆还不至于侵权。但孟山都远东有限公司中国区政府关系及公共关系总监刘石在接受采访时说，中国入世以后，根据WTO有关知识产权方面的协议，在本地生产也将遇到专利权约束问题。

显然，专利的壁垒一旦确立，无论是中国的科学家，还是育种人员，或者中国农民，都将别无选择。

野生大豆品种是非法取得的？

很显然，在孟山都申请的这份专利中，起决定性作用的是使用了来自中国的野生大豆。

但是，在孟山都的专利说明书中，只提及这种野生大豆来自中国上海附近，美国大豆种质的编号是PI407305。至于孟山都所使用的这种野生大豆到底如何获得，则只字未提。

记者曾就此采访孟山都中国区的刘石，刘与美国总部进行了联系，但仍不能准确说出其来源。刘石推测，依据其编号，这个野生品种应该来自美国农业部的种质资源库。

盖钧镒教授是农业部国家大豆改良中心首席教授，也是南京农业大学大豆研究所所长，他在进行相关查询后表示，美国农业部（USDA）没有公开这个品种来源的详细情况，两国之间正常交换的品种，通常会予以注明。盖钧镒估计，这个品种是美国方面通过非正常途径获得的。

中国农科院大豆种质资源库野生种管理员王克晶也表示，野生大豆在我国是受保护的物种，禁止流向国外，所以肯定与美国没有正式的交换。

国内专家学者强烈质疑的是：如果美国方面不是从合法途径获得这个品种，又怎么可以堂而皇之向世界要求申请专利，甚至将中国也包括进去？

“千金易得　一种难求”

也许有人问，为这个美国农业部编号为PI407305的中国野生大豆品种，值得如此费心劳神吗？但是在生物技术公司和专家眼里，野生品种往往被视为宝贝一般。

“有时候，如果找到一个合适的野生品种，甚至有可能改变一个国家和民族的命运。”薛达元博士说。薛是国家环保总局南京环境科学研究所研究员，也是联合国《生物多样性公约》中国首席科学家。

薛达元举了关于水稻的经典例子：世界水稻生产曾有两次大的飞跃，都与中国发现的野生水稻品种有关。

第一次发生在20世纪60年代。中国利用原产于我国的矮秆野生水稻与栽培水稻进行杂交，培育出矮秆水稻，连同矮秆小麦的育成，带动了全球粮食大面积增产，在世界农业领域引发了著名的"绿色革命"。

第二次突破是杂交水稻的育成，再次大幅度提高了水稻产量。其关键在于袁隆平在海南岛发现了一种极其难得的没有花粉的野生水稻，通过接受栽培水稻的花粉，从而实现杂交优势，得到杂交水稻。

而大豆方面的先例是，20 世纪 50 年代中期，美国 14 个州发生大豆孢囊线虫病，使得大豆生产濒于毁灭，"救星"又是来自中国的"北京小黑豆"。美国农业部将其抗病基因转育到当地栽培大豆中，育成新的高产抗病品种，使大豆生产迅速复苏。

讲这个事例的是中国工程院院士董玉琛，国内种子研究的权威机构中国农科院作物品种资源研究所研究员。董说，从专利申请看，美国拿到的这个中国野生大豆品种估计也是相当珍贵的。

中国大豆的经济账

中国是大豆的故乡，已有 4 000 多年的栽培史。直到 20 世纪六七十年代，中国仍是世界上最大的大豆生产国和出口国。

1898 年，美国农业部派人到中国调查和采集大豆后，才开始引种、培养，但从 20 世纪 70 年代起，美国就取代中国，成为世界上大豆最大的生产国和出口国。中国大豆的国际地位却连续下滑，先后被巴西和阿根廷超过，位居第四。据说中国马上又有可能被印度超过，跌至第五。

美国当上大豆霸主，与其对大豆研究的大力投入分不开。虽然引进大豆不过百来年历史，但是目前美国收集保存的大豆种质资源数量仅次于中国。

此外，由于国内对大豆的需求猛增，中国还成了大豆及豆制品的进口大国。据了解，目前国内总需求 40% 以上的大豆依靠进口，这些进口大豆有 70% 以上又来自美国。内行人士估算，这实际相当于 1 亿多亩地的年产量。

大豆的需求缺口反映出中国的人与地矛盾。中国大豆的增产只能靠科技。孟山都对来自中国的野生大豆物种的专利申请,则可能会阻断这一梦想。应该不应该授予专利?

对孟山都申请大豆专利行为本身,质疑的声音也不在少数。

“我并不认为这是一项发明,这只是一项发现。标记是自然界存在的,检测并没有改变其原来的生存状态。从专利申请说明书看,他们并未确知与高产有关的基因,亦未把基因克隆或分离出来。”盖钧镒表示,孟山都这种申请不应该被授予专利。

英国的卡罗·雷夫特教授也认为,孟山都公司只是使用了常规的检测技术,此项专利申请并没有什么创新技术可言。

其实,是否应该对动植物品种等生命物质授予专利,在国际上也是一个相当复杂的问题。

专利权作为知识产权的一种,一直以来只涵盖技术发明项目。但1980年,美国最高法院对一种能够消化油脂的细菌有机体可以成为专利品的裁定,改写了专利史。此后,生物工程公司开始了对微生物、基因、细胞、胚胎等基因资源和转基因动植物品种的专利控制。这种专利被称为“生命专利权”(Patent on Life)。

目前在国际上,即使有知识产权制度的国家,大多数都把生命物质排除在可授予专利权的范围外。这些国家大多数是发展中国家,其中也包括中国。

国家知识产权局专利局化学审查一部部长张清奎说,我国专利法明确规定,对“动物和植物品种”不可以授予专利。因此,不论是用传统的生物学方法饲养或培育的动物和植物新品种,还是通过基因工程的DNA重组技术或现代杂交技术得到的转基因试验动物或中草药新植物,目前在中国都不给予专利保护。

孟山都的刘石认为,只有以专利保护的形式,才能确保生物技术公司的权利,从而推动生物技术的研究和应用。

反对者则认为,现存的生物及其基因是人类的共同遗产,不能成为私有财产。如果允许这样做,将会威胁到物种的多样性,甚至引发社会、道德等问题。

国际生物资源的跑马圈地

即使在中国取得不了专利,孟山都公司看来也不会停止在其他国家申请的步伐。因为有专家认为,在申请国际专利的背后,发达国家的生物技术公司正在进行一场新圈地运动,对象是野生物种和遗传基因资源。在这些跨国公司眼里,如果能够控制野生物种及其他遗传资源,就可以保证对全球种子、药物和食物等庞大市场的垄断。

圈地运动最有力、最直接的武器,就是生命专利权。

孟山都对中国野生大豆申请专利事件,至少提供了观察这种问题的视角,虽只检测到了高产"标记",却一次性林林总总提出了多达64项的权利要求。

"孟山都要求保护范围太大了,到了一切理论可行的领域。"盖钧镒说。

卡罗·雷夫特教授说:"我不得不说这是新的殖民主义,跨国公司正试图控制基因资源。"

孟山都的刘石则辩称,这是因为激烈的市场竞争。他举例说,像美国先锋国际种子公司,是孟山都的强劲对手。先锋申请专利时,也都涵盖了很广的范围,给孟山都使用有些种质资源造成很大限制。轮到孟山都申请时,当然也希望在某一领域尽可能排除竞争对手。

刘的解释似乎可以成为"跑马圈地"说的精当注解。跨国公司之间为争夺种质、基因等资源展开竞争,客观上形成了对这些资源的垄断。统计数据也表明,现在已批准的关于生命方面的专利,大部分都控制在跨国公司手中。

对中国而言,这其中蕴含的潜在危险是不言而喻的。

中国是世界上生物多样性特别丰富的国家之一,分布有高等植物

3万余种，脊椎动物6347种，分别占世界总数的10%和14%，仅水稻我国就有地方品种4万余个。

《生物多样性公约》中国首席科学家薛达元忧心忡忡地表示，如果任由跨国公司对来自中国的物种进行专利申请，那么发生在中国野生大豆身上的事，完全可能随后落到中国的水稻、小麦、玉米、棉花等头上。

中国保护的困境

"我们国家自己的野生资源，孟山都做了一下标记，就说是他们的了，而且以后我们不能用这些材料，这算是怎么回事?"盖钧镒显然让孟山都搞伤心了。

盖均镒由此认为，我国的生物资源保护必须引起重视。但是大多数接受采访的专家都承认，虽然野生动植物资源相当宝贵，而且像野生大豆、野生水稻等品种被严禁流向国外，但是现实的情况是，仍然有很多出了国门。

直到现在，这些专家们也不知道孟山都使用的这种野生大豆何以到了国外。

中国是联合国《生物多样性公约》的缔约国。薛达元说，根据公约，一国生物资源被视为国家主权范围，遗传资源的取得须经提供这种资源的缔约国事先知情同意，而且提供遗传资源的国家，有权"公平分享研究和开发此资源成果及商业和其他方面利用此种资源所获得的利益"。

但这种约定其实并不能阻止资源的外流，仅与别人分享专利成果也是不够的。问题是：中国一味奉行对动植物品种不授予专利，行吗?

背景：跨国企业垄断种子市场

今天，十家跨国企业控制了全球种子市场的32%，并完全拥有基因改造种子市场，市值共230亿美元。同时，他们也控制了全球的化肥和农药市场。

以孟山都公司为例:1998 年,全美国 88% 的基因改造农作物是源自孟山都的种子,旗下基因改造大豆占美国 1999 年总产量的一半,以后要提高至 100% 。

从 1995 年到 1998 年,孟山都为了垄断全球种子市场,以确保基因改造种子的销路,总共花了 80 亿美元左右,四处收购种子公司,至今已成功控制了北美,并逐步攻占发展中国家和地区。

中国当然也是孟山都进军的重要市场之一。它不单在中国投资了 2 个棉花方面的合资公司,更在中国栽种公司所拥有的转基因作物。

此外,全球的谷物贸易亦为五家跨国公司卡吉尔、大陆、邦奇、达孚、安德烈所垄断,在 1998 年年底,其中最大的企业卡吉尔收购了第二大的大陆谷物公司,成为独占鳌头的霸主,控制过半的国际谷物贸易。

由于这四家公司也同时拥有各地的主要谷物储存和运输设施,他们实际上控制了各种主要谷物在世界市场上的价格。而孟山都收购了卡吉尔在中南美、欧亚非的营运权。

由于专利权制度容许跨国公司对发展中国家进行生物盗窃,以及赋予它们在研究、开发、生产及出售的绝对优势,粮食生产被少数超巨型企业完全控制的日子,恐怕离我们不远。

(资料来源:《南方周末》2001 年 10 月 25 日)

六、全球生物多样性正在迅速减少

虽然物种的灭绝本来是进化的自然过程,每个物种都有其寿命(100 万~1 000 万年),在生物演化史上,就发生过 5 次大规模的物种灭绝事件(奥陶纪至白垩纪),最大规模的一次为 2.5 亿年前,77% ~96% 的物种被淘汰。但每一次都是自然灾难引起的。譬如说,地质学家提出一种说法，证明6 500万年前的一次陨石撞击地球造成恐龙大灭绝，这是最近一次的物种灭绝。现在地球又一次进入空前的物种灭绝期。不过与以前不同，这次是由人类主导的。

农业社会出现后，平均每10年消失一种植物，近100年，平均每年消失10种植物，到20世纪的后半叶，物种灭绝不断加快，平均每天有一个物种消失，物种灭绝的速率是自然灭绝速度的1 000倍。若以平均每年消失5%的速度推算，今后可能每10年消失1 500种植物。每8种植物就有1种濒临绝种。据统计，近400年里已有484万种动物灭绝；自1600年以来，在总共4 226种哺乳动物中，已有36种灭绝，120种濒临灭绝。鸟类家族中有1/5已灭绝，目前幸存的9 040种鸟类，仍有11%正面临灭绝的危险。据估计：1990—2015年将有60万～240万种生物灭绝，21世纪后半叶将有1/3～2/3的物种从地球上消失。

生物灭绝速度加快与人类对森林环境的破坏有密切的关系。蕴含丰富生物物种的热带雨林，由于人类不断砍伐毁林，已比原有面积减少了一半，温带森林的1/3也不复存在，草原则有近40%的面积处于退化、盐碱化和沙化状态之中。这些生物多样性存在环境的改变，使物种多样性的丧失速度惊人。

近年来，物种灭绝的加剧，遗传多样性的减少，以及生态系统特别是热带森林的大规模破坏，引起了国际社会对生物多样性问题的极大关注。生物多样性丧失的直接原因主要有生境丧失和碎片化、外来种的侵入、生物资源的过度开发、环境污染、全球气候变化和工业化的农业及林业等。人类活动已破坏了地球几乎一半的陆地，但这些还不是问题的根本所在，根源在于人口的剧增和自然资源消耗的高速度、不断狭窄的农业、林业和渔业的贸易谱、经济系统和政策未能评估环境及其资源的价值、生物资源利用和保护产生的惠益分配的不均衡、知识及其应用的不充分以及法律和制度的不合理。总而言之，人类活动是造成生物多样性以空前速度丧失的根本原因。

人类活动是导致生物多样性丧失的最主要原因，表现在以下几个方面。

①栖息地的丧失和片段化：天然林砍伐后形成片段化，如熊猫。

②掠夺式的过度利用：过度采伐、滥捕乱猎，是造成物种受威胁的原因。

③环境污染：生产和生活引起的水体、大气和土壤的污染。

④农业和林业品种单一化。

⑤外来种入侵：外来种的盲目引入也会导致物种的灭绝。

物种受威胁等级的划分方式如下。

①灭绝种：一个物种在野外已肯定有50年没有被发现。

②濒危种：生物类群（种或亚种）面临灭绝危险，如致危因素存在，就可能灭绝。

③易危种：如致危因素继续存在，很快就会成为濒危种。

④稀有种：在全球范围内数量很少的类群，但目前尚不属于濒危种。

⑤未定种：无充分资料说明究竟属于上述哪一类。

当代濒危物种的现状统计见表8-5。

表8-5　当代濒危物种的现状

	灭绝种（EX）	濒危种（E）	易危种（V）	稀有种（R）	未定种（I）	地球上总的濒危类群数目
植物	348	3 325	3 022	6 749	5 589	19 033
鱼类	23	81	135	83	21	343
两栖类	2	9	9	20	10	50
爬行类	21	37	39	41	32	170
无脊椎动物	98	221	234	188	614	1 355
鸟类	113	111	67	122	624	1 037
哺乳类	83	172	141	37	64	497
总 计	688	3 956	3 647	7 240	6 954	22 530

补充阅读：

另一份“辛德勒名单”，近200年来已经灭绝的鸟类与哺乳动物名单(部分)

1781年：渡渡鸟灭绝，原生活于印度洋。

1799年：蓝马羚灭绝，原生活于南非。

1844年；大海雀灭绝，原生活于大西洋北部岛屿。

1876年：欧洲野马灭绝，原生活于欧洲。

1883年：斑驴灭绝，野生灭绝在1860年，原生活于南非。

1893年：白臀叶猴在中国境内灭绝，原生活于亚洲。

1914年：旅鸽灭绝，野生灭绝在1900年，原生活于北美。

1917年：佛罗里达狼灭绝，原生活于北美。

1918年：卡罗来纳鹦鹉灭绝，野生灭绝在1904年，是北美唯一的特产鹦鹉。

1922年：犀牛在中国境内灭绝。

1925年：高加索野牛灭绝，原生活于欧洲。

1937年：巴利虎灭绝，原生活于印度巴利岛。

1942年：红鸭灭绝，原生活于印度。

1947年：普氏野马在中国境内野生灭绝。

1948年：袋狼灭绝，原生活于澳洲。

1964年：冠麻鸭灭绝，原生活于亚洲。

1972年：爪哇虎灭绝。

七、生物多样性的保护

任何一种生灵，只要和我们人类争食物，或者妨碍了我们的快乐，或者能被用作劳力、食物、衣服和装饰品，甚至仅仅能给我们带来残忍的猎杀快感，就都不会幸免于难。

——约翰·缪尔（美国博物学家）

生物多样性也就是生物资源，有的已被人们作为资源利用，而更多的还未被利用，是一种潜在的资源。现在越来越多的人已经认识到生物多样性，对于物种和自然群落的永续利用是必需的。生物多样性是人类社会赖以生存和发展的基础，是一个国家和地区国民经济和社会实施可持续性发展战略的重要基础。

生物多样性的保护目标是通过不减少基因和生物多样性，不毁坏重要的生境和生态系统的方式，来保护和利用生物资源，以保证生物多样性的持续发展，具体内容包括以下三点。

①挽救生物多样性。

②研究生物多样性。

③明智地持续利用生物多样性。

1. 生物多样性资源现状的调查

要保护珍稀濒危物种，必须首先调查各物种的分布、生境、数量、致危原因及利用现状等，并建立物种的档案资料。国际自然与自然资源保护同盟的红皮书，将受威胁的物种划分为灭绝、濒危、渐危、稀有、未定等级别，汇编各地区的濒危物种名录，制订拯救保护计划，并予以实施。

国家一级重点保护野生动物名录

兽纲

蜂猴（所有种）、熊猴、台湾猴、豚尾猴、叶猴（所有种）、金丝猴（所有种）、长臂猿（所有种）、马来熊、大熊猫、紫貂、貂熊、熊狸、云豹、豹、虎、雪豹、儒艮、白鳍豚、中华白海豚、亚洲象、蒙古野驴、西藏野驴、野马、野骆驼、鼷鹿、麝、黑麂、白唇鹿、坡鹿、梅花鹿、豚鹿、麋鹿、野牛、野牦牛、普氏原羚、藏羚、高鼻羚羊、扭角羚、台湾鬣羚、赤斑羚、塔尔羊、北山羊、河狸。

鸟纲

短尾信天翁、白腹军舰鸟、白鹳、黑鹳、朱鹮、中华秋沙鸭、金雕、白肩雕、玉带海雕、白尾海雕、虎头海雕、拟兀鹫、胡兀鹫、细嘴松鸡、斑尾榛鸡、雉鹑、四川山鹧鸪、海南山鹧鸪、黑头角雉、红胸角雉、黄腹角雉、灰腹角雉、虹雉(所有种)、褐马鸡、蓝鹇、黑颈长尾雉、白颈长尾雉、黑长尾雉、孔雀雉、绿孔雀、黑颈鹤、白头鹤、丹顶鹤、白鹤、赤颈鹤、鸨(所有种)、遗鸥

爬行纲

四爪陆龟、鼋、鳄蜥、巨蜥、蟒、扬子鳄

鱼纲

新疆大头鱼、中华鲟、达氏鲟、白鲟、红珊瑚

腹足纲

库氏砗磲、鹦鹉螺、中华蛩蠊、金斑喙凤蝶

肠鳃纲

多鳃孔舌形虫、黄岛长吻虫

国家二级重点保护野生动物名录

兽纲

短尾猴、猕猴、藏酋猴、穿山甲、豺、黑熊、棕熊(包括马熊)、小熊猫、石貂、黄喉貂、水獭(所有种)、小爪水獭、斑林狸、小灵猫、大灵猫、草原斑猫、荒漠猫、丛林猫、猞猁、兔狲、金猫、渔猫、鳍足目(所有种)、其他鲸类、麝(所有种)、河麂、马鹿(包括白臀鹿)、水鹿、驼鹿、黄羊、藏原羚、鹅喉羚、鬣羚、斑羚、岩羊、盘羊、海南兔、雪兔、塔里木兔、巨松鼠

鸟纲

角䴙䴘、赤颈䴙䴘、鹈鹕(所有种)、鲣鸟(所有种)、海鸬鹚、黑颈

鸬鹚、黄嘴白鹭、岩鹭、海南虎斑鳽、小苇鳽、彩鹳、白鹮、黑鹮、彩鹮、白琵鹭、黑脸琵鹭、红胸黑雁、白额雁、天鹅(所有种)、鸳鸯、其他鹰类、隼科(所有种)、黑琴鸡、柳雷鸟、岩雷鸟、镰翅鸟、花尾榛鸡、雪鸡(所有种)、血雉、红腹角雉、藏马鸡、蓝马鸡、黑鹇、白鹇、原鸡、勺鸡、白冠长尾雉、锦鸡(所有种)、灰鹤、沙丘鹤、白枕鹤、蓑羽鹤、长脚秧鸡、姬田鸡、棕背田鸡、花田鸡、铜翅水雉、小勺鹬、小青脚鹬、灰燕鸻、小鸥、黑浮鸥、黄嘴河燕鸥、黑嘴端凤头燕鸥、黑腹沙鸡、绿鸠(所有种)、黑颏果鸠、皇鸠(所有种)、斑尾林鸽、鹃鸠(所有种)、鹦鹉科(所有种)、鸦鹃(所有种)、鸮形目(所有种)、灰喉针尾雨燕、凤头雨燕、橙胸咬鹃、蓝耳翠鸟、鹳嘴翠鸟、黑胸蜂虎、绿喉蜂虎、犀鸟科(所有种)、白腹黑啄木鸟、阔嘴鸟科(所有种)、八色鸫科(所有种)

两栖纲

大鲵、细痣疣螈、镇海疣螈、贵州疣螈、大凉疣螈、细瘰疣螈、虎纹蛙

爬行纲

地龟、三线闭壳龟、云南闭壳龟、凹甲陆龟、蠵龟、绿海龟、玳瑁、太平洋丽龟、棱皮龟、山瑞鳖、大壁虎

鱼纲

黄唇鱼、松江鲈鱼、克氏海马鱼、胭脂鱼、唐鱼、大头鲤、金线鲃、大理裂腹鱼、花鳗鲡、川陕哲罗鲑、秦岭细鳞鲑、文昌鱼

腹足纲

虎斑宝贝、冠螺、大珠母贝、佛耳丽蚌、伟铗虯、尖板曦箭蜓、宽纹北箭蜓、中华缺翅虫、墨脱缺翅虫、拉步甲、硕步甲、彩臂金龟(所有种)、叉犀金龟、双尾褐凤蝶、三尾褐凤蝶、中华虎凤蝶、阿波罗绢蝶

2. 生物多样性公约

鉴于生物多样性面临的严峻局面,有关的国际组织或机构以及许多国家政府都纷纷采取措施,致力于生物多样性的保护与可持续利用

工作。联合国教科文组织等6个国际组织于1990年发起和组织于国际生物多样性项目的实施。1992年6月,全世界150多个国家的首脑在巴西里约热内卢联合国环境与发展大会上共同签署了全球《生物多样性公约》,中国已参加签约。1993年公约生效。

中国积极参与国际社会的生物多样性保护行动,相继签署了《湿地公约》《濒危野生动植物国际贸易公约》《联合国防治沙漠化公约》等国际公约。

《生物多样性公约》包括序言(充分强调缔约国的共识)、42条协议条款、查明与监测、仲裁与调节两个附件。

《生物多样性公约》的序言大致包括以下内容。

(1)生物多样性的内在价值为:生物多样性及其组分的生态、遗传、社会、经济、科学、教育、文化、娱乐和美学价值。

(2)生物多样性对进化和保持生物圈的生命保障系统至关重要,保护生物多样性是全人类共同关切的问题。

(3)各国对其生物资源拥有主权,有责任保护,并以可持续的方式利用其生物资源(如种植树木,计划伐林)。

(4)一些人类活动正导致生物多样性锐减,人类社会普遍缺乏有关生物多样性的信息和知识,亟须开发科学、技术和机构能力以提供基本理解,应采取与实施适当的措施。

(5)预测、预防和从根本上消除导致生物多样性严重减少或丧失的原因,甚为重要。在存在着使生物多样性严重减少或丧失的威胁时,不应该以缺乏充分的科学定论为借口,从而推迟采取旨在避免或尽量减轻此种威胁的措施。

(6)生物多样性保护的基本要求是就地保护生态系统和自然生境,在自然环境中维持和恢复有生存力的种群,在原产国国内实行异地保护措施。

(7)为保护生物多样性及持续利用,必须加强国家、政府间组织和非政府部门之间的国际、区域和全球性合作。

(8)提供资金和适当取得有关技术,可对全世界处理生物多样性丧失问题的能力产生重大的影响。

(9)有必要大量投资以保护生物多样性,可望产生广泛的环境效益、经济效益和社会效益。

(10)保护和持续利用生物多样性以满足由于人口日益增长对粮食、卫生和其他方面的需求。分享遗传资源和遗传技术。

(11)保护和持续利用生物多样性必定增强国家间友好关系,对人类和平做出贡献。

(12)缔约国决心为现代和后代的利益,保护和持续利用生物多样性。

3. 宣传教育的途径

生物多样性是地球生命发展进化的结果,是大自然赋予人类的宝贵财富,是人类赖以生存的物质基础,更是人类起源和进化的基础,因此,保护生物多样性的宣传教育工作势在必行。目前我国在这方面还比较薄弱,在各级各类学校的正规教育系统中以及对相关的国家公务员,都应该进行相应的教育或者进行培训。

4. 发展自然保护区以及进行迁地保护

以各种类型的自然保护区包括风景名胜区的方式将有价值的自然生态系统和野生生物生境保护起来,以保护生态系统内生物的繁衍与进化,维持系统内的物质能量流动与生态过程,是生物多样性保护的最有效措施。

1872 年,美国建立了世界上第一个国家公园,即黄石公园。目前全世界面积在 1 000 公顷以上的保护区已建成 4 500 多个。国际自然及自然资源保护联盟 1985 年在《联合国国家公园和保护区清单》中列入了 3 500 多个较大的保护区,其总面积达 425 万平方千米,其中最大的为面积达 7 000 万公顷的格陵兰国家公园。中国于 1956 年,在鼎湖山建立了第一个自然保护区。

我国地域广阔、气候多样、地形复杂,应在森林区、草原区、荒漠区、内陆湿地、海岸带、海洋和农业区进行自然保护区的合理布局。要选择具有代表性和科学意义或实践意义的地段建立自然保护区。

另外, 对珍贵植物和濒危野生动物,还可以进行迁地保护。建立有一定数量的科和(或)属的专类植物园(区),对不同生态遗传的植物种类及其居群采取不同迁地保护措施一般是成功的。我国在北京等地都建立了保护与观赏并重的植物园。

野生动物迁地保护的形式有二:第一,利用动物园和水族馆的迁地保护;第二,建立迁地保护基地与繁育中心。我国在三峡建设中,为了保护扬子鳄和白鳍豚,建立了相应的保护基地与繁育中心。

需要指出的是,建立自然保护区需要大量的人、财、物力,故保护区的数量终究有限,而且不是每种生物(个体或类群)都能生活在保护区内,只能就地保护。

5. 经济政策与管理

丧失生物多样性的最根本原因是经济因素。野生动物及其产品的自由贸易促使偷猎和违法狩猎现象在各地泛滥,造成了对野生动物资源的极大破坏。为了限制野生动物及其产品的国际贸易,1973 年 3 月 3 日在华盛顿缔结了《濒危野生动植物物种国际贸易公约》,该公约缔约国一致通过了一个野生动物名录,凡列入该名录的野生动物及其产品,除非经过特别批准和发给证书,否则一律不许进行进口、出口和转口贸易。我国已于 1980 年 12 月 25 日正式参加该公约,并已设立了相应的管理机构和监察机构。该公约于 1981 年 4 月在我国正式生效。该公约的贯彻实施为全世界的野生生物保护事业发挥了积极的作用。

八、我国的生物多样性现状

中国是生物多样性特别丰富的国家之一。据统计,中国的生物多样性居世界第八位,北半球第一位。同时,中国又是生物多样性受到威胁最严重的国家之一。中国的原始森林长期遭到乱砍滥伐、毁林开荒等人为活动的影响,其面积以每年5 000平方千米的速度减少;草原受超载过牧、毁草开荒的影响,退化面积达87万平方千米。生态系统的大面积破坏和退化,不仅表现在总面积的减少,更为严重的是其结构和功能的降低或丧失使生存在其中的许多物种已濒危灭绝。

中国植物物种中属于濒危物种的占总数的15% ~20%,高等植物中有4 000~5 000种受到威胁,占总种数的15% ~20%。在《濒危野生动植物物种国际贸易公约》列出的640个世界性濒危物种中,中国就占156种,约为其总数的1/4,形势十分严峻。

我国政府积极推动生物多样性保护,先后通过的保护生物多样性的法律法规有以下几部。

1963年,《森林保护条例》

1964年,《水产资源繁殖保护条例草案》

1984年,《关于严格保护珍贵稀有野生动物的通知》

1984年,《中华人民共和国森林法》

1985年,《中华人民共和国草原法》

1986年,《中华人民共和国渔业法》

1986年,《中华人民共和国土地管理法》

1987年,《关于坚决制止乱捕滥猎和倒卖、走私珍稀野生动物的紧急通知》

1988年,《中华人民共和国野生动物保护法》

1989年,《中华人民共和国环境保护法》

国家林业总局于2001年6月制定了《全国野生动植物保护及自然保护区建设工程总体规划》,计划在2001—2030年期间投资600亿元进行以下保护工作。

①国家重点野生动植物保护。主要用于保护大熊猫、虎、金丝猴、藏羚羊、扬子鳄、亚洲象、兰科植物、苏铁等(152亿元)。

②国家重点生态系统保护(454亿元)。

③国家重点科研与监测网络建设(35亿元)。

④野生动植物救护、种源繁育基地和产业化基地等建设(22亿元)。

我国濒危动物有以下几种。

麋鹿:1900年野生灭绝,全世界不超过3 000头,因为是18头麋鹿的后裔而存在遗传缺陷。

华南虎:仅余50只在动物园中,因90%是6只虎的后代而有遗传缺陷。

雪豹:野外生存有1 000~2 000只。

白鳍豚:不超过100只。

扬子鳄:不超过1 500只。

大熊猫:野外生存有1 000只左右。

黑犀牛:从1970年的6万头锐减至3 500头。

指猴:1966年曾有9只,后来命运不详。

绒毛蛛猴:仅余100只左右。

滇金丝猴:野外仅存1 000只左右。

黔金丝猴:现存700只。

白眉长臂猿:中国野生数量仅50~70只。

九、生态、瘟疫与文明

追求一个生活得较好的人类社会,这是自有人类以来就有的愿望,而这种愿望又来自人类生活经验的本身。人类深信他们自己能够得到幸福。他们感受到的幸福有:舒适、安全、愉快地参加各种活动、心智的驰骋、知识的猎取、诗意的陶醉、精神的恬静以及身体的闲适等等。他们力图在人类环境中体现所有这一切。

但是,人类绝大多数的现实生活却并不幸福。他们经常受到繁重劳动的折磨,遭到死亡或疾病的袭击,成为战争和饥荒的牺牲品,遇到失去儿女的痛苦,充满了忧虑和愚昧,从愚昧又滋生了更多的忧虑。最后,每个人面临着恐怖,而莫明其妙地死去。总之,渴望着快乐、友情和舒适,急切地想摆脱忧虑和痛苦,这就是人类的现实情况。

——芭芭拉·沃德,勒内·杜博斯《只有一个地球》

这是2003年3月31日的一个经典画面,地点是香港充满高科技味道的新机场。一大群旅客的视线凝固在机场的大电视屏幕上,这时美国人发起的对伊战争还在惊心动魄地进行中。在和平的香港新机场专注观看新闻的人戴着医用口罩、洗碗用的橡皮手套,相互之间大概都保持两三米远。当世界重新开始一个千年不久,我们发现旧时代的两个妖魔如影随形,一个是战争,一个是疾病。

人类历史上,瘟疫对人类生命的伤害远远大于战争等所有的天灾人祸。早在远古的狩猎时代,寄生物已不断地滋扰人类。当某种传染病菌首度侵入缺乏罹患该病经验的族群时,往往会暴发大流行,造成惨重死伤。14世纪欧洲的黑死病,就是代表性的例子。古代中东和欧洲都有瘟疫记载。6—19世纪,鼠疫横行,杀死近2亿人,灭掉欧洲人口的1/3;天花杀害3亿多人。公元前430年,一场瘟疫席卷古希腊,夺走了1/4希腊城邦人的生命;公元165—180年,罗马帝国发生黑死病瘟疫,导致了1/3的人口死亡。14世纪欧洲殖民主义者把传染病带到美洲,扫掉了美洲土著90%的人口,由此引起了大规模黑奴的贩卖;公元1555年,墨西哥天花大流行,200万人不治而亡。

中国历史上最早记载的疾疫发生在周代。春秋时,鲁庄公二十年夏,“齐大灾”。按照《公羊传》的解释,此大灾即大疫。据邓拓在《中国救荒史》一书中的不完全统计,历代发生疫灾的次数为:周代 1 次,秦汉 13 次,魏晋 17 次,隋唐 17 次,两宋 32 次,元代 20 次,明代 64 次,清代 74 次。从公元前 700 年起的 2 000 余年间,疫灾的发生逐渐增加并呈加速度发生的特征。而随着人口的日益增加,疫灾对人的杀伤力也日见增强,每次死亡人数都很惊人。

1. 影响人类的几种致命瘟疫

(1) 鼠疫

鼠疫也称黑死病,是由耶尔氏鼠疫杆菌引起的疾病。鼠疫是历史时期对人类社会危害最大的烈性传染病之一。公元前 430—前 427 年,雅典发生大瘟疫,近 1/2 人口死亡,整个雅典几乎被摧毁。有专家认为此疫即鼠疫。

历史上明确记载的第一次世界性鼠疫大流行始于公元 6 世纪,发生于拜占庭帝国查士丁尼王朝,医学史上称之为“查士丁尼瘟疫”,持续时间长达 50 年,死亡人口达到 1 亿。

最令人恐怖的是第二次世界性鼠疫大流行,史称“黑死病”,波及整个欧、亚两洲及北非北海岸,造成了欧洲大约 2 500 万人口的死亡。欧洲人口减少近 1/4,其中威尼斯减少 70%,英国减少 58%,法国减少 3/4。1348 年疫情高峰时,佛罗伦萨、威尼斯、伦敦等城市的死亡人数均在 10 万以上。此次“黑死病”延续到 17 世纪才消弭。

流行范围较广的是第三次世界性鼠疫大流行,发生于中国云南,20 世纪 30 年代达到最高峰,波及亚洲、欧洲、美洲、非洲和澳洲的 60 多个国家,死亡逾千万人。其中,印度最严重,20 年内死亡 102 万多人。此次疫情多分布在沿海城市及其附近人口稠密的居民区,流行传播速度之快,波及地区之广,远远超过前两次大流行。当今,鼠疫在北美、欧洲等地几乎已经绝迹,但在亚洲、非洲的一些地区还时有出现。

1994 年 9 月的印度苏拉特市当时是一个经济快速增长、人口迅速增多的新兴城市。当人们纷纷将投资的目标瞄准苏拉特市时，一场瘟疫默默地爆发了，很多人一夜之间爆发咳嗽、咳血、呼吸困难、全身出血，近5 000人受感染。14世纪的黑死病末日迹象再现苏拉特这个小城。人们拖家带口带着面具纷纷逃离苏拉特市。4/5的人口或逃离或死去。一个几天前还蒸蒸日上的城市变成了恐怖的空城。世界卫生组织震惊了，全世界震惊了。各个国家死守海关，严防鼠疫的入侵。人们都惊诧：人类使用了多年的链霉素、氯霉素和四环素就可以很容易杀死鼠疫杆菌，这些抗生素又非常廉价，何况还有那么多更强力的抗生素，为什么印度在20世纪末还会爆发这么大面积的鼠疫呢?

(2)霍乱与副霍乱

霍乱与副霍乱是由不同生物型的霍乱弧菌引起的急性肠道传染病，属“国际卫生检疫传染病”之一。其中由古典生物型霍乱弧菌引起的疾病称为霍乱；由埃尔托生物型霍乱弧菌引起的疾病称为副霍乱。

印度的恒河及布拉马普特拉河下游三角洲地区包括东西孟加拉国一带是举世公认的霍乱地方性疫源地。直至19世纪初叶，其传播范围仍局限于此。

1817—1823年，霍乱第一次大规模流行，从印度恒河三角洲蔓延到欧洲，仅1818年前后便使英国6万余人丧生。1826—1837年，霍乱第二次大流行，穿越俄罗斯并先后到达德国、英国、加拿大和美国。1846—1863年，霍乱第三次大流行，波及整个北半球。1865—1875年，霍乱第四次大流行，由一艘从埃及到英国的船所引发。1883—1896年，霍乱第五次大流行，到达了埃及。1910—1926年，第六次霍乱大流行。1961年出现的第七次霍乱大流行始于印度尼西亚，波及五大洲140多个国家和地区，报告患者逾350万。1992年10月，第八次霍乱大流行，席卷印度和孟加拉国部分地区，短短2 ~3个月就报告病例10余万，死亡人数达几千人，随后波及许多国家和地区；1997年9月起，霍乱在非洲大规模蔓延，仅1998年的头3个月，乌干达就报告病例 11 335 例，肯尼亚报告病例 10 108 例。

(3)天花

公元前 1100 多年前，印度或埃及出现急性传染病天花。公元前 3 世纪—前 2 世纪，印度和中国流行天花。公元 165—180 年，罗马帝国天花大流行，1/4 的人口死亡。6 世纪，欧洲天花流行，10% 的人口死亡。17、18 世纪，天花是欧洲最严重的传染病，死亡人数高达 1.5 亿。19 世纪中叶，中国福建等地天花流行，病死率超过 1/2。1900—1909 年，俄国因天花死亡 50 万人。值得人类骄傲的是，人类在与瘟疫的战争中，打赢了这场战争，天花已被人类永久消灭。

(4)结核病

结核病由结核分枝杆菌引起。该病菌由微生物学的奠基人罗伯特·科赫于 1882 年首次鉴定分离。

如果你读过 18、19 世纪的小说，或者看过关于那个时代的电视剧，往往会发现其中有一个患“痨病”的角色——生病的孩子，竭力要完成其巨作的将死的艺术家，卧床不起无法照顾家庭的母亲。受害者苍白虚弱，咯血，慢慢地消瘦，这是再正式不过的描写。鲁迅先生的《药》就描述了面对致命的白色幽灵，愚昧而无奈的百姓不得不吃下人血馒头的故事。

全世界约有 1/3 的人受到结核病菌感染。大多数人没有发病，但从这个巨大的感染人群中，每年有 1 000 万个新病例出现。结核病每年导致 300 万人死亡，是对人类社会危害最大的传染病之一。世界卫生组织估计，发展中国家约有 1/4 可防止的死亡是由结核病造成的。而发达国家也面临着病菌抗药性增加，以及结核病与艾滋病结成死亡联盟的威胁。

(5)流感与禽流感

流行性感冒简称流感，是由流感病毒引起的急性呼吸道传染病。临床特点为急起高热，全身酸痛、乏力，或伴轻度呼吸道症状。该病潜伏期短,传染性强,传播迅速。流感病毒分甲、乙、丙三型,甲型流感威胁最大。由于流感病毒致病力强,易发生变异,若人群对变异株缺乏免疫力,易引起暴发流行。流感对人类的危害很大,一场流感的流行可导致人群平均寿命的降低。

迄今为止,世界上已发生过五次大的流感和若干次小流感,造成数十亿人发病,数千万人死亡,严重影响了人们的生活和社会经济的发展。1510 年,英国发生世界上第一次流感。1580 年、1675 年和 1733 年,在欧洲均出现大规模流感。

世界上最严重的流感爆发于 1918 年。1918 年 3 月 11 日,美国的一个军营 107 名士兵首次发病,不到两天即有 522 名士兵被感染,一周之内各州均出现病例。之后流感迅速传遍全球,共造成 2 000 多万人死亡,超过第一次世界大战的总死亡人数,是造成死亡最多的一次传染病大爆发。

1957 年的“亚洲流感”和 1968 年的“香港流感”也波及世界多个地区。“亚洲流感”在美国导致 7 万人死亡,“香港流感”使美国 3. 4 万人因感染致死。1977—1978 年的“俄罗斯流感”始流行于前苏联,后又波及美国及其他许多国家。

“禽流感”是“禽流行性感冒”的简称,这是一种由甲型流感病毒的一种亚型引起的传染性疾病综合征,被国际兽疫局定为 A 类传染病,又称真性鸡瘟或欧洲鸡瘟。不仅是鸡,其他一些家禽和野鸟都能感染禽流感。按病原体的类型,禽流感可分为高致病性、低致病性和非致病性三大类。

最早的禽流感记录于 1878 年,当时意大利发生鸡群大量死亡,被称为鸡瘟。到 1955 年,科学家证实其致病病毒为甲型流感病毒。此后,这种疾病更名为“禽流感”。尽管没有证据表明禽流感病毒会直接引起人类流感爆发,但从进化角度看,人类流感与原先在动物中传播的流感病毒有关。很可能是在历史上人类驯养猪、鸡等动物的过程中，由于人畜接触频繁，猪流感和禽流感病毒的某些毒株发生了变异，获得对人的致病性以及在人群中传播的能力，成为人类流感病毒。这类事件有可能再次发生，因此医疗研究和监测部门仍对禽流感袭击人类的可能性保持警惕。

(6)疟疾

疟疾是疟原虫经叮咬传播的寄生原虫病。疟原虫经血液侵入肝细胞内寄生、繁殖，成熟后又侵入红细胞内繁殖，使红细胞成批破裂而发病。其临床特点为间歇性发作的寒战、高热，继以大汗而缓解。间日疟原和卵形疟常有复发。恶性疟的发热不规则，可引起脑型疟。

研究人员最新的研究结果表明：2002 年全球大约有 5.15 亿疟疾感染者，比世界卫生组织 1998 年在《世界卫生报告》中公布的 2.73 亿的数字大得多。而且除非洲外，有些地区的疟疾患者人数甚至是世界卫生组织所公布数字的 3 倍。

(7)非典型肺炎

非典型肺炎，国际上将其命名为重症急性呼吸综合征(Severe Acute Respiratory Syndrome，SARS)。

“非典型肺炎”这个词早在 1938 年就被提出来了。当时国外发现了一种临床表现完全不同于常见肺炎的肺部感染疾病，所以将其命名为“非典型肺炎”简称“非典”，以区别于典型的肺炎链球菌性肺炎。后来发现引起这种肺炎常见的病原体有支原体、衣原体、军团菌、腺病毒和一些较少见的病毒，如呼吸道合胞病毒、副流感病毒等。

(8)埃博拉病毒

埃博拉病毒病是由纤丝病毒科(Filoviridae)的埃博拉病毒(Ebola Virus，EBOV)所引起的一种急性出血性传染病，主要通过患者的血液和排泄物传播，临床主要表现为急性起病发热，肌痛出血皮疹和肝肾功能损害。

埃博拉病毒是一种致命的人类病原体，所引起的埃博拉病症的平均致命率为 78% 。1976 年在非洲中部的偏远地区首次大规模爆发,有 318 例病例。2014 年 2 月在西非几内亚爆发,并于 3 月扩散到利比亚,5 月扩散至塞拉利昂,7 月末扩散至尼日利亚。根据世界卫生组织的最新通报,截至 2014 年 8 月 4 日,已有超过 3 069 人感染埃博拉病毒,其中 1 552 人死亡;超过 240 位医护工作者感染了埃博拉病毒,其中半数以上牺牲;参与有关埃博拉疫情救助的 58 位合作者中 5 位牺牲。

国际医疗组织对此使用的形容词是“失控”。包括中国在内的很多国家已经紧急收紧边境,尤其对从非洲地区回国的游客更是加强健康检测。俄罗斯更是关闭了来往于西非国家的航空,禁止西非国家人员进入俄罗斯。

多数科学家认为埃博拉病毒的宿主是蝙蝠,主要通过接触患者的体液和排泄物直接和间接传播,使用未经消毒的注射器也是一个重要的传播途径。

2. 人类是否又面临着新的瘟疫时代

正如本章开始提到的那样,2003 年春天,一场以广州为发端,继而演变为以北京为重心,并席卷全国,让人人变色的“非典”打乱了中国国民的正常生活。“非典”成为当年全球最为关注的焦点。

自 19 世纪人类进行了“第一次卫生革命”后,医学科技日新月异,防治病毒技术迅速提高,逐渐形成了全球共同消灭病毒的合作机制。新型流感不断变种,科研人员都很快找到了防治办法。艾滋病发现 3 年后才完成基因测序,而“非典”露头不到 4 个月,其冠状病毒和基因图就被查明。

但是这次“非典”的大范围流行,给人类敲响了警钟。虽然死亡人数并不多,但“非典”来势汹汹,起病急,症状重,而且感染者有很大比例是医生与护士,多发生在人口密集、公共卫生发达的大城市。这在人类认为已经控制了大规模流行性疾病的现代社会,不能不引起恐慌，也使有识之士开始反思，我们在与流行性疾病的斗争中是否大获全胜，人类是否又面临着新的瘟疫时代。

最近40年来在全球范围内先后发现了近40种新传染病。比较有代表性的如表8-6所示。

表8-6　最近40年全球范围内发现的部分新传染病

发现年份	病毒名称	所致疾病	传播方式	发现地
1977	埃博拉病毒	埃博拉出血热	血液、其他分泌物	扎伊尔
1977	汉坦病毒	肾综合征出血热、汉坦病毒肺综合征	呼吸道、恙螨叮咬	朝鲜半岛
1980	人嗜T淋巴细胞病毒1型	T细胞淋巴瘤白血病	血液、性交、母婴	日本
1983	人免疫缺陷病毒	艾滋病	血液、性交、母婴	美国
1991	瓜纳病毒	委内瑞拉出血热	接触野生啮齿动物	委内瑞拉
1994	萨比亚病毒	巴西出血热	接触野生啮齿动物	巴西
1996	牛海绵状脑病毒	疯牛病	食用感染动物的内脏	英国
1998	曼那角病毒	类似流感症状	人猪共患	澳大利亚
1999	尼巴病毒	病毒性脑炎	与感染动物的粪尿接触	马来西亚
2003	SARS冠状病毒	非典型性肺炎	呼吸道传播	中国

3. 环境、生态与文明

对所有生物来说，疾病和寄生都是无所不在的。从生态学来说，人类早在远古时代，就已经不再畏惧大体积的天敌，像狮子或野狼。没有哪种大型动物能够在食物链中对人类造成威胁。人类处在食物链的顶端。

但是寄生性微生物、小型寄身性病毒、细菌或是多细胞动物，一直把人类作为理想的集居地。它们能在人体组织中，找到它们维生所需的食物源以及良好的栖息环境。它们唯一的敌人便是人体的免疫系统。有些寄生性微生物会引发急性疾病,结果不是微生物很快地把宿主杀死,便是在宿主体内引发免疫反应,被宿主杀死。凡是免疫细胞无法吞噬消化的外来生物,就会变成寄生虫,能够反过头来消化人体内它们发觉有营养的东西。

不同的人以及不同的社群,对引起感染的寄生性微生物的易感程度以及免疫程度,变化幅度相当地大。像这样的差异,有些是遗传来的,但是它们更常取决于是否和入侵生物有过接触。不只个人体内会不断地调整对疾病的抵抗力,整个族群内也同样如此。于是,抵抗力及免疫力便因此而起起伏伏。

与此同时,致病微生物也必须不断地调整自己的遗传变异,以适应宿主不断变化的环境。与人类相比,它们有一个优势,那就是快速的遗传繁殖速度。它们的生存对策属于 r-对策者,虽然死亡率高,但高 r 值能使种群快速恢复,且具有高扩散能力,更有利于形成新物种,以对付宿主不断变化的免疫系统。

人类宿主和感染生物间的长期互动,在历经许多世代以及双方相当可观的族群数目后,会创造出一种能容许双方存活的相互适应模式。某致病生物若是能很快地杀死宿主,将会给自己带来危机,因为它必须想办法找到,而且是很快地找到下一个新宿主,以便继续传衍它的后代。因此,致病微生物进化的一个方向,便是致病力的减弱与感染性的提高。

最适合宿主和寄生虫共存的状况,使双方和平共处,彼此互利互惠,形成良好的生态平衡。这类生物平衡的已知案例相当多。例如,人类下肠道部分便带有大量的细菌,但是却不会出现明显的病征。反之,这类生物能帮助人体消化,为人体合成人体自身不能合成的 B 族维生素,拮抗对人体有害的病原微生物等。另外,我们的口腔和皮肤上,也聚集了许多生物,而它们在正常情况下,通常对我们不造成任何实质影响。

人类在最早的狩猎和采集的文明阶段，人口稀少，每个群体都是自成一体的微型社会，各群体之间的交往与互动很少，基本上就没有所谓的传染病或流行病，就算致病微生物感染了某一群体，也不会产生暴发性流行。

进入农耕文明以后，人群定居在一起，定居点越来越大，形成越来越大的村落环境及城市环境。同时，人类开始把很多动物驯化成家养动物。人跟家养的活的动物密切地生活在一起，二者的粪便堆积在居住地周围，这就使得那些细菌寄生虫之类得到非常肥沃的营养。群居和大规模畜禽饲养、混居，使寄于人类和动物的微生物迅速繁衍，变异生成新型病毒病菌，交叉传播，这些地区的人类病毒和家禽病毒基因重组后，极易变异生成病毒感染人类。

1 万年以来，人类历史上最厉害的几次大的传染病流行，基本上都是由动物传染给人的。正是那些农耕文明延续得最久的地区，最容易成为新的传染病的发源地。据美国社会史专家麦克尼尔（W. Mceill）的叙述，人类与狗共有的疾病有 65 种，与牛共有的疾病有 50 种，与羊共有的疾病有 46 种，与猪共有的疾病有 42 种，与马共有的疾病有 35 种，与家禽共有的疾病有 26 种——这些疾病基本上都是从动物身上传到人身上来的。天花、疟疾、鼠疫、麻疹、霍乱、伤寒、肺结核、流感、黄热、艾滋病等，都是由动物传染的。而 2014 年肆虐西非的埃博拉病毒的宿主，多数科学家认为是蝙蝠。很可能是人类进入原始森林捕食蝙蝠，而由蝙蝠将埃博拉病毒传染给人类。

人类文明在进化，技术手段在进化，病毒细菌也在进化。更重要的是，那些使得人类文明进化的技术手段本身也帮助了病菌的扩散。现在是一个全球化加速发展的时代，其实全球化历来就是人类文明的一部分。人群跟人群之间的交往不断密切，以前要好几代人才经历一次对众多区域不同社会不同民族造成伤害的传染病大流行。现代交通工具的快捷，国际贸易的频繁，人口流动的频繁，各类新型食品的运来运去，速度真是太快了，使得以前那些地方性传染病，很容易就发展成大范围扩散的传染病，除非能很快找到对付它们的办法。

应该说，今天的城市化和全球化使得人们的交往更加密集、快速、频繁，也使得地方性传染病变成大面积传染病的可能性大大增加了。这是人类为全球化付出的代价。全球化包括了疾病的全球化。

另一方面，人类对原始生态的破坏，以及越来越多的人深入热带雨林，使过去被封闭在独特环境中的致病微生物被释放出来，并迅速地被带到其他地方。同时人类的行为扭曲了大自然的动植物分布模式，致病寄生物则趁机占据新生态区位。人类在急速膨胀中的种种盲目、不良机制和习惯，成为致命病毒病菌繁殖、变异、蔓延的培养体，正在更频繁地惩罚人类自身。“非典”的出现再次向人类响起警钟：人类在发展物质文明的同时，必须首先关注环境问题，与大自然和谐相处。

第九章

生态文明

消费者社会只是一个短暂的阶段——由于它自己和它的星球的未来可居住性的原因，所有的父母都想给他们的孩子一个较好的生活。但是，我们现在必须认识到这样一种生活不可能由更多的小汽车、更多的空调、更多的预先包装好的冷冻食品以及更多的购物街组成。如果交给我们的孩子一个这样的世界，在这个世界里，为了满足个人的食物、教育、充实的工作、居所和良好的健康状况的需要，他们的选择扩大了，而不是缩小了，这将是多么地美好！这种情况只要我们消费者社会中的那些人转变我们的生活方式就有可能发生。

——艾伦·西恩·杜宁《多少算够》

消费的困惑

对于康涅狄格州的西德尼·奎瑞尔来说，1990 年的地球日是审判日，是算生态账的日子。当全世界成千上万的人们正在街道上游行和庆祝的时候，西德尼则坐在他厨房的桌子旁，桌上放着一个黄色的法律便笺和一个袖珍计算器，他想统计一下他和他的家庭自从 1970 年的地球日以来给这星球上留下的负担。

那个春天的早晨，他就开始列出了进入他们的住宅中的每一样东西——脱脂油、核电、淋浴器以及喷灌草地的水、油漆罐、电器、百余尺的地毯、家具、衣服、食品和数千件其他的东西——以及已经搬出房了的每一样东西——丢弃的装着邮件和物品包装的垃圾桶，按立方米计算的旧报纸、杂志、污水和从炉灶里排出的烟，他还列出了用汽车和飞机运输这些东西所耗费的能源：从燃料和润滑油到轮胎和替换零件。“我这天的大部分时间都用在了这张单子上，”西德尼回忆说，“我翻出一卷卷的旧收据，称量垃圾罐和每天的邮包，挖开了地基和顶棚，并且使用了自从毕业后就从未用过的三角技术来估量在屋顶施工中使用的材料。”

西德尼知道，他不可能计算出制造和运输每一样单子上的东西所耗费的附加资源。例如：根据全国统计数字，他应当把他在自己的房子和汽车上使用的能量加倍，因为还要考虑到商业部门和政府为他提供这些货物和服务所使用的能源。他设想了一个为他生产这些物品的全球工业网：用货船和卡车运输，在商店出售，并且由官方机构监督这个过程。使他惊讶的是他的国家究竟需要多少钢材和混凝土去修筑他使用的道路、桥梁和停车场，他想知道照顾他的医院、保卫他的飞机和警车、带给他娱乐的电视台以及治疗他爱犬的兽医站所使用的资源。

随着他清单的增长，想象中一座由被丢弃的电视机、汽车零件和油管组成的大山萦绕在西德尼的脑海中——全都在他那儿堆向了天空。“这是对那段时期的清醒回顾……并且只有当你把所有这些年增加的消费品累加在一起，你才能认识到它的可怕。”这全部的垃圾就像多年来他抱出去的成吨的纸包一样敲打着他。西德尼说：“问题在于地球能够承受西德尼的影响而继续存在吗？未来的西德尼家庭能够发生改变吗？”

这正是问题所在。西德尼·奎瑞尔和他的家庭并不是贪得无厌的人。西德尼说道：“这些年来，我们居住在乡下一幢占地 2.5 英亩、有三间卧室的房子里，距离我在哈特福德的工作地点大约 35 千米，但是我们从没有富足过。”他接着说：“使我恐惧的是我们的消费是康涅狄格州人们最普通的消费方式。”

西德尼的阶层——美国中产阶级——是一个在数量上多于任何

阶级的群体,它决定和体现了当代世界美好生活的图景。然而奎瑞尔这20年生活的时期,正处于世界首要问题——环境问题可能是最难解决的时期。

只有人口增长能与高消费相匹敌成为生态恶化的原因,但至少世界上的很多政府和人民已经把人口增长看作一个问题;与之相反,消费却几乎一直被普遍看作是好事——确实,消费增长是国家经济政策的首要目的。西德尼·奎瑞尔评价的这20年显示的消费水平正是人类历史上所有文明取得的最高成就。他们体现了一种盛行的人类社会新形式:消费者社会。

——艾伦·西恩·杜宁《多少算够》

人类作为地球的物种之一,取得了辉煌的成功。今天,人类科学技术的发展远远超出了最大胆的科学幻想。转基因已经在农作物中全面试验,部分推广,玉米与大豆更是转基因的天下。人类自身的克隆与转基因治疗不久就将成为现实。网络技术和信息技术的发展也似乎遵循摩尔定律,以加速度发展,很快就要在脑科学与智能技术方面获得突破,将来人造智能机器人的智能很可能超过人类本身。

与此同时,人类的工业、经济增长,地球环境的承载力与生态系统,以及人类文明的发展似乎面临着瓶颈,人类面临着太成功的苦恼。人类的科学发展、技术进步远远超出了自身的控制能力,超出了文明的发展,人类的情绪、智商、伦理发展远远落后,人类自身还在受着与类人猿一样的生物本能的操纵与控制,战争、饥荒、瘟疫、犯罪以及对环境与生态的没有节制的破坏并行。那么走生态文明之路是人类将来可持续发展的最佳选择。

我国在进入21世纪后,各级政府和学界对生态文明格外重视。生态城市、生态建筑、低碳城市、生态产品、生态产业等理论与实践发展迅速。但是另一方面,口号多,面子工程多,生态城市、生态文明流于形式。对真正的生态理念、生态保护、生态价值的关注不够。所以作者特别强调生态文明、生态保护、生态价值、生态城市等生态理念。

一、从农业文明到工业文明到生态文明

1. 文明

英文中的文明(Civilization)一词源于拉丁文"Civilis",有"城市化"和"公民化"的含义,引申为"分工""合作",即人们和睦地生活于"社会集团"中的状态,也就是一种先进的社会和文化发展状态,以及到达这一状态的过程。其涉及领域广泛,包括民族意识、技术水准、礼仪规范、宗教思想、风俗习惯以及科学知识的发展等。

1979 年联邦德国出版的《大百科词典》认为"文明"是指社会脱离了人类群居的原始生活之后,通过运用知识和技术形成的物质和社会状态。

文明拥有更密集的人口聚集地,并且已经开始划分社会阶级,一般有一个统治精英阶层和被统治的城市和农村人口。这些被统治的人群依据分工集中从事农业、采矿、小规模制造以及贸易等行业。文明集中权力,并且将人类对自然的控制力作极大的延伸。

在人类学和考古学中,文明也可以指有人居住,有一定的经济文化的地区,例如两河文明、黄河文明,也可以指文化类似的人群,例如基督教文明、儒家文明。

2. 人类的进化与文明发展进程

社会学家路易斯 · 亨利 · 摩尔根将社会演化分为蒙昧(Savagery)、野蛮(Barbarism)及文明三个阶段,以技术发明作为各阶段的分界。文明是人类社会进步的标志,人类社会的历史延续到今天,已经历了原始文明、农业文明、工业文明等不同的社会文明形态。

一般认为人类的进化与文明发展有以下一些阶段,见表 9-1。

表 9-1　进化与“文明”发展进程

代表时期	阶段	大致时间跨度	主要特征
工具时代	250 万—0.6 万年前	250 万年	原始文化、工具制造
起步期	250 万—20 万年前	230 万年	旧石器时代早期
发展期	20 万—4 万年前	16 万年	旧石器时代中期
成熟期	4 万—1 万年前	3 万年	旧石器时代
过渡期	1 万—0.6 万年前	4 000 年	新石器时代、农作物栽培
农业时代	公元前 4000—公元 1763 年	5 800 年	农业文明、农业经济
起步期	公元前 4000—前 500 年	3 500 年	古代文明，青铜时代为主
发展期	公元前 500—581 年	1 081 年	古典文明，铁器时代为主
成熟期	581—960 年	379 年	东方文明繁荣、欧洲中世纪
全盛期	960—1200 年	240 年	东方文明鼎盛、欧洲中世纪的发展
衰落期	1200—1500 年	300 年	东方文明衰落、欧洲中世纪的过渡
过渡期	1500—1763 年	263 年	欧洲文明崛起、文艺复兴传播、商业和科学革命
工业时代	1763—1970 年	207 年	工业文明、工业经济
起步期	1763—1870 年	110 年	第一次工业革命、机械化
发展期	1871—1913 年	40 年	第二次工业革命、电气化，飞机、汽车出现
成熟期	1914—1945 年	30 年	欧洲北美汽车普及，家庭机械电器化
过渡期	1946—1970 年	20 年	第三次产业革命、计算机出现
知识时代	1971 年—	—	知识文明、知识经济
起步期	1971—1992 年	20 年	第一次信息革命、个人电脑开始普及
发展期	1993 年—	—	第二次信息革命、网络空间（微博空间）
成熟期	—	—	生物设计和克隆，新型运载工具

3. 环境变迁与文明的兴衰

环境变迁与文明的崛起与衰落具有密切的关系。最著名的例证就是两河流域、印度河流域、黄河流域和玛雅古文明的兴衰与环境变迁的关系。生态环境的不断恶化，不仅直接影响到人们的生活，而且在很大程度上影响到人类文明的进程。历史上，由于农业文明发展不当带来生态环境恶化，从而使文明衰落的例子屡见不鲜。

农业革命之前的地球人口特征是：①极低的人口密度；②高出生率和高死亡率；③人口分布相对集中；④人口迁移频繁。旧石器时代初期，原人的人口数仅为12.5万，而到了据今1万年的旧石器时代末期，即农业革命前夕，出现了人类历史上的第一次人口爆炸，人口增长532万人，增长42倍多。

旧石器时代的人类仍然依赖大自然，为大自然所支配。为了追猎动物、寻找野果地或渔猎场地，他们不得不经常过着流动的生活；由于一块地方所能供给的食物有限，他们只好分成小群行动。据估计，即使在那些冬季气候也很温暖、物产丰饶的地区，每平方英里也只能养活3～5名食物采集者；在气候寒冷的地方，在热带丛林区或沙漠地带，每养活一名食物采集者则须有8～12平方千米的地盘。

农业革命以后，人们学会了驯化野生动植物，有目的的耕种和驯养成为人们获取食物的主要手段，使人类的食物来源有了保障，人口出现了历史上第一次爆发性增长，由距今1万年前的旧石器时代末期的532万人增加到距今2 000年前后的1.33亿人。农业革命以后的地球人口特征转变为：①高人口密度；②出生率和死亡率呈不断波动状态；③出现定居的村落；④出现劳动分工、手工制造业及社会阶层分化。从公元初至中世纪，人口死亡率很高，达30‰～40‰，出生率为35‰～50‰，自然增长率为5‰～10‰。但由于经常出现的饥荒、瘟疫和战争，人口自然增长率实际上不超过1‰。公元1300年，世界人口达到3.84亿，但这时从中亚传到欧洲的黑死病——鼠疫，使人口于1400年又剧减至3.73亿。

每一次人口激增都是在生产技术获得重大突破的情况下发生的，

原因很明显，技术的发展导致生产率的提高，从而使得可供养的人口大幅度增加。

人口数量大大增加，对地球环境的影响范围和程度也随之增大，对环境的压力逐步增加。为了解决因人口增加而增加的粮食需求，一方面对土地过度利用，其结果是耕地表土侵蚀严重，肥力急剧下降；另一方面为了增加耕地面积，不得不砍伐森林、开垦草原，其结果是破坏了生态平衡。上述两个方面的最终危害是土地沙漠化、水土流失、生物物种多样性锐减等生态环境问题的产生。

4. 对工业文明的反思、生态文明思想的诞生

18 世纪后期欧洲的一系列发明和技术革新大大提高了人类社会的生产力，人类开始插上技术的翅膀。新技术使欧洲各国和美国在不到一个世纪的时间里先后进入工业化社会，并迅速向全世界蔓延，在世界范围内形成发达国家和发展中国家的差别。工业化的兴起，城市化的发展，科学技术的进步，使人类的生活水平大为提高。同时，人类平均预期寿命不断提高，人口的死亡率不断下降，城市化不断发展并带来多种方便与福利，更多的儿童能够进入学校接受更多的教育。人类发展摆脱了“黑暗的中世纪”的阴影，人类文明进入到一个前所未有的高度。

但是，当人类还陶醉在工业革命的伟大胜利中时，随着工业文明的发展和人类征服欲望的无止境膨胀，人类开始肆无忌惮地征服和改造自然，对现代科学技术的无限制使用，对生产力发展和物质财富增加的强烈追求，极大地拓展了对资源利用的深度和广度，造成了日益严重的环境污染和资源消耗。生态破坏和污染问题加速发展，特别是污染问题，随着工业化的不断深入而急剧蔓延，终于形成了大面积乃至全球性公害。

工业化社会的特点是高度城市化，而环境问题伴随工业化和城市化同步发展。先是由于人口和工业密集，燃煤量和燃油量剧增，发达国家的城市饱受空气污染之苦,后来这些国家的城市周围又出现日益严重的水污染和垃圾污染,工业三废、汽车尾气更是加剧了这些污染公害的严重程度。污染问题之所以在工业社会迅速发展,甚至形成公害,与工业社会的生产方式、生活方式等有着直接的关系。

环境污染与工业社会的生活方式、尤其是消费方式有直接关系。在工业社会,人们不再仅仅满足于生理上的基本需要——温饱,更高层次的享受成为工业社会发展的动力。于是,汽车等高档消费品进入了社会和家庭,由此引起的环境污染问题日益显著。

进入 20 世纪以来,全球在社会发展、生态环境方面遭遇到了前所未有的冲击,主要表现为地区贫富分化加剧,环境污染十分严重,自然资源日益枯竭,生态遭到严重的破坏,人口数量激增,等等。这些危机都直接影响着人类的生活状况和质量,对人类生存安全构成了极其严峻的威胁。也可以这样理解,现代人们关心生态危机的直接动因是生态危机造成了人类生存的危机。

工业文明虽然给人类社会带来了巨大的物质满足,但从工业化大生产的那天起就因其难以根治的弊病而成为许多思想家批判的对象。马克思、恩格斯就对资本主义工业文明导致的人与自然的“异化”现象做出过深刻的反思。

20 世纪 60 年代,西方有些学者就已经开始关注生态环境问题,例如亨利 · 戴维 · 梭罗的《瓦尔登湖》,1949 年出版的利奥波尔的《沙乡年鉴》。但是在当时,大多数人还没有真正意识到生态环境问题对人类生存与社会发展具有的深远意义。

1962 年,美国海洋生态学家 R. 卡尔逊经过四年的精心调查和研究写成《寂静的春天》一书。作者通过对合成杀虫剂、农药,特别是对滴滴涕滥用进行的生态学调查和研究,揭示了有毒物质对生态自然环境和人类生存造成的深远危害,以及二战中原子弹的使用和战后核试验所造成的核污染对人们的心灵震撼和潜在危害。

1968 年,意大利罗马俱乐部的成立是人类生态意识从警醒走向成熟的里程碑。这个团体首创对威胁当代人类生存的全球问题的研究,清醒地提出环境污染、不可再生资源等问题,引起了公众对世界危机的关注,增强了人们的忧患意识,激发了当代人类对全球危机的社会责任感,并敦促人类在生态环境保护上要行动一致。

联合国于 1972 年 6 月 5 日,在瑞士的首都斯德哥尔摩举行了包括中国在内 113 个国家和地区参加的“联合国人类环境会议”,这是世界各国政府共同探讨当代生态环境保护问题和全球战略的第一次国际会议。会议通过了庄严的《斯德哥尔摩人类环境宣言》和《联合国人类环境宣言》,提出了 26 条关于人类对全球环境的权利与义务的共同原则。会议呼吁“为了这一代和将来的世世代代而保护和改善环境,已经成为人类一个紧迫的目标”。这次会议加深了对人类生存环境和自然生态问题的理解,推动了全球环境资源保护事业的发展,被公认为人类保护史上的第一个里程碑。

1982 年 5 月,联合国为了纪念人类环境会议召开 10 周年,在肯尼亚首都内罗毕举行了人类环境特别会议。这次会议除通过《内罗毕宣言》并且重申《人类环境宣言》所确立的原则以外,还呼吁“世界各国政府和人民要集体地和单独地负起其历史责任,使我们这个小小的地球能够保证人人过着尊严的生活,并代代传下去”。1987 年 2 月,在日本东京召开的第八次世界环境与发展委员会会议发表了《我们共同的未来》一文,集中分析了全球人口、粮食、物种、遗传、资源、能源等涉及人与自然关系的相关问题,并且呼吁世界各国政府和人民必须从现在开始对经济发展和环境保护这两个重大问题负起自己的历史责任,制定正确的政策措施并付诸实施。

1992 年 6 月,在巴西召开的联合国环境与发展大会上,持续发展已经成为人类的共识和时代的强音,并具体体现到这个会议发表的五个重要文件中,即《保护生物多样性公约》《气候变化公约》《里约热内卢宣言》《21 世纪行动议程》《关于森林问题的原则声明》。这是人类第一次将持续发展由理论和概念变成行动。这次会议的召开是人类构建生态文明的一座重要里程碑。它不仅使“可持续发展”思想在全球范围内得到了最广泛和最高级别的承诺,而且还使可持续发展思想由理论变成了各国人民的行动纲领和行动计划。全球一致保护环境的行动成为世界性的潮流。

关于取代工业文明的未来新文明形态的研究,国内外学者们从不同的视角定义了未来的新社会。例如,美国学者丹尼尔·贝尔称未来社会为“后工业社会”(1959);日本的梅棹忠夫称之为“信息社会”(1963);美国著名未来学家阿尔温·托夫勒命之为“第三次浪潮社会”(1980);日本学者界屋太一,则认为是“知识价值社会”(1985);我国的童天湘称之为“智能社会”(1986);1995 年,著名作家、评论家罗伊·莫里森在其出版的《生态民主》一书中,就明确提出了“生态文明”(Ecological Civilization)这一概念;我国学者余谋昌、申曙光等人认为,未来的新型社会是“生态文明社会”。从此,生态文明逐渐为人们所认可,成为取代工业文明的未来文明形态。

生态文明的产生是现当代人类文明转型的必然产物。在这种观念的指引下,加强对自然资源的有力保护和合理利用,克服生态危机所带来的种种危害,维护生态系统安全,改革传统高耗能、高污染的经济发展模式,促进生态、经济、社会的可持续发展,构建人与自然和谐相处的生态文明社会,维持人类的生存和延续,已经成为了全人类共同利益的体现。

二、生态伦理

每一个结晶体和每一个细胞里都有一颗跳动的心脏,如同我们自己的一样,使我们感到愿意停下来跟植物和动物们交谈,就像跟友好的登山同伴交谈一样。

——约翰·缪尔(美国博物学家)

1. 什么是生态伦理学

生态伦理学(Ecological Ethics)是运用生态学和伦理学的综合知识,研究生态的伦理价值和人类对待生态的行为规范的科学,是伦理学的分支,是由生态学与伦理学相交叉形成的学科,其目的是为保护生态环境提供一个恰当的道德根据。生态伦理学作为一种全新的伦理学,其革命性变革在于在强调人际平等、代际公平的同时,试图扩展伦理的范围,把人之外的自然存在物纳入伦理关怀的范围,用道德来调节人与自然的关系。生态伦理学的基本思想是人对自然的关爱。有关生态伦理学的流派主要有四个方面:①开明的人类中心主义;②动物解放和权利论;③生物平等主义;④生态整体主义。

2. 生态伦理思想的由来和发展

美国学者G. P. 马什(G. P. Marsh)1864年出版的《人与自然》,开始反思技术、工业、人类活动对地理环境和自然的负面影响。虽然他的位置仍然是人类中心和功利,但值得一提的是,他认为,管理地球上的人不是单纯的经济活动,还需要道德的态度。

其后,梭罗(H. D. Thoreau,1817—1862年)发表了代表作《瓦尔登湖》。该作品批判了西方传统的反自然的偏见和资本主义价值观的生活。《瓦尔登湖》处处体现对大自然的热爱,与自然为友,追求简单的生活的理念。在作者的眼里,自然是有机的整体,所有东西都是相互依存的,自然的真、善、美是人类的天堂,是健康和价值的源泉。

1864年3月,约翰·缪尔进入加拿大荒野,大自然的神奇和美丽吸引他最终成为一个博物学家,成为美国"国家公园之父",开始抨击人类自以为是的自我中心主义和践踏破坏自然的无知行为。

1923年,法国思想家施韦泽在《文明的哲学:文化与伦理学》一书中,提出了"敬畏生命"的全新理念,把伦理的范围扩大到一切生命。

他认为善的本质就是保护生命、促进生命,使可发展的生命实现其最高价值,尊重一切生命是道德的基本原则。

1933 年,美国林学家利奥波德在《大地伦理学》一书中,提出了关爱地球的“大地伦理学”,提出了人类对大地共同体负有道德义务,并把“维护生命共同体的完整、稳定和美丽”视为判断人们行为正确与否的重要道德标准。

被称为“现代环境伦理的父亲”“先知”的利奥波德在 1949 年出版了《沙乡年鉴》。《沙乡年鉴》被称为“现代环保运动的一个新的圣经”。他写道,需要一种“新的伦理”,“一种处理人与土地,以及人与在土地上生长的动物和植物之间的伦理观”。利奥波德认为,伦理演变的下一步会扩展为包含生物共同体(概括起来是“土地”)的非人类成员在内的伦理观。

长期以来,在很多设计师眼里,植物设计就是造园造景,他们没有城市的概念、生态的概念,遑论更广阔的大地国土情怀。土地伦理的提出者、被称作自然保护之父的利奥波德认为,真正需要重视的“是对产生生命的大地所固有的内在趋势的尊重和调节的知识”,“当一切事物趋向于保护生物共同体完整、稳定和美丽时,它就是正确的;当一切事情趋向相反的结果时,它就是错误的”。城市是人类文明的一个事物,也是土地上的一个事物。城市的意志需要服从和协调土地的“内在趋势”。城市的辉煌时尚如果没有了土地的支撑和认同,后果是可怕的。

20 世纪 60 年代环境伦理、生态伦理学建立,并呈现蓬勃发展、多元发展的特征。在 20 世纪 70 年代西方出版了《环境伦理学》《生态理念》《深生态》《伦理与动物》等刊物。国际著名的哲学杂志《伦理学》《探索》《哲学》开始发表大量的环境伦理学文章。许多哲学家在大学开设“环境伦理学”课程,出版环境伦理方面的书籍。

1986 年,著名哲学家、国际环境伦理学学会前主席罗尔斯顿的伦理学著作《哲学走向荒野》问世。在书中,他阐述了自然界的价值和权利以及人对自然的道德义务,提出了全球环境伦理学。该书被誉为“生态伦理学的划时代文献之一”。他们的这些思想开创了一门全新的学科——环境伦理学,为人们理解人与自然的伦理关系提供了全新的视角,也为在生态文明时代人与自然的和谐相处奠定了理论基础。

3. 生态伦理思想的核心

自然界(或生态、生命)的“内在价值”概念,是自然主义生态伦理观的一个核心概念。对自然界的内在价值的确认,是自然主义生态伦理观的价值论基础。自然之物的价值不是由人类赋予的,而是它们的存在所固有的。

生态伦理观思想的核心可归结为以下 4 个方面。

①整体性的观点。我们与世界是一个整体,我们不仅包含在社会中,而且包含在自然中。后现代生态伦理观关于世界是“人—社会—自然”复合生态系统的观点具有十分重要的现实意义。

②系统性的观点。强调最好地维持一个特定的生态系统,这种系统对地球上一切生命都存在,人应该按照生态学的模式,通过各种联系的网络将自我向外延伸。

③多元性的观点。推崇多元化及对多元的尊重。

④建设性的观点。建设一个适宜人类居住、生活、工作的优美环境,始终是生态环境建设追求的目标。

几乎所有生态伦理思想家都对中国和中国文化有一种天然的亲近感。他们关于经济社会可持续发展的思想以及借鉴东方生态智慧的学说,在理论价值及现实作用上确实更富有建设性意义,值得我们重视和研究。这种思想今天仍具有现实意义,为人类合理利用自然的理想、构建科学的生态伦理体系提供了启示。符合生态道德的自然,应是同时符合人性和美的原则的“诗意的栖居地”。

4. 生态伦理原则

(1)环境正义原则

正义指的是权利与义务之间的平衡,它要求那些享受了一定权利的人履行相应的义务。如果一种社会制度的安排使得那些履行了相应义务的人获得了他们应该得到的东西(利益、地位、荣誉等),那么,这种社会制度就是正义的。环境正义就是在环境事务中体现出来的正义。从形式上看,环境正义有两种形式,即分配的环境正义和参与的环境正义。前者关注的是与环境有关的收益与成本的分配。从这个角度看,我们应当公平地分配那些由公共环境提供的好处,共同承担发展经济所带来的环境风险;同时,那些污染了环境的人或团体应当为污染的治理提供必要的资金,而那些因他人的污染行为而受到伤害的人,应当从污染者那里获得必要的补偿。参与的环境正义指的是每个人都有权利直接或间接地参与那些与环境有关的法律和政策的制定。我们应当制定一套有效的听证制度,使得有关各方都有机会表达他们的观点,使各方的利益诉求都能得到合理的关照。参与正义是环境正义的一个重要方面,也是确保分配正义的重要程序保证。

(2)代际平等原则

从代际伦理的角度讲,代际平等原则是人人平等这一伦理原则的延伸。权利平等是平等原则的核心要求。当代人享有生存、自由、平等、追求幸福等基本权利;同样,后代人也享有这些基本权利。当代人在追求和实现自己的这些基本权利时,不应当减少和损害后代人追求和实现他们的这些基本权利的机会。从社群伦理的角度看,人类社会是一个由世代相传的不同代人组成的道德共同体。每一代人都从上一代人那里"免费地"继承了许多文化和物质遗产;我们每个人依靠父母的无私照顾和关爱而得以成长。正是通过履行对子孙后代的关心义务,我们部分地报答了先辈和父母的恩惠,使人类作为道德存在物的基本属性得到了实现,也使代际义务的链条得以延续。因此,关心后代,给后代留下一个功能健康的生态环境,是我们对作为人类道德共同体成员的后代所负有的基本义务。

(3)尊重自然的原则

尊重自然是科学理性的升华。现代系统科学和环境科学已经告诉我们,人是自然生态系统的一个重要组成部分。自然系统的各个部分是相互联系在一起的;人类的命运与生态系统中其他生命的命运是紧密相连、休戚相关的。所以,人类对自然的伤害实际上就是对自己的伤害,对自然的不尊重实际上就是对人类自己的不尊重。

5. 主要的生态伦理观

(1)生态发展观

可持续性的概念源于"生态持续性"观念。生态学家从自然或生态的角度来认识问题,认为可持续发展是自然资源及其开发利用之间的平衡。1991 年 11 月国际生态学联合会和国际生物科学联合会在其共同举办的可持续发展研讨会上,将可持续发展定义为"保护和加强环境系统的生产和更新能力",也就是说,可持续发展是不超越环境系统更新能力的发展。

根据现代生态系统的观点,人类是复杂的"生物地球化学"循环的不可分离的一部分。人类作为主体,其生存和繁衍,必须只能依赖于自然环境系统这个客体。但另一方面,人类又是其中的一分子,其生命活动的每一部分都自然地融入该客体之中,并作为主体影响、改变和维持着自然环境系统。因此,人类既可以保护和改善环境,又可能损害和毁灭自然。而目前,人类对自然环境的开发活动,给生态系统和地球所带来的威胁,将直接影响到人类自身的可持续性。所以,既要满足人们的需求和愿望,又不破坏自然,并使其能持续地供给人类生存和繁衍的所需,这就要求我们保护好地球上的生命,正确地处理人与自然的关系,解决好发展与限制的矛盾。这正是可持续发展的内涵所在。

(2)开明的人类中心主义

环境问题不仅仅是一个技术问题,不是科学技术提供资源(或消除污染)的速度慢于人类消费资源(或制造污染)的速度。技术问题只是环境危机的表面征候。环境问题的实质是价值取向问题。环境伦理学认为,狭隘的人类中心主义是导致当代的环境问题的深层根源,它主要表现为集团利己主义、代际利己主义、人类主宰论、粗鄙的物质主义和庸俗的消费主义、科学万能论与盲目的乐观主义。因此,人类要想使全球环境恶化的趋势得到有效的遏制,就必须首先抛弃狭隘的人类中心主义,接受开明的人类中心主义。

在开明的人类中心主义看来,地球环境是所有人(包括现代人和后代人)的共同财富;任何国家、地区或任何一代人都不可为了局部的小团体利益而置生态系统的稳定和平衡于不顾。人类需要在不同的国家和民族之间实现资源的公平分配,建立与环境保护相适应的更加合理的国际秩序,也要给我们的后代留下一个良好的生存空间;当代人不能为了满足其所有需要而透支后代的环境资源。地球的承载力是有限的。人类必须节制其空前膨胀的物质欲望,批判并矫正发达国家那种消费主义的生活方式。为了维护地球的生态平衡,发展中国家有责任在保护环境与可持续发展之间保持某种平衡,发达国家则有义务减少其能源消耗总量,并支持和参与发展中国家的环境保护,帮助发展中国家走出环境保护与经济发展的两难困境。总之,人类必须学会作为一个整体共同生活在地球上,必须建立一个以所有国家的平等为基础的“地球村联邦”,在这个联邦中,霸权主义和专制独裁都能够得到来自内部和外部的有效控制,所有人的基本人权都能够得到有效的保证,所有人都能享有一种充满尊严的生活。

(3)生态整体主义环境伦理观

生态整体主义认为,一种恰当的环境伦理学必须从道德上关心无生命的生态系统、自然过程以及其他自然存在物。环境伦理学必须是整体主义的，即它不仅要承认存在于自然客体之间的关系，而且要把物种和生态系统这类生态“整体”视为拥有直接的道德地位的道德顾客。据此，生态整体主义从三个角度（即大地伦理学、深层生态学和自然价值论）阐发了保护生态系统的伦理理由。

其中最著名的是美国人利奥波德的大地金字塔模型。在这样一个高度组织化的结构体系中，每一生物物种都有自己的生态位，发挥保证整个生态系统的养分循环和能量流动的作用，以维持整个自然界的生态系统平衡。其宗旨是要扩展道德共同体的界线，使之包括土壤、水、植物和动物，或由它们组成的整体——大地，并把人的角色从大地共同体的征服者改变成大地共同体的普通成员与普通公民。这意味着，人不仅要尊重共同体中的其他伙伴，而且要尊重共同体本身。这是由于，人不仅生活在社会共同体中，也生活在大地共同体中；而人只要生活在一个共同体中，他就有义务尊重共同体中的其他成员和共同体本身。这种义务的基础就是共同体成员之间因长期生活在一起而形成的情感和休戚与共的“命运意识”。

（4）动物权利主义环境伦理观

这种观点认为动物拥有在一个自然环境中过完整生活的天赋权利，剥夺它们的权利是不道德的。提出这种观点的代表人物主要是辛格，他认为动物的利益和人的利益同等重要，尤其是他的《动物解放：我们对待动物的新伦理》被视为动物权利运动先驱的著作。

辛格认为我们应当把“平等地关心所有当事人的利益”这一伦理原则扩展应用到动物身上去。在功利主义看来，凡能带来快乐的行为就是善的行为，凡带来痛苦的行为就是恶的行为。动物也能感受苦乐，因此，我们必须把动物的苦乐也纳入我们的“道德计算”中来。痛苦就是痛苦，不管它是发生在人身上还是发生在动物身上；带来痛苦的行为永远是不道德的行为，不管痛苦的承受者是人还是动物。因此，我们有义务停止我们给动物带来痛苦的行为。

由于不同动物(包括人)的利益有时会发生冲突,因而动物解放论提出了协调不同动物的利益冲突的"种际正义原则",即在解决动物物种之间的利益冲突时,必须考虑两个因素:发生冲突的各种利益的重要程度(是基本利益还是非基本利益)和利益发生冲突的各方的心理复杂程度。种际正义原则的基本要求是:一个动物的基本利益优先于另一动物的非基本利益,心理较为复杂的动物的利益优先于心理较为简单的动物的类似利益。

雷根(T. Regan)主张像对待人类一样给动物平等的幸福,应当尊重和关心动物的权利和价值。以雷根为代表的动物权利论从康德的道义论伦理学出发,认为我们之所以要保护动物,是由于动物和人一样,拥有不可侵犯的权利。权利的基础是"天赋价值"(Inherent);而人之所以拥有天赋价值,是由于人是有生命、有意识的生命主体(the Subject-of-a-life):拥有期望、偏好、感觉、记忆、认同感和实现自己的意愿的能力,拥有一种伴随着愉快和痛苦的生活以及独立于他人的功用性的个体幸福状态。然而,成为生命主体的这些特征,动物(至少是心理较为复杂的哺乳类动物)也具有。因而,动物也拥有值得我们予以其尊重的天赋价值。这种价值赋予了它们一种道德权利,即获得尊重的权利。这种权利决定了我们不能把它们仅仅当作促进我们的福利的工具来对待,就像我们不能以这种方式来对待其他人那样。

动物的权利和人的权利虽然都是不容侵犯的,但在特殊情况下,个体不应被伤害的权利也是可以被侵犯的,只要这种侵犯的目的是为了阻止对其他无辜个体的更大伤害。这一限制条件从质的方面限制了侵犯个体(动物或人)的权利的边界。但在现实的道德生活中,善善相伤、恶恶相权的情况也时有发生。为此,动物权利论者又提出了两个原则:伤害少数原理和境况较差者优先原理。

(5)生物平等权利伦理观

其代表主要有施韦泽和泰勒,他们认为人只是地球生物圈自然秩序的一个有机部分，人类与其他生物不可分，都是一个相互依赖的系统的有机构成要素。尤其是施韦泽的“敬畏生命”伦理，要求人类像敬畏自己生命那样敬畏所有的生命意志。

敬畏生命的基本要求是像敬畏自己的生命意志那样敬畏所有的生命意志，满怀同情地对待生存于自己之外的所有生命意志。“善的本质是保持生命、促进生命，使可发展的生命实现其最高的价值；恶的本质是毁灭生命、伤害生命，阻碍生命的发展。”一个人，只有当他把所有的生命都视为神圣的，把植物和动物视为他的同胞，并尽其所能去帮助所有需要帮助的生命的时候，他才是有道德的。

当然，人的生命也值得敬畏。为了维持人的生命，我们有时确实得杀死其他生命。但是，我们只有在不可避免的情况下，才可伤害或牺牲某些生命，而且要带着责任感和良知意识做出这种选择。敬畏生命的伦理可以帮助我们意识到这种选择所包含着的伦理含义和道德责任。它可以使我们避免随意地、粗心大意地、麻木不仁地伤害和毁灭其他生命。通过这种方式，敬畏生命的伦理能够引导我们过一种真正有伦理的生活。

泰勒的尊重大自然的伦理学认为，人只是地球生物共同体的一个成员，他与其他生物是密不可分的；人类和其他物种一样，都是一个相互依赖的系统的有机构成要素；每一个有机体都是生命的目的中心；人并非天生就比其他生物优越。对人的优越性观念的抛弃，就是对物种平等观念的接受。因此，所有的物种都是平等的，都拥有同等的天赋价值；而一个有机体一旦被视为拥有天赋价值，那么，人们对它所采取的唯一合适的态度就只能是尊重。所谓尊重大自然，就是把所有的生命都视为拥有同等的天赋价值和相同的道德地位的实体，它们都有权获得同等的关心和照顾。

6. 自然价值

地震的摇撼、火山的爆发、间歇泉的喷射、风暴的肆虐、波涛的拍击以及植物汁液的向上输送，所有这一切都是大自然的心脏那充满爱意的律动。

——约翰·缪尔（美国博物学家）

当代最负盛名的环境伦理学家，霍尔姆斯·罗尔斯顿（Holmes Rolston）从社会整体的角度对大自然所承载的价值进行了总结，将大自然的价值具体分为 14 种。

①经济价值。自然的事物种类繁多，具有多姿多彩的巨大能量，因而大自然具有丰富的实用潜能，人类可以加以利用，这是经济价值的来源。价值依赖于人的劳动，但人类的技艺无论如何都不可能产生非自然的化学物质和能量，所以其基础是自然物固有的属性。

②生命支撑价值。生态系统是我们人类文化的底基。人是生态系统的栖息者，人依赖于自然给我们的空气、阳光、水、食物链、光合作用，等等。自然是一个进化的生态系统，在几十亿年的过程中创造了上万个物种，在人类之前所有的资源、其余的生命（价值）已经存在，人类的出现是这个系统中最有价值的事件，但只是这个有价值的系统中价值生产和价值支撑事件的一个子集。

③消遣价值。人不是时时刻刻都在工作，也需要消遣。大自然的景色需要人们用心体验，但可以使人们获得惬意的、休闲的、具有创造性的娱乐，荒野自然更是可以塑造人的性格之所在。

④科学价值。对毫无价值的东西进行研究在本质上是不可能有价值的。自然本身的丰富性值得研究，而往往具有很高科学价值的事物却没有多少经济价值，但是这些却是科学发展的基础。

⑤审美价值。自然中的美无处不在，不论是完美的美还是缺憾的美，而艺术不过是以艺术的方式再现了自然由于环境限制没有体现出来的本源。

⑥生命价值。一切有生命之物都值得敬畏和尊重。

⑦基因多样性的价值。地球生物包含有丰富的基因种类，人类在

实验室里不可能对其进行全面的了解和利用。基因多样性的价值是人类的经济价值和存在于生命当中的生物价值的某种奇特组合。人类文明赖以生存的主要粮食作物、水果、蔬菜、木材、许多的药物都来自自然、来自生态系统,我们对自然中尚未发现的价值充满期待。

⑧历史价值。在人与自然相互作用的过程中产生了各民族的文化,但自然史比文化史更漫长,了解自然史就能知道人来自何处,人在自然中的地位。

⑨文化象征价值。文化不可能脱离环境而发展。人们之间的差异包括意识的自我表现确证和受大自然影响的文化传统,因而每一种文化都会选择自然物来象征自己。

⑩性格培养价值。荒野自然以及自然史对人的性格培养塑造起重要的作用,使人学会抗争、自立、勤俭、宁静、单纯,等等。

⑪辩证的价值。自然界的进化是在动力和阻力两者之间展开的。生命在竞争和互相依赖中进化发展起来。伦理学中,最难教的就是要求人们爱自己的敌人。

⑫稳定和自发性价值。大自然在稳定中又有着偶然和变化、创新,使自然不断走向创新。

⑬多样性和统一性价值。自然现象丰富多彩,原理却非常简单。组成生命的物质只有几种,生命形式却多种多样。自然就是多样性与统一性的完美结合。

⑭宗教和文学价值。自然既锻炼体魄,也熏陶精神,启发了人类的敬畏和谦卑感,创造了诗歌、文学、哲学和宗教。

三、生命伦理学

生命伦理学关注的是在生物学、医学、控制论、政治、法律、哲学和神学这些领域的互相关系中产生的问题。对涉及生物学的议题相应该接受多少道德判断的尺度，存在着很大的争议。有些生命伦理学家会将道德判断的尺度缩限在医疗或科技发明的道德上，以及对人体实施医疗的时间点上。有些生命伦理学家则会将道德判断的尺度扩大到施加在会感到恐惧和痛苦的生命体上的一切行为。

生命伦理学牵涉到许多公共政策的问题。这些问题时常被政治化，用来影响选民的立场。因此有些生物学家和从事科技发展的人会认为只要提到“生命伦理学”就是在企图妨碍他们的工作，并因此对它产生反弹，不过事实上并非如此。像超人类主义(Transhumanism)的生物学家就可能会抱持这样的心态，他们认为他们的工作在本质上是道德的，并且批评生命伦理学是在误导大众。

生命伦理学主要是用哲学、伦理学来分析上述这些议题，不过它已经变成一门越来越跨学科的领域。

有宗教信仰的生命伦理学家会依照他们信仰中的观点发展出一套规则和方针来处理这些议题。有些世俗的生命伦理学家会对此做出批评，认为这些人通常只是不具备学院背景或者其学术训练和这些议题无关的虔诚学者而已。但实际上，现今有许多受过专业学术训练并且有信仰的生命伦理学学者。

生命伦理学主要关注以下相关议题：

堕胎、生育权；

计划生育；

人工受孕；

人工生命；

生物剽窃(Biopiracy)；

割礼；

医疗记录的保密；

避孕；

复制生物；

低温学(Cryogenics);

脑机接口(Brain-computer Interface);

精子捐赠或睾丸捐赠;

器官交易;

优生学;

捐赠器官的公平分配;

药物价格;

基因工程、基因改造食品;

基因体学;

医学折磨(Medical Torture);

不死;

不孕的处理;

个人、法人、地方或国家政府、全球组织提供健康照顾及健康保险的义务;

灵长类的法律权利;

干细胞复制;

自杀、协助自杀;

安乐死;

痛苦管理(Pain Management);

单性生殖;

人口控制;

娱乐性药物的使用;

精神性药物的使用;

生殖遗传学(Reprogenetics);

血或血浆买卖;

超人类主义(Transhumanism);

跨性别;

变性；

何时该使用以及何时该停止使用生命保障系统；

代理孕母；

纳米科技在医疗上的使用；

人工子宫的使用；

动物对待；

动物医学实验。

四、克隆人的伦理挑战

1. 背景资料

(1)克隆动物的热潮

1997 年 2 月 27 日出版的《自然》杂志报道，英国苏格兰罗斯林研究所威尔穆特博士及其同事成功地克隆出一只活绵羊，名为多利(Dolly)。所采用的方法是将一只 6 岁绵羊乳腺细胞核 DNA 与去掉核 DNA 的卵母细胞融合，再将其植入绵羊子宫发育而成的。这一成功经历了 276 次失败。全世界既为这一重大技术进步而高兴，更为克隆人的前景深表担忧。

多利羊生于 1996 年 7 月 5 日，1998 年产下一只小羊，2003 年 2 月 14 日因肺部感染而被实施了安乐死，它将作为世界上最尊贵的一只羊而被载入史册。

从此以后，全世界掀起了克隆动物的狂潮。各种克隆动物，比如克隆鼠、克隆牛、克隆猴、克隆猪、克隆猫和克隆兔等，如雨后春笋般纷纷问世，而濒危的大熊猫、绝种的印度猎豹，甚至只存在于考古记录中的哺乳动物猛犸等，科学家也都想尝试克隆一下。

我国第一只体细胞克隆羊叫阳阳，2000 年 6 月 22 日出生，2001 年 8 月和今年 2 月两次产下龙凤胎。

鼠:第一只体细胞克隆鼠名叫卡缪丽娜,1997 年 10 月 3 日出生。与克隆羊多利不同的是,来自日本、英国、美国和意大利等国的科学家采用了提高克隆成功率的新技术,一下子培育出了多只克隆鼠,而且还获得了“克隆的克隆”的第二及第三代克隆鼠。体细胞克隆鼠的诞生同时也宣告此前有关对多利羊身份和克隆技术的质疑可以结束了。

牛:能都和加贺是最早的两头体细胞克隆牛,出生在 1998 年 7 月 5 日。克隆牛的成功事实表明,可用这种技术批量培育品种优良或有特殊用途的牲畜以及保护濒危物种等。

猴:目前在所有克隆动物中,猴子在基因上与人类最接近。2000 年 1 月,美国科学家宣称第一次成功地克隆出灵长类动物——一只名为“泰特拉”的克隆猴。克隆猴采用了胚胎细胞克隆技术。科学家反复试验了 13 次,只有“泰特拉”幸运地降生。科学家说,这些克隆猴将用于人类糖尿病和帕金森氏症的研究。

猪:体细胞克隆羊与克隆鼠诞生后,科学家就计划克隆猪。猪易于繁殖,而且其器官在大小和功能上与人体器官较为接近。据称,将转基因技术和克隆猪技术结合,有可能大量繁殖转基因克隆猪,以从中获取适于移植手术的器官,为成千上万等待器官移植的病人带来希望。首批体细胞克隆猪共 5 只,出生于 2000 年 3 月 5 日。

猫:2002 年年初,世界上第一只体细胞克隆猫诞生了,名为 CC。CC 的皮毛颜色很特别,花白的毛色看上去完全不像生它的花斑猫妈妈,也不完全像它的基因妈妈。

兔:由于兔卵的活化和附着时间很难掌握,因此克隆兔比克隆其他哺乳动物的难度要大得多。为了成功地用体细胞克隆兔,科学家进行了数次实验,共培育了 2 000 多个转基因卵细胞,但最后只有 6 只于 2002 年培育成功,其中有 2 只在哺乳期夭折。

(2)什么是克隆

克隆是指遗传上同一的生物或细胞系的无性繁殖。美国生命伦理顾问委员会认为,克隆指分子、细胞、植物、动物或人的精确的遗传复制。欧洲委员会认为,克隆是生产遗传同一生物的方法。总之,克隆是生物技术中的人工无性繁殖技术。

克隆动物分两种类型。一种是胚胎分裂,是单一胚胎的细胞或细胞团的早期分离,生产出在遗传上同样的两个或两个以上的生物个体。胚胎分裂已在实验动物和家畜身上完成实验。分离的细胞彼此独立培养,经过必要次数分裂,然后植入雌性动物体内,使其产生同卵子代。这种克隆是模拟自然产生的同卵孪生的情形。

另一种是体细胞核转移,即将体细胞核内的二倍染色体转移到去核而未受精的卵母细胞中,融合体被植入子宫,经一定时间发育,产出与现有个体同样的新个体,也可称之为"延迟的孪生子"。这种过程在自然情况下不会发生,而是科学家的创造。这里所指的动物克隆以及人的克隆主要是指这种类型的克隆。

(3)克隆人风波

2001 年 3 月 9 日,意大利男性不育症专家塞维里诺·安蒂诺里在罗马临床妇产科研究院举行的关于克隆人的研讨会上,向全世界郑重宣布,他们将在 1 年最多 2 年之内完成克隆人任务。一石击起千层浪,自此以后,陆续有人宣布正在进行克隆人的研究,甚至有人宣布克隆人已经成功。

1997 年 11 月 11 日,联合国教科文组织第 29 届大会在巴黎通过的题为《世界人类基因组与人权宣言》的文件,明确反对用克隆技术繁殖人。文件指出,应当利用生物学、遗传学和医学在人类基因组研究方面的成果,但是,这些研究必须以维护和改善公众的健康状况为目的。违背人的尊严的做法,如用克隆技术繁殖人的做法,是不被允许的。

1998 年 1 月 12 日,欧洲 19 个国家在法国巴黎签署了一项严格禁止克隆人的协议。这是国际上第一个禁止克隆人的法律文件,是对

《欧洲生物医学条约》的补充。这项禁止克隆人的协议规定,禁止各签约国的研究机构或个人使用任何技术创造与一活人或死人基因相似的人,否则予以重罚。违反协议的研究人员和医生将被禁止从事研究和行医,有关研究所或医院的执照将被吊销。如果签约国研究机构或个人在欧洲以外地区进行这类活动,也将被追究法律责任。

联合国自2001年以来连续4年讨论制定禁止人的生殖性克隆国际公约的议题。由于各国在是否禁止治疗性克隆的问题上存在严重分歧,有关公约的制定工作一直未能正式启动。第59届联合国大会法律委员会于2005年2月18日以71票赞成、35票反对、43票弃权的表决结果,以决议的形式通过一项政治宣言,要求各国禁止有违人类尊严的任何形式的克隆人。

宣言要求联合国所有成员国禁止任何形式的克隆人,“只要这种做法违反人类尊严和保护人的生命原则”。宣言还要求各国采取一切必要措施在应用生命科学方面充分保护人类生命。

对宣言中禁令涵盖的范围,赞成和反对治疗性克隆的阵营有不同的解读。反对阵营认为禁令既涵盖了生殖性克隆,也包括了治疗性克隆。但赞成阵营表示,宣言中“只要这种做法违反人类尊严和保护人的生命原则”的说法,仍给了允许治疗性克隆研究以一定的空间。

中国、比利时、英国、瑞典、日本和新加坡等赞成治疗性克隆的国家代表在表决后纷纷发言,对反对阵营坚持要求表决深表遗憾,同时强调他们的国家将不受上述宣言约束,将继续允许治疗性克隆研究。

(4)治疗性克隆

医生可以从病人身上取下体细胞进行克隆,使形成的囊胚发育6至7天,然后从中提取干细胞,培育出遗传特征与病人完全吻合的细胞、组织或器官,如果向提供细胞的病人移植这些组织器官,这就是所谓的“治疗性克隆”。

在体细胞克隆技术出现之前,科学家只能从流产、死产或人工授精的人类胚胎中获取干细胞进行研究。克隆羊多利的问世,意味着人们可以通过体细胞克隆出人类胚胎,这将使获取干细胞更为容易。

2. 克隆人的伦理挑战

干细胞及克隆技术具有巨大的科学价值、社会效益和经济效益,给人类带来的益处早已为人们所公认,其研究和应用也不断传来令人鼓舞的消息。但是克隆技术就如同原子能技术一样,是一把既能造福人类,也可祸害无穷的“双刃剑”。

意大利男性不育症专家塞维里诺·安蒂诺里公布其克隆人的计划后,引起各国政府、科学界、宗教界及广大公众的强烈关注。支持者认为“克隆人”技术可使千千万万不孕症患者实现做父母的愿望;能使那些痛失骨肉的亲人重温天伦之乐;能为许许多多不治之症提供新的治疗方案。

但是,反对克隆人依然是各国政府和科学界的主流意见。克隆技术的不完善、遗传和发育上的缺陷、对家庭结构和社会伦理体系的冲击等因素成为反对克隆人的主要理由。

①无性繁殖是一种低级的生殖方式,一套不变的基因组易发生突变,不成熟的体细胞“重编程”也会发生程序差错和缺失,从而容易出现克隆生物个体的畸形、早衰、早产、流产和死胎等,这将给克隆人及其家庭带来极大的伤害。

②早期诊断技术尚不成熟,难以在胎儿早期鉴别出各种残疾。由于物种及生物个体的发育机制远未被人类认识,极少量动物克隆的成功并不意味着人们已掌握了克隆人技术。就目前人类所掌握的技术而言,克隆人的成功率是极低的。

③克隆人对人口遗传多样性会产生消极影响。大量生产克隆人有可能导致相同特性的人大量存在,他们极易患上相同的疾病,从而因一种疾病就可能毁了整个人群。一个人可以轻易地用病毒就把人类消灭。这种担心尚缺乏根据,除非大规模应用,不会对世界人口的

遗传多样性产生明显影响。

与技术上的不成熟相比，人们更担心的是克隆人给伦理道德等社会问题带来的巨大冲击。克隆人的社会地位不确定(父子关系？还是孪生兄弟?)违背自古以来的人类遵循的有性繁殖方式，婴儿像产品一样在实验室里被制造和处理，生命的权利和尊严被人为操纵，以及由此造成的家庭结构和社会伦理的混乱都是人类不得不面对的棘手问题。

对克隆人的伦理学忧虑可归结为如下几点。

①克隆人已具有人的社会属性，绝不能等同于商品而去考虑其经济价值。

②违背人的尊严，不利于保护人类遗传物质的安全。因为人是最高等生物，人类要制造出貌同自身而又列在人之外的可供人随意奴役的克隆人，显然丧失人的尊严。人类经过进化，已脱离动物界，组成人类社会。人类的遗传物质是全人类的共同遗产。人类有责任保护其安全，不容许任意修饰基因组。

③人性、人格和家庭观念将会受到的冲击，是对人的个性、不确定性和相互联系性的严重挑战。

④克隆人将被视为物件，可随意宰割利用。人类将会受到"人工克隆人工具化"的威胁。

⑤会给优生学(人种改良学)开方便之门，怂恿一些人去操纵另一些人，败坏人的重要社会价值。这在近代史上曾有过惨痛教训。

五、生态文明的内涵

生态文明是由生态和文明两个概念构成的复合概念。基于以上对生态和文明的概念的理解，生态文明也应从狭义和广义两个方面去理解。从狭义上讲，生态文明是指文明的一个方面，是人类文明不可或缺的组成部分。生态文明与物质文明、政治文明、精神文明共同构成文明系统的整体。四大文明互为条件,不可分割,协调统一发展,相互促进和制约。这样的文明体系才是完整而全面的体系。在四大文明系统中,生态文明是基础和根本,只有健康的生态文明,才有健康的物质文明、精神文明、政治文明。

基于以上对生态文明的阐释,生态文明的核心价值观可以概括为:生态文明即以人与自然的平等为道德原则的生态伦理观;是指人类遵循人、自然、社会和谐发展这一客观规律而取得的物质与精神成果的总和;是指以人与自然、人与人、人与社会和谐共生、良性循环、全面发展、持续繁荣为基本宗旨的文化伦理形态。生态文明要求我们在生存与发展上,必须实施可持续发展战略,强调经济、社会和环境的协调发展,其核心思想是经济发展应当建立在社会公正和环境生态可持续的前提下,既满足当代人的需要,又不对后代人满足其需要的能力构成危害。一句话,要从过去片面地单一地追求经济效益的发展观,转变为实现环境、经济、社会的协调发展。

(1)人与自然和谐发展的文化价值观

在文化价值观上,生态文明要求我们对自然的价值有明确的认识,树立符合自然生态原则的价值需求、价值规范和价值目标,使生态文化、生态意识成为大众文化意识,使生态道德成为普遍道德并具有广泛的社会影响力,使生态文明观念在全社会范围内得以牢固树立。

现代工业文明的哲学思想基础是“人是自然的主人”。人对自然进行无限的“控制”“征服”与索取,以满足自己不断增长的物质需求。生态文明的哲学基础是“人是自然中的一员”,人与自然应当和谐相处、协调发展。人属于且存在于自然界,因此对自然界有根本的依赖性。人的一切活动都要充分尊重自然规律。人类与大自然是一个相互作用、相互依存的有机整体。以损害大自然别的物种来满足人类无节制的需求,最终会打破整个生态系统的平衡,危及人类的生存。

生态文明要求人们不断深化对自己同自然界的同一性和整体性的认识，高度控制自己的行为，使之不超越大自然所允许的生态局限。人类只有尊重自然界的完整与健全，才能继续生存和进一步发展。整个生命系统的前途、命运都取决于人类与自然界的和解、与生态系统的协调相处。

(2) 可持续发展的社会发展观

在社会发展观方面，必须确立可持续发展观念，把对自然的合理开发和积极保护统一起来，不能离开对自然的开发、利用，单纯强调对自然的保护，使保护变成被动的适应，那样就无法满足人类生存和发展的需要，就会使社会进步缓慢乃至倒退。特别是对发展中国家而言，许多环境问题正是由于科技和经济不发达所造成的，只有积极致力于科技、经济和社会的发展，才有可能更好地解决环境问题。

人类必须慎重对待资源与环境问题，科学制定资源开发战略，把对自然造成的影响控制在自然可以承载的范围以内，使自然资源的消耗不超过其临界值；必须吸取某些国家在工业化过程中忽视环境保护的历史教训，使发展经济和保护环境相互协调，把促进当前的经济、社会发展和保证未来的持续发展统一起来，实行可持续发展的方针，实现“既满足当代人的需要，又不对后代人满足其需要的能力构成危害性的发展”，否定“重增长、轻发展”“高消耗、高污染”和“先污染、后治理”的发展观，确立人口、社会经济与环境、资源相协调的可持续发展观；必须彻底改变自然资源可以取之不尽、用之不竭和环境可以无限容纳污染的旧观念，摒弃长期以来国民经济增长不计资源消耗和环境成本的做法，摒弃把国内生产总值作为发展的唯一指标的做法，用社会、经济、文化、环境、生活等各个方面的指标来衡量社会的发展，从而把资源节约、环境治理、生态保护、人口数量的控制与素质的提高都包括在发展概念之中，以实现社会、经济、环境的可持续发展。

(3) 以“生态技术”为核心的现代发展观

在生产方式上，要转变高生产、高消费、高污染的工业化生产方式，坚持生态原则，讲究生态效益，运用生态技术和生态工艺，改造传统产业，形成生态化的产业体系，使人类生产劳动形成净化环境、节约和综合利用自然资源的新机制，把发展与生态环境紧密联系起来，在保护环境的前提下发展，在发展的基础上改善生态环境，选择一条既能保持经济增长，又能保持生态平衡、持续利用资源的发展模式，沿着与生物圈相互协调的方向进化。

以生态技术为基础实现社会物质生产的生态化，使生态产业在产业结构中居于主导地位，成为经济增长的主要源泉。科学技术是现代文明的基石，但是我们必须认识到作为自然的一部分，人类自身的能力也是有限的。随着近代自然科学的成功应用，科学主义的观念已牢固地根植于民众心中。人们普遍认为在自然面前，制服自然似乎没有科学解决不了的难题。正是科学技术的迅速发展赋予工业文明以控制自然、征服自然的能力，从而创造了巨大的物质财富。但科学技术是一把双刃剑，它同时存在正效应与负效应。当科学技术被人类有意或无意误用，就会产生危害性后果。这些危害性后果会加深现代工业文明带来的危机。

应大力强调发展绿色科技，即为建设生态文明服务的科技。生态文明的发展同样也依赖科学技术的进步，但它要求扩大其正效应，规避其负效应。这不仅要求限制人类对某些技术的应用，更重要的是树立以生态技术为核心的现代发展观。同时，由于人类当前面临的问题涉及人类和地球共同构成的极其巨大复杂的系统，因此所需要的科学技术已经不再是传统意义上的自然科学技术，它是与社会科学和社会技术（例如社会管理技术）密切结合、融为一体的科学技术。

生态技术是综合运用生态学原理和现代科学技术成果的一种新的技术形式，用它改造传统产业，就可以形成生态化的产业体系，如生态工业、生态农业、生态林业、生态牧业、生态渔业，等等。可以利用它对采矿业、交通和通信业、建筑业和第三产业进行生态设计，包括城市建设、乡村建设、资源开发、环境保护乃至科学文化建设和人民生活的生态设计，使人类的生产劳动具有净化环境、节约和综合利用自然资源的新机制，沿着与生物圈相互协调的方向进化。只有用生态科技体系武装起来的生产，才能使人与自然和谐相处，推动经济社会的可持续发展。

(4)以“绿色消费”为主旨的合理消费观

传统消费观的核心是无限追求物质需要，具有享乐至上性。人类的贪欲是无止境的。片面追求物质享受的后果必然就是对自然资源的开发永远赶不上人类的需求，最终必然造成对生态平衡的破坏。不能将物质消费视为生存的最终目的，而应该主动构建与政治、教育和文化有关的丰富多彩的精神需要，提高生活品位和生活质量。生态文明观认为，人类应改变过去那种高消费、高享受的消费观念与生活方式，提倡生态消费，即提倡一种既符合物质生产的发展水平，又符合生态生产的发展水平，既能满足人的消费需求，又不对生态环境造成危害的消费观念，突出人的精神、心理的需要。为此，要重视环境卫生，提倡勤俭节约，反对挥霍浪费，选择科学合理、文明健康的生活方式，以达到资源永续利用，以利于人类自身的健康发展与人类文明的不断进步。

生态文明要求人们改变传统消费模式，建立一种符合人的身心健康和全面发展要求，促进社会经济文化发展，追求人与自然和谐进步的消费观念、消费方式、消费结构和消费行为。树立尊重自然、保护生态系统、合理适度消费的“绿色消费”观，使人类消费既符合物质生产发展水平，又符合生态生产发展水平，既满足人类消费需求，又不对生态环境造成危害，促使人类的消费行为朝着有利于环境和资源保护、有利于生态平衡的方向演变。

六、生态文明评价体系和绿色国内生产总值

1. 国内生产总值与现行国民经济核算体系

国民经济核算体系(System of National Accounts,简称 SNA)是 20 世纪西方经济学最伟大的发明之一,经过几任诺贝尔经济学奖得主的不断努力完善,国民经济核算体系几乎囊括了人类历史上在这一领域最新知识的杰出研究成果,已被世界各国普遍采用,并作为一个国际标准而延续下去。

国民经济核算体系是国家或国际组织为统一国民经济核算而制定的核算标准和规范。它以一定的经济理论为基础,明确规定一系列核算概念、定义和核算原则,制定一套反映国民经济运行的指标体系、分类标准和核算方法以及相应的表现形式(平衡表、账户、矩阵等),形成一套逻辑一致和机构完整的核算标准和规范。这些标准和规范是保证国民经济核算的科学性、统一性和可比性所不可缺少的,同时也是正确理解和使用国民经济核算资料并进行国际比较所必需的。

国民经济核算体系是全面、系统地反映国民经济运行状况的数据体系。它是遵循一定的国民经济核算标准和规范对国民经济进行核算的结果,就是一整套国民经济核算资料。它通过一系列的经济总体数据和分部门数据,系统地反映从生产、分配到交换、使用的经济循环全过程,以及各部门在社会再生产中的地位、作用和相互联系,因而是国家宏观经济决策和调控的重要依据。

国内生产总值(Gross Domestic Product,简称 GDP)是国民经济核算体系中最为重要的总量指标,是指在一定时期内(一个季度或一年),一个国家或地区的经济中所生产出的全部最终产品和劳务的价值,常被公认为衡量国家经济状况的最佳指标。国内生产总值是用最终产品来计量的,即最终产品在该时期的最终出售价值。国内生产总

值必须按当期最终产品计算,中间产品不能计入,否则会造成重复计算。国内生产总值是一个市场价值的概念。各种最终产品的市场价值是在市场上达成交换的价值,都是用货币来衡量的,通过市场交换体现出来。一种产品的市场价值就是用这种最终产品的单价乘以其产量获得的。国内生产总值一般仅指市场活动导致的价值。那些非生产性活动以及地下交易、黑市交易等不计入国内生产总值中,如家务劳动、自给自足性生产、赌博和毒品的非法交易等。国内生产总值是计算期内生产的最终产品价值,因而是流量而不是存量。

国内生产总值不但可反映一个国家的经济表现,还可以反映一国的国力与财富。国内生产总值以市场化的产出来衡量经济增长和进步的程度,基本反映国家和地区总体经济增长水平和发展趋势,其增长指标被作为衡量一个国家或地区经济发展和政策效应的主要测度,作为各个国家宏观调控的首要目标,常被公认是衡量国家或地区经济状况的最为综合的指标,它反映了一个国家(或地区)的经济实力和市场规模,并用以进行国家(地区)间的横向比较,或一个国家(地区)不同时期的纵向比较。国民经济核算是关于一国经济活动状况的系统核算,通过引用统一的货币计量单位对一个时期的经济活动及其成果进行全面描述。

国民经济核算通过国内生产总值(GDP)指标概括国民经济全部活动的产出成果,从而为衡量一国经济状况提供一个最为综合的尺度。国内生产总值核算体系是在经济系统内的市场框架下衡量国民经济系统运行的国民经济核算体系,对经济的运行具有重要指导意义。

2. 综合环境经济核算体系

随着全球性的资源短缺、生态环境恶化,环境问题引起了极大的关注,可持续发展理念得到认同和贯彻,传统经济总量 GDP 作为宏观经济指示的功能受到广泛的质疑。国民经济核算经济过程把与环境资源的关系分开，只扣除了经济资产作为中间投入，而将自然资产对经济的贡献作为免费服务而忽视。环境因素对经济发展的贡献率没有得到体现，在经济增长过程中对资源消耗的成本、对环境所造成的损失等影响都没有体现出来。生产法和支出法流量核算与环境等自然因素毫不相干，自然环境和生态环境游离在经济过程之外，认为经济系统与自然系统完全分离不相关联，没有体现自然资源的稀缺对经济的可持续生产力产生的威胁。

经济活动在创造了满足人类需求的物质财富的过程中也带来了抵消国民财富的有害影响，并将生产过程中的残余物质排放到环境中，经过长时期的积累，超过了环境的自净能力和承载力时引起环境质量的降级，环境质量的下降直接影响着人类对所创造的物质财富的享受。现行的国内生产总值增长率没有考虑资源的质量下降和资源的枯竭等问题，造成国内生产总值的虚增，提供了经济发展的错误信息。通常认为：一个国家或地区的国内生产总值规模越大，对自然资源消耗就越大，其增长速度也就越快。资源的耗减和环境的破坏不但带来当前直接或间接的经济损失，还会给一个国家或地区带来生态危机，影响生态安全，严重威胁着人类的生存和可持续发展。以国内生产总值为主要指标的国民经济核算体系（SNA）只反映了经济增长的正效应，而掩盖了它的巨大负效应。环境污染造成的环境质量退化会对人类的健康和福利产生巨大的影响。

传统的国内生产总值指标没有全面反映国民经济福利，由于经济的快速发展是建立在资源消耗、环境污染、环境退化的基础上的，而且人们还将治理环境污染和恢复生态的各种投入计入了国内生产总值，造成现行的国内生产总值被高估，使人们只看到经济的繁荣，看不到繁荣背后的自然环境和资源被破坏的现实。国内生产总值只是社会经济发展的一个核心指标，没有给人类带来应有的幸福和快乐。人类的健康和福祉在不断地下降，表现为“挖坑经济”，将会给经济带来巨大的风险。

传统国内生产总值核算体系在客观上形成了以自然资源大量消耗和自然环境遭到巨大破坏为代价的局面，不能衡量社会分配和社会公正，使巨大的自然资源消耗成本和环境降级成本被忽略，不能反映经济增长的效率、效益和质量，不能反映经济增长方式和为此付出的代价，忽视了经济领域以外的资源与环境、人口因素，导致为了单纯追求国内生产总值的增长而为自然资源损失与环境状况恶化付出沉重的代价，最终导致经济不可持续发展，加剧全球性生态灾难，使得人类居住环境日益恶化，严重威胁人类的生存与发展。

现行的国民经济核算体系既没有反映自然资源对经济发展的贡献，也没有反映人类经济活动造成的自然资源耗减、环境的破坏给经济造成的损失，高估了经济成就，提供虚假性的经济发展信息。

通过对环境和经济进行的更深层次的研究，人们认识到经济与环境是不可分割的，经济与环境的和谐是实现经济可持续发展的基础，环境经济核算应以国民经济核算体系的附属账户的形式出现，并与国民经济的核心账户相联系。

从20世纪70年代开始，国际上开始了综合环境经济核算(SEEA)，经过SEEA. 1993、SEEA. 2003到SEEA. 2012的不断完善，制定了国际统一的环境经济核算标准，提出了建立试验性生态系统账户。但对生态系统账户核算仅局限于对物质流量的评估，没有考虑经济活动中对生态系统损害的描述。

1994年，联合国统计署发布了《综合环境经济核算体系(SEEA. 1993)》，为建立绿色国民经济核算总量、自然资源账户和污染账户提供了一个共同框架，并建议建立一个环境的卫星账户，提出了绿色国内生产总值的计算方法，即现行的GDP减去固定资产折旧，再减去自然资源的损耗和环境退化损失，对环境资产进行全面核算，形成了可持续发展的概念和环境核算理念。

综合环境经济核算对综合环境经济核算体系进行了全面阐述，详细说明了将资源耗减、环境保护和环境退化等问题纳入国民核算体系的概念、方法、分类和基本准则，构建了环境经济核算的基本框架，力求以环境调整国民财富、国内生产总值等宏观经济指标。

在综合环境经济核算中，自然资源流量主要指能源资源、生物资源、水资源、土壤资源、矿产资源等可再生资源和非可再生资源的流量，是人类经济活动的基础，如为经济活动提供原材料等，从环境领域流向经济领域；残余物流量是经济活动中将环境作为生产残余物的最终受纳体，吸纳固体残余物、废水、废气，体现环境“汇”的作用，从经济流向环境。

这一账户核算最大限度地将经济活动中各种自然资源消耗、生态投入和残余物实物流量等基础环境数据，运用实物单位建立不同层次的实物量账户，并将之纳入国民核算体系既有的框架中，形成环境经济间流量的混合核算表，描述与经济活动对应的各类资源消耗量，各类污染物生产量、治理量、排放量，生态破坏量，确认经济活动过程对环境的依赖程度以及环境对其反馈的敏感程度，通过经济对环境变化影响的贡献率，表征可持续发展的潜力，为制定环境政策提供基础判断。

3. 绿色国内生产总值

绿色国内生产总值（英文缩写为 GeGDP，又称为绿色 GDP），是一个将经济增长和环境因素综合起来的指数。

绿色国内生产总值是指一个国家或地区在考虑了自然资源（主要包括土地、森林、矿产、水和海洋）与环境因素（包括生态环境、自然环境、人文环境等）影响之后经济活动的最终成果，即将经济活动中所付出的资源耗减成本和环境降级成本从国内生产总值中扣除。改革现行的国民经济核算体系，对环境资源进行核算，从现行国内生产总值中扣除环境资源成本和对环境资源的保护服务费用，其计算结果可称为“绿色国内生产总值”。绿色国内生产总值这个指标,实质上代表了国民经济增长的净正效应。绿色国内生产总值占国内生产总值的比重越高,表明国民经济增长的正面效应越高,负面效应越低,反之亦然。

按可持续发展的概念,可持续收入或绿色国内生产总值可在传统国内生产总值的基础上,通过以下的环境调整得到。

①当年环境退化货币价值的估计,即环境资本折旧。由于这种折旧通常可划分为两部分:其一为传统国内生产总值中已部分计入的环境损害,如由于空气污染造成的农作物产量下降等;另一部分则为完全没有计入传统国内生产总值中的环境损害,如野生生物物种的消失以及自然景观的破坏等,因此,这一项目的调整主要指传统国内生产总值中未计入的环境退化部分。

②环境损害预防费用支出(预防支出),如为预防风沙侵害而投资建立防护林带等。

③资源环境恢复费用支出(恢复支出),如净化湖泊与河流、土地复耕等。

④由于非优化利用资源而引起超额计算的部分。

因此计算可持续收入(绿色国内生产总值)的公式为:

可持续收入(绿色国内生产总值)=传统国内生产总值-(生产过程资源耗竭全部+生产过程环境污染全部+资源恢复过程资源耗竭全部+资源恢复过程环境污染全部+污染治理过程资源耗竭全部+污染治理过程环境污染全部+最终使用资源耗竭全部+最终使用环境污染全部)+(资源恢复部门新创造价值全部+环境保护部门新创造价值全部)

因此扣除国内生产总值中不属于真正财富积累的虚假及不合理部分,便构成了真实国内生产总值,也就是我们所说的绿色国内生产总值。

绿色国内生产总值的值小于国内生产总值的值，即绿色国内生产总值的值等于在现行国内生产总值核算值的基础上，再减去以下两项数值：一项是“资源耗减成本”（这里讲的资源主要指土地、森林、矿产和水），另一项是称“环境降级成本”（是指因环境破坏引起环境等级下降而应计入的成本）。

我国十八大报告把生态文明建设提高到“五位一体”的总体布局的战略高度，明确指出了要把资源消耗、环境损害、生态效益纳入经济社会发展评价体系，建立体现生态文明要求的目标体系。

但是值得我们深思的是，2004年我国曾推出了雄心勃勃的中国绿色国内生产总值核算计划，但是很多省市在把自然资源的消耗和环境的透支计入绿色国内生产总值核算体系后，其国内生产总值增长由2位数大幅度减少，甚至为零。中国的绿色国内生产总值核算体系不得不下马。由此可见，中国的国内生产总值增长还停留在以自然资源的消耗和环境的透支为代价的粗放式增长阶段，经济增长的质量不高。

七、生态城市

1. 生态城市的概念和内涵

生态城市也称生态城（Eco-City），是一种趋向尽可能降低对能源、水或是食物等必需品的需求量，也尽可能降低废热、二氧化碳、甲烷与废水的排放的城市。生态城市这一概念是在20世纪70年代联合国教科文组织发起的人与生物圈（MAB）计划研究过程中提出的。

从广义上讲，生态城市是建立在人类对人与自然关系更深刻认识的基础上的新的文化观，是按照生态学原则建立起来的社会、经济、自然协调发展的新型社会关系，是有效地利用环境资源实现可持续发展的新的生产和生活方式，是以反对环境污染、追求环境优美为起点，实现经济、社会、环境、文化和谐统一且良性循环的城市，是自然、城市与人有机融合、整体互惠的共生结构。

1987 年,苏联城市生态专家扬尼斯基认为生态城市是一种理想模式。他提出理想的城市应该是:自然、技术、人文充分融合,物质、能量、信息高效利用,人的创造力和生产力得到最大限度发挥,居民的身心健康和环境质量得到保护,生态、高效、和谐的人类居住环境。

黄光宇教授认为,生态城市是根据生态学原理综合研究城市生态系统中人与住所的关系,并应用科学与技术手段协调现代城市经济系统与生物的关系,保护与合理利用一切自然资源与能源,提高人类对城市生态系统的自我调节、修复、维持和发展的能力,使人、自然、环境融为一体。生态城市不仅涉及城市的生态环境系统,也涉及城市的经济和社会,是一个以人的行为为主导、以自然环境系统为依托、以资源和能源流动为命脉、以社会体制为经络的社会—经济—自然的复合系统,是社会、经济和环境的统一体。

2. 生态城市的创建标准

生态城市的创建标准,要从社会生态、自然生态、经济生态三个方面来确定。社会生态原则是以人为本,满足人的各种物质和精神方面的需求,创造自由、平等、公正、稳定的社会环境;经济生态原则是指保护和合理利用一切自然资源和能源,提高资源的再生和利用,实现资源的高效利用,采用可持续生产、消费、交通、居住区发展模式;自然生态原则给自然生态以优先考虑,最大限度地对其进行保护,使开发建设活动一方面保持在自然环境的承载能力内,另一方面,减少对自然环境的消极影响,增强其健康性。

生态城市应满足以下 8 项标准:

①广泛应用生态学原理规划建设城市,城市结构合理、功能协调;

②保护并高效利用一切自然资源与能源,产业结构合理,实现清洁生产;

③采用可持续的消费发展模式,物质、能量循环利用率高;

④有完善的社会设施和基础设施,生活质量高;

⑤人工环境与自然环境有机结合,环境质量高;

⑥保护和继承文化遗产,尊重居民的各种文化和生活特性;

⑦居民身心健康,有自觉的生态意识和环境道德观念;

⑧建立完善的、动态的生态调控管理与决策系统。

3. 生态城市的建设内容

(1)城市生态

城市生态系统的生存与发展取决于其生命保障系统的活力,包括区域生态基础设施(光、热、水、气候、土壤、生物等)的承载力、生态服务功能的强弱、物质代谢链的闭合与滞竭程度,以及景观生态的时、空、量等的整合性。

1)水资源利用

市区:开发各种节水技术,节约用水;雨、污水分流,建设储蓄雨水的设施,路面采用不含锌的材料,下水道口采取隔油措施等,并通过湿地等进行自然净化。

郊区:保护农田灌溉水;控制农业面源污染、禽畜牧场污染,在饮用水源地退耕还林;集中居民用地以更有效地建设、利用水处理设施。

2)能源

节约能源,建筑物充分利用阳光,开发密封性能好的材料,使用节能电器等;开发永续能源和再生能源,充分利用太阳能、风能、水能、生物制气。能源利用的最终方式是电和氢气,使污染达到最小。

3)交通

发展电车和氢气车,使用电力或清洁燃料;市中心和居民区限制燃油汽车通行;保留特种车辆的紧急通道;通过集中城市化、提高货运费用、发展耐用物品来减少交通需求;提高交通用地的利用效率;发展船运和铁路运输等。

4)绿地系统

打破城郊界限,扩大城市生态系统的范围,努力增加绿化量,提高城市绿地率、覆盖率和人均绿地面积,调控好公共绿地均匀度,充分考虑绿地系统规划对城市生态环境和绿地游憩的影响;通过合理布局绿地以减少汽车尾气、烟尘等环境污染;考虑生物多样性的保护,为生物栖境和迁移通道预留空间。

(2)人居环境

城市的表现形式是社区的格局、形态,人作为复合生态系统的主体,其日常活动对城市生态系统的好坏起着重要作用。因此生态城市规划强调社区建设,创造和谐优美的人居环境。

1)生态建筑

开发各种节水、节能生态建筑技术,建筑设计中开发利用太阳能,采用自然通风,使用无污染材料,增加居住环境的健康性和舒适性;减少建筑对自然环境的不利影响,广泛利用屋顶、墙面、广场等立体植被,增加城市氧气产生量;区内广场、道路采用生态化的“绿色道路”,如用带孔隙的地砖铺地,孔隙内种植绿草,增加地面透水性,降低地表径流。

2)生态景观

强调历史文化的延续,突出多样性的人文景观;充分发掘利用当地的自然、文化潜力(生物的和非生物的因素),以满足居民的生活需要;建设健康和多样化的人类生活环境。

(3)生态产业

生态产业是按生态经济原理和知识经济规律组织起来的基于生态系统承载能力,具有高效的经济过程及和谐的生态功能的网络型、进化型产业。它通过2个或2个以上的生产体系之间的系统耦合,使物质、能量能多级利用、高效产出,资源、环境能系统开发、持续利用。

生态产业注重改变生产工艺,合理选择生产模式。循环生产模式能使在生产过程中向环境排放的物质减少到最低程度,实现资源、能源的综合利用。

生态产业规划通过生态产业将区域国土规划、城乡建设规划、生态环境规划和社会经济规划融为一体，促进城乡结合、工农结合、环境保护和经济建设结合，为企业提供对具体产品和工艺的生态评价、生态设计、生态工程与生态管理的方法。

(4)环境教育

城市活动的最终主体是人。强调人人参与，普及对各层次、各行业市民的环境教育是创建生态城市的重要保障，也是生态城市规划的一个重要方面。典型做法是：

①为市场运作创造条件，通过与经济利益相结合，将环保事业推向市场；

②创造合作的机会，如学校、机关和社区等，扩大社会影响；

③深入宣传生态思想，将生态、思想转化为每个人日常生活中的切实行动；

④通过政策、法令强制执行。

4. 我国北方缺水城市的生态城建设：以中新生态城为例

水是制约现代城市发展的重要因素，因而生态城市建设首先要确立节约利用有限的水资源策略。它的总体目标是：以节水为核心，实现水资源的优化配置和循环利用，构建安全、高效、人水和谐的健康水系统。通过各种节水措施，降低生态城人均水耗，在不降低居民生活舒适度的前提下，尽可能减少生态城对外部新鲜水资源的依赖。

天津作为我国北方重要的贸易港口、经济中心，年平均降雨量约为575毫米，人均水资源占有量为370立方米（人均本地水资源占有量加上入境和引滦入津外调水量），属于重度缺水地区，是典型的资源型缺水城市。中新生态城就坐落在这里。

中新生态城是由中国政府和新加坡政府共同合作的、为应对全球气候变化，探索建设资源节约、环境友好、经济蓬勃、社会和谐的战略合作项目，选址于天津滨海新区，塘沽区以北、汉沽区以南，规划面积

30平方千米，其中汉沽区约占20平方千米，塘沽区约占10平方千米，位于天津市京津冀发展主轴和环渤海产业带的交会处，毗邻滨海新区八大功能区之一的“海滨休闲旅游区”，东至汉北路规划的中央大道，西至蓟运河，南至永定新河入海口，北至规划的津汉快速路，距天津中心城区45千米，距唐山50千米，距北京150千米，交通便捷，地理位置优越。

在中新生态城的选址范围内，三分之一为盐田，三分之一为水面，三分之一为荒滩，土壤盐渍化程度高，而且水质存在一定的污染问题，属于水质型缺水地区，年降雨量远远低于蒸发量。这一现实情况给中新生态城的规划建设带来了不小的困难。按照生态城指标体系要求，生态城内人均生活用水量要控制在120 L/d以内。这一指标要求中新生态城在借鉴国内外先进的节水经验的基础上，努力探索生态城适用的节水管理措施。如何解决好生态城的水资源高效利用和循环使用已成为生态城建设和发展迫切需要解决的问题。

中新生态城可用的水资源主要有引滦入津的河水、外调地下水、南水北调用水、海水淡化水、再生水以及雨水等。

中新生态城的地理环境和水资源现状要求其必须贯彻节约用水的意识，多渠道开发利用再生水和淡化海水等非常规水资源，减少对传统水资源的需求量。根据总体规划，生态城将以节水为核心，注重水资源的优化配置和循环利用，建立广泛的雨水收集和污水回用系统，实施污水集中处理和污水资源化利用工程，利用区位优势，大力发展海水淡化工艺，降低工艺成本，推广使用范围，从而降低人们对传统水源的依赖程度，提高非传统水源的使用比例。

具体措施有以下几种。

(1)污水的处理以及再生

城市污水具有含污染物少、就地可得、水量稳定、易收集等多项优点，还具有投资规模相对较小、周期短、不受气候影响等优点，所以目前世界各国都将污水再生利用作为解决水资源短缺问题的首选方案。

但污水处理要求必须有相应的达到一定标准的配套设备,出水水质必须达到相应的使用标准,如再生水用于建筑用水与市政浇洒部分,必须达到《城市污水再生利用城市杂用水水质》的要求,并进行脱盐处理。

(2)海水淡化处理

中新生态城位于天津滨海新区,地处渤海湾,拥有丰富的海水资源,海水资源的利用有着广阔的前景。此外,海水淡化也是未来海水利用的发展趋势,海水既可直接为工农业生产所利用,也可作为城市生活用水,如游泳、冲厕、马路洒水等,可以在一定程度上缓解淡水资源短缺问题,已成为许多国家和地区可持续发展的必然选择。

但海水淡化存在的一大技术难题就是能耗过大,需要的资金投入相对于其他水处理方法过大,所以对于海水淡化,降低能耗是关键。经过几十年的不懈努力,天津已掌握多种海水淡化技术,且均处于国内领先水平。随着技术的提高和发展,海水淡化的能耗指标降低了90%左右,成本随之大大降低。如果进一步开发利用,如将淡化后的浓盐水用来浓缩制盐或提取其他的化学物质,则海水淡化的成本还将进一步降低,逐步达到人们可以接受的水平,从而得到大面积的推广。

(3)雨水的利用

天津海拔不高,大部分地区地势低平,暴雨后在低洼地区易出现积水,雨水不易宣泄,加之天津境内河流纵横,有多条河系通过海河入海,导致海河上游在降水丰沛的季节易出现洪涝灾害。所以,对雨水资源的储存利用不仅能缓解水资源短缺的问题,而且在一定程度上能避免洪涝灾害带来的财产损失和人员伤亡,可谓一举两得。

中新生态城在规划的时候,根据生态环境用水和建筑物分布的特点,因地制宜地建造雨水蓄积工程,以达到储存雨水、提高雨水利用效率的目的。

生态城市的雨水利用主要有以下几种方式。

1)道路、土壤蓄水

城市道路路面等宽阔的地区是良好的雨水收集面。雨后自然形成径流,一部分通过铺设的空心或透水材料渗入土壤,补给地下水资源,另一部分形成地表径流,只要修建一些简单的雨水收集和贮存工程,就可以把雨水资源化,用于城市清洁、绿地灌溉、维持城市景观等,使得雨水不再是“留不住”的资源。

2)城市绿化的雨水蓄积

在规划绿地设计和建设初期,应根据周边降水特点,确定绿地的高低、凹度、坡度等及蓄水池的位置,以达到充分收集和储存雨水的目的,而且有利于雨水的就地使用。如建立下凹式绿地,在晴朗无雨的日子,绿地可作为绿化的一部分,供人们休息游玩;当雨量较大时,它又可作为储存雨水的蓄水池,以便自身的雨水不外排,同时促进周围地面的地表径流下渗。不仅如此,储存的雨水还可以就地用来浇灌草地、园林等周围绿化设施,降低了处理和运输水源的成本,达到经济效益和环境效益双丰收的目的。

3)雨污分流

目前,在很多城市和地区普遍存在着雨水管道和污水管道乱接的情况,导致排污管道在源源不断的污水的补给下变得又脏又臭,使得原本较为清洁、水质较好的雨水也被污染,白白地浪费和流失。天津也存在这种情况。为了更好地利用雨水资源,应采取相应的措施,如建立双层排水管道、污水排放用污水管、雨水排放用雨水管,实现雨污分流。分流后的雨水经排水管道可直接集中排入人工湖、蓄水池等,以更好地利用,改善周边的生态环境。

(4)节约用水

不仅要通过增大来源、增加储水能力等来缓解水资源短缺的问题,还要通过提高节约用水的意识、建立节水设施等方法降低水资源的损失量,从而达到开源节流的目的。

1)建筑节水,节水管网

在水压的合理控制中,二次供水应充分利用市政给水管网压力供水,需要采取减压措施时,可安装节水器具、设置减压阀、减压孔板或节流塞等。

2)推广使用节水型器具

鼓励采用符合国家标准、质量可靠的节水型器具,如节水型水龙头,节水型便器系统等,从生活的点滴小事做起,达到节约用水的目的。

3)绿化节水

选择不需要大量的水资源灌溉的适宜盐碱地生长的植物或旱生植物,将树木、乔木、灌木等各种植物合理配置,综合养护。此外,养护系统应确定相应的节水灌溉方式及其达到的节水水平。根据植物各季节需水量情况及风速设计灌溉系统,实现对流速和流量等的远程控制,保证土壤的蓄水能力和排水能力,避免出现洪涝灾害而导致客土盐渍化。

4)加强宣传

加强对居民及企业关于节约用水的宣传力度,鼓励居民对生活用水进行一水多用。对非居民用水应加强用水设备、设施的运行管理和维护,保证已投入节水设施正常运行。

此外还要建立完善的节水管理监督制度,如对非居民用水户应建立内部用水考核制度、计量巡查制度、节奖超罚制度等;而对居民用水户,鼓励其采用智能计量方式,按户进行测量。

5. 生态城市案例1:火炉城市的生态廊道

武汉地处北亚热带季风区,夏热冬冷、湿度大,整体舒适度较差,是著名的火炉城市。近年来,随着大规模开发建设,城市通风环境恶化,空气污染和热岛效应加剧。尤其是近年来持续出现的雾霾天气,更为该城市敲响了警钟。因此,维系通畅的城市通风廊道,促进城市内外空气循环,对建设生态宜居武汉就显得尤为必要。

《武汉城市总体规划(2010—2020年)》(以下简称《总体规划》)《武汉市都市发展区"1+6"空间发展战略实施规划》中提出"打造6片放射状生态绿楔,建立联系城市内外的生态廊道和城市风道"。武汉市将控制并保护大东湖、武湖、府河、后官湖、青菱湖、汤逊湖等6大放射形生态走廊,并沿着生态走廊规划出6个城市风道,深入城区核心,改善城市热岛效应。6条风道、32条生态廊道将改善城市热岛效应。为进一步落实《总体规划》的相关要求,保持主城内外开敞的通风廊道,研究在规划管理中如何有效控制城市风道,2012年,武汉市国土规划局通过公开征集的方式,邀请香港中文大学、武汉大学和市信息中心组成了联合团队,开展《武汉市城市风道规划管理研究》(简称《规划》)的编制工作。

《规划》提出,武汉市的生态格局为"两环两轴"。"两轴"是以长江、汉水及蛇山、洪山、九峰等东西向山系为十字形成山水生态轴。"两环"是以三环线防护绿地为纽带,串联严西湖、汤逊湖、后官湖、金银湖等,形成主城外围生态保护圈;以外环线防护绿地为纽带,加强对木兰山、沉湖、梁子湖、涨渡湖、武湖、青龙山等森林、水体和湿地的保护,构成外环线生态保护圈。

为保证6个大型生态走廊之间的联系,规划了32条生态廊道,其宽度为500~1 000米,占地30.3平方千米,布置各种绿化景观。

2013年6月7日,武汉市国土规划局组织召开专家研讨会,邀请市环保科学院、新港管委会等相关单位和部门专家,对项目初步成果进行审议。该研究在充分借鉴香港、德国、日本等国内外风道建设相关研究理论与实践经验的基础上,综合运用观测模拟、卫星遥感数据反演、气象条件数字模拟、计算机风场模拟(CFD)、GIS空间分析等技术方法,分析武汉市风环境现状和潜在风道情况,明确武汉市风道的空间结构和总体布局，并提出对其空间的控制指引和管控措施。

6. 生态城市案例 2：伦敦世纪圆顶的雨水收集系统

雨水无疑是弥足珍贵的“第二水源”，但现实情况却是，我国大多数城市的雨水资源不但没能得到有效利用，反而成了一个令人头疼的难题——城市内涝。应该说，城市有些雨水积存是正常的，但我们对雨水的态度，却首先是让其尽快排走，而不是想法将其留住。

近年来，随着市区道路拓宽，土地硬化面积增大，雨水很难直接渗入地下补充地下水，而是形成径流流走，若排水设施及措施不够完善，将对城市防洪排水形成巨大压力。

如果能在城市各小区内建起雨水收集、利用系统，实现“小雨不出小区，大雨减少排放”，将极大减轻市政排水管网的压力，减少城市内涝的概率。而目前，我国大多数城市几乎所有小区的雨水都会排放到市政管网中。

雨水收集利用的模范是伦敦市。伦敦圆顶示范工程是英国 2000 年的展示建筑。在该建筑内每天可回收 500 立方米用水冲洗该建筑内的厕所，其中 100 立方米为从屋顶收集的雨水，使其成为欧洲最大的建筑物内的水循环设施。从面积达 10 万平方米的圆顶盖上收集的雨水，经过 24 个专门设置的汇水斗进入地表水排放管中。初降的雨水含有从圆顶冲刷下来的污染物，通过排水管直接进入泰晤士河。

收集的雨水在芦苇床中进行处理，因雨水水质较好，在抽送至第一级芦苇床之前只需要预过滤，其处理过程包括两个芦苇床（每个面积 250 平方米）和一个池塘（容积为 3 000 平方米）。芦苇床选用了具有高度耐盐性能的芦苇，并且很容易纳入圆顶的设计，形成了良好的生态景观。

7. 生态城市案例 3：日本公共建筑雨水下渗设施

日本于 1963 年开始兴建滞洪和储蓄雨水的蓄洪池，还将蓄洪池的雨水用作喷洒路面、灌溉绿地等城市杂用水。这些设施大多建在地下,以充分利用地下空间。而建在地上的也尽可能满足多种用途,如在调洪池内修建运动场,雨季用来蓄洪,平时用作运动场。近年来,各种雨水入渗设施在日本迅速发展,包括渗井、渗沟、渗池等,这些设施占地面积小,可因地制宜地修建在楼前屋后。日本于1992年颁布了“第二代城市下水总体规划”,正式将雨水渗沟、渗塘及透水地面作为城市总体规划的组成部分,要求新建和改建的大型公共建筑群必须设置雨水就地下渗设施。

东京后乐园圆顶游乐场在建设中得到国家雨水储存融资的支持,在建筑物下面修建了一个体积1 000立方米的地下集雨库。据说此项工程由于不需要把游乐场的雨水集中地排回河道,所以比神田川大规模改建工程的造价低。

墨田区政府办公楼所使用的集雨设施也是地下集雨库,体积也是1 000立方米,平常它最多只蓄水500立方米,另一半的空间留下来作集雨、防洪之用。总之,集雨设施可以同时兼备两项功能:一是有效地利用水资源,二是减轻城市洪水压力。日本空调和卫生工程学会曾就雨水利用的动机问题作过调查,结果许多受访者都认为,减轻城市洪水压力是他们考虑雨水利用的主要因素。

日本的街道地砖都有渗水功能,让雨水回归地下,成为地下水的一部分。在日本的城市遇到中雨,行走在路上基本上看不到积水。

附录一

欧洲和北美洲的世界遗产大国

下面对欧洲和北美洲世界遗产大国的世界遗产进行摘录。

在这个列表中,“文”代表文化遗产,“自”代表自然遗产,“自文”代表“自然”和“文化”双重遗产。

国家依联合国教科文组织官方的世界遗产列表顺序排列,基本上按照国家英文/法文名称的首字母排列。

奥地利(9项)

9项文化遗产,其中1项与匈牙利共有,1项与瑞士、法国、德国、意大利、斯洛文尼亚共有。

- 萨尔茨堡城历史中心(文,1996年)
- 美泉宫和花园(文,1996年)
- 哈尔施塔特-达赫施泰因/萨尔茨卡默古特文化景观(文,1997年)
- 塞默灵铁路(文,1998年)
- 格拉茨城——历史中心和埃根博格城堡(文,1999年,2010年)
- 瓦豪文化景观(文,2000年)
- 维也纳历史中心(文,2001年)
- 费尔特湖/新锡德尔湖文化景观(文,2001年,与匈牙利共有)
- 阿尔卑斯地区史前湖岸木桩建筑(文,2011年,与瑞士、法国、德国、意大利、斯洛文尼亚共有)

比利时(11 项)

11 项文化遗产,其中 1 项与法国共有。

- 弗兰德的贝居安会院(文,1998 年)
- 拉卢维耶尔和勒罗尔克斯的中央运河上的四座船舶升降机及其周边设施(埃诺)(文,1998 年)
- 布鲁塞尔大广场(文,1998 年)
- 比利时和法国的钟楼(文,1999 年,2005 年):比利时弗兰德地区和瓦隆地区的钟楼(共 30 处,1999 年),法国北部的钟楼(共 23 处)、比利时让布卢的钟楼(2005 年,与法国共有)
- 建筑师维克多·奥塔的主要城市建筑(布鲁塞尔):塔塞尔公馆(Hôtel Tassel),索尔维公馆(Hôtel Solvay),范·艾特菲尔德公馆(Hôtel van Eetvelde),奥塔住宅与工作室(Maison & Atelier Horta)(文,2000 年)
- 斯皮耶纳的新石器时代燧石矿(蒙斯)(文,2000 年)
- 图尔奈的圣母主教座堂(文,2000 年)
- 布鲁日历史中心(文,2000 年)
- 普朗坦-莫雷图斯住宅、工坊、博物馆综合体(文,2005 年)
- 斯托克雷特宫(文,2009 年)
- 瓦隆主要矿业遗址(文,2012 年)

保加利亚(9 项)

7 项文化遗产,2 项自然遗产。

- 博亚纳教堂(文,1979 年)
- 马达拉骑士浮雕(文,1979 年)
- 卡赞勒克的色雷斯人墓(文,1979 年)
- 伊万诺沃的岩洞教堂群(文,1979 年)

- 里拉修道院(文,1983 年)
- 内塞伯尔古城(文,1983 年)
- 斯雷伯尔纳自然保护区(自,1983 年)
- 皮林国家公园(自,1983 年,2010 年)
- 斯韦什塔里的色雷斯人墓(文,1985 年)

加拿大(17 项)

7 项文化遗产,10 项自然遗产,其中 2 项与美国共有。

- 兰塞奥兹牧草地(文,1978 年)
- 纳汉尼国家公园(自,1978 年)
- 省立恐龙公园(自,1979 年)
- 克卢恩/弗兰格尔 - 圣伊莱亚斯/冰川湾/塔琴希尼 - 阿尔塞克(自,1979 年,1992 年,1994 年,与美国共有)
- 碎头野牛跳崖(文,1981 年)
- 斯冈瓜伊(文,1981 年)
- 伍德布法罗国家公园(自,1983 年)
- 加拿大落基山公园群(自,1984 年,1990 年)
- 魁北克历史城区(文,1985 年)
- 格罗斯莫纳国家公园(自,1987 年)
- 卢嫩堡老镇(文,1995 年)
- 沃特顿 - 冰川国际和平公园(自,1995 年,与美国共有)
- 米加沙国家公园(自,1999 年)
- 丽多运河(文,2007 年)
- 乔金斯化石崖壁(自,2008 年)
- 大磨坊(自,2012 年)
- 红湾巴斯克捕鲸站(文,2013 年)

捷克(12 项)

12 项文化遗产。

- 布拉格历史中心(文,1992 年)
- 捷克克鲁姆洛夫历史中心(文,1992 年)
- 泰尔奇历史中心(文,1992 年)
- 泽列纳霍拉的内波穆克圣约翰朝圣教堂(文,1994 年)
- 库特纳霍拉:带圣白芭蕾教堂和塞德莱茨的圣母主教座堂的历史城镇中心(文,1995 年)
- 莱德尼采 - 瓦尔季采文化景观(文,1996 年)
- 克罗梅日什的花园和城堡(文,1998 年)
- 霍拉索维采历史村落保护区(文,1998 年)
- 利托米什尔城堡(文,1999 年)
- 奥洛穆茨圣三柱(文,2000 年)
- 布尔诺的图根哈特别墅(文,2001 年)
- 特热比奇的犹太区和圣普罗可比圣殿(文,2003 年)

法国(39 项)

35 项文化遗产,3 项自然遗产,1 项双重遗产,其中 1 项与西班牙共有,1 项与比利时共有,1 项与瑞士、奥地利、德国、意大利、斯洛文尼亚共有。

- 圣米歇尔山及其海湾(文,1979 年)
- 沙特尔主教座堂(文,1979 年)
- 凡尔赛的宫殿和园林(文,1979 年)
- 韦兹莱,教堂和山丘(文,1979 年)
- 韦泽尔谷的史前地点和装饰洞群(文,1979 年)
- 枫丹白露的宫殿和园林(文,1981 年)

- 亚眠主教座堂(文,1981 年)
- 奥朗日的古罗马剧场及其周边建筑和凯旋门(文,1981 年)
- 阿尔勒的古罗马和罗马式古迹(文,1981 年)
- 丰特莱的熙笃会隐修院(文,1981 年)
- 从萨兰－莱班的大盐场到阿尔克－塞南的王家盐场,敞锅盐的制造(文,1982 年)
- 南锡的斯坦尼斯拉斯广场、卡里埃尔广场和阿利扬斯广场(文,1983 年)
- 圣塞文－梭尔－加尔坦佩教堂(文,1983 年)
- 波尔托湾:皮亚纳的窄峡湾、吉罗拉塔湾、斯康多拉保护区(自,1983 年)
- 加尔桥(古罗马输水道)(文,1985 年)
- 斯特拉斯堡的大岛(文,1988 年)
- 塞纳河沿岸(巴黎)(文,1991 年)
- 兰斯的圣母主教座堂、原圣勒弥爵隐修院和塔乌宫(文,1991 年)
- 布尔日主教座堂(文,1992 年)
- 阿维尼翁历史中心:教宗宫、主教建筑集合体和阿维尼翁桥(文,1995 年)
- 米迪运河(文,1996 年)
- 卡尔卡松历史设防城(文,1997 年)
- 比利牛斯－珀杜山(自 文,1997 年,1999 年,与西班牙共有)
- 法国的圣地亚哥－德孔波斯特拉之路(文,1998 年)
- 里昂的历史地点(文,1998 年)
- 圣艾米伦辖区(文,1999 年)
- 比利时和法国的钟楼(文,1999 年,2005 年):比利时佛兰德地区和瓦隆地区的钟楼(共 30 处,1999 年),法国北部的钟楼(共

23 处),比利时让布卢的钟楼(2005 年,与比利时共有)
- 曼恩河到叙利间的卢瓦尔河流域(文,2000 年)
- 普罗万,中世纪集镇(文,2001 年)
- 奥古斯特·佩雷重建的勒阿弗尔城(文,2005 年)
- 波尔多,月亮港(文,2007 年)
- 沃邦防御工事(文,2008 年)
- 新喀里多尼亚潟湖:珊瑚礁多样性和相关生态系统(自,2008 年)
- 阿尔比主教城(文,2010 年)
- 留尼汪的皮通斯、环谷和环壁(自,2010 年)
- 阿尔卑斯地区史前湖岸木桩建筑(文,2011 年,与瑞士、奥地利、德国、意大利、斯洛文尼亚共有)
- 喀斯和塞文——地中海农牧文化景观(文,2011 年)
- 北部－加莱海峡的采矿盆地(文,2012 年)
- 阿尔代什省的肖维－蓬达尔克洞穴(文,2014 年)

德国(39 项)

36 项文化遗产,3 项自然遗产,其中 1 项与英国共有,1 项与波兰共有,1 项与荷兰共有,1 项与乌克兰、斯洛伐克共有,1 项与瑞士、奥地利、法国、意大利、斯洛文尼亚共有 。

- 亚琛主教座堂(文,1978 年)
- 施派尔主教座堂(文,1981 年)
- 维尔茨堡官邸,带庭院花园和官邸广场(文,1981 年)
- 维斯朝圣教堂(文,1983 年)
- 布吕赫尔的奥古斯都堡与猎趣园(文,1984 年)
- 希尔德斯海姆的圣玛利亚主教座堂和圣米迦尔教堂(文,1985 年)

- 特里尔的古罗马古迹、圣伯多禄主教座堂和圣母教堂(文,1986年)
- 汉萨同盟城市吕贝克(文,1987年)
- 罗马帝国的边界(文,1987年,2005年):英国的哈德良长城(1987年),德国的上日耳曼－雷蒂安边墙(2005年),英国的安东尼长城(2008年,与英国共有)
- 波茨坦和柏林的宫殿和公园(文,1990年,1992年,1999年)
- 洛尔施隐修院和老主教座堂(文,1991年)
- 拉默尔斯贝格矿,戈斯拉尔历史城镇和上哈尔茨王室水利工程(文,1992年,2010年)
- 班贝格城镇(文,1993年)
- 毛尔布龙隐修院群(文,1993年)
- 奎德林堡的协同教堂、城堡和老城镇(文,1994年)
- 弗尔克林根钢铁厂(文,1994年)
- 梅塞尔坑化石地点(自,1995年)
- 科隆主教座堂(文,1996年)
- 魏玛和德绍的包豪斯及其地点(文,1996年)
- 艾斯莱本和维滕贝格的马丁·路德纪念地(文,1996年)
- 古典魏玛(文,1998年)
- 柏林的博物馆岛(文,1999年)
- 瓦尔特堡城堡(文,1999年)
- 德绍－沃利茨园林王国(文,2000年)
- 修院之岛赖兴瑙(文,2000年)
- 埃森的关税同盟煤矿工业建筑群(文,2001年)
- 施特拉尔松德和维斯马的历史中心(文,2002年)
- 莱茵河中上游河谷(文,2002年)
- 不来梅市政厅和罗兰雕像(文,2004年)

- 巴德穆斯考园林(文,2004 年,与波兰共有)
- 雷根斯堡老城及施达特阿姆霍夫城区(文,2006 年)
- 柏林现代住宅群落(文,2008 年)
- 瓦登海(自,2009 年,2014 年,与荷兰、丹麦共有)
- 德国法古斯工厂(文,2011 年)
- 喀尔巴阡山脉原始山毛榉森林和德国古山毛榉森林(自,2011 年,与乌克兰、斯洛伐克共有)
- 阿尔卑斯地区史前湖岸木桩建筑(文,2011 年,与瑞士、奥地利、法国、意大利、斯洛文尼亚共有)
- 拜罗伊特的侯爵歌剧院(文,2012 年)
- 威海姆苏赫山地公园(文,2013 年)
- 卡洛林时期面西建筑和科尔维城(文,2014 年)

希腊(17 项)

15 项文化遗产,2 项双重遗产。

- 巴赛的阿波罗 · 伊壁鸠鲁神庙(文,1986 年)
- 德尔斐的考古地点(文,1987 年)
- 雅典卫城(文,1987 年)
- 阿索斯山(自　文,1988 年)
- 迈泰奥拉(自　文,1988 年)
- 塞萨洛尼基的早期基督教和拜占庭古迹群(文,1988 年)
- 埃皮达鲁斯的阿斯克勒庇俄斯圣殿(文,1988 年)
- 罗得岛的中世纪城(文,1988 年)
- 米斯特拉斯(文,1989 年)
- 奥林匹亚的考古地点(文,1989 年)
- 提洛岛(文,1990 年)
- 达夫尼修道院,俄西俄斯罗卡斯修道院和希俄斯新修道院(文,

1990 年)
- 萨摩斯岛的毕达哥利翁和赫拉神庙(文,1992 年)
- 埃格(现代名韦尔吉纳)的考古地点(文,1996 年)
- 迈锡尼和梯林斯的考古地点(文,1999 年)
- 帕特莫斯岛上的带神学家圣若望修道院和默示录洞的历史中心(文,1999 年)
- 科孚老城镇(文,2007 年)

匈牙利(8 项)

7 项文化遗产,1 项自然遗产,其中 1 项与斯洛伐克共有,1 项与奥地利共有。

- 布达佩斯,包括多瑙河沿岸、布达城堡区和安德拉什大街(文,1987 年,2002 年):布达佩斯,多瑙河沿岸和布达城堡区(1987 年),安德拉什大街和地铁(2002 年)
- 霍洛克古村落及其周边(文,1987 年)
- 奥格泰莱克的喀斯特岩洞群和斯洛伐克的喀斯特地貌(自,1995 年,2000 年,与斯洛伐克共有)
- 蓬农豪尔毛的千年本笃会隐修院及其自然环境(文,1996 年)
- 霍尔托巴吉国家公园的大平原(文,1999 年)
- 佩奇(索皮亚诺)的早期基督教徒坟场(文,2000 年)
- 费尔特湖/新锡德尔湖文化景观(文,2001 年,与奥地利共有)
- 托卡伊葡萄酒产地历史文化景观(文,2002 年)

意大利(50 项)

46 项文化遗产,4 项自然遗产,其中 1 项与梵蒂冈共有,2 项与瑞士共有,1 项与瑞士、奥地利、法国、德国、斯洛文尼亚共有。

- 瓦尔卡莫尼卡的岩画(文,1979 年)

- 带列奥纳多·达·芬奇的《最后的晚餐》的恩宠圣母教堂和多明我会院(文,1980 年)
- 罗马历史中心,该城中享有治外法权的圣座房地产和城外圣保禄大殿(文,1980 年,1990 年)
- 佛罗伦萨历史中心(文,1982 年)
- 比萨主教座堂广场(文,1987 年)
- 威尼斯及其潟湖(文,1987 年)
- 圣吉米尼亚诺历史中心(文,1990 年)
- 马泰拉的岩石和岩刻教堂公园(文,1993 年)
- 维琴察城和威尼托的帕拉第奥别墅(文,1994 年,1996 年)
- 阿达的克雷斯皮(文,1995 年)
- 文艺复兴城市费拉拉及其波河三角洲(文,1995 年,1999 年)
- 那不勒斯历史中心(文,1995 年)
- 锡耶纳历史中心(文,1995 年)
- 蒙特城堡(文,1996 年)
- 拉韦纳的早期基督教古迹(文,1996 年)
- 皮恩扎城历史中心(文,1996 年)
- 阿尔贝罗贝洛的特鲁洛群(文,1996 年)
- 带园林的卡塞塔的 18 世纪王宫,万维泰利输水道和圣莱乌乔建筑群(文,1997 年)
- 阿格里真托考古区(文,1997 年)
- 庞贝、赫库兰尼姆和托雷安农齐亚塔的考古区(文,1997 年)
- 帕多瓦植物园(文,1997 年)
- 摩德纳的主教座堂、市民塔和大广场(文,1997 年)
- 阿马尔菲海岸(文,1997 年)
- 韦内雷港,五乡地及其岛屿群(帕尔玛利亚岛、提诺岛和提内托岛)(文,1997 年)

- 萨伏依王室居所(文,1997 年)
- 巴鲁米尼的苏努拉西石头建筑(文,1997 年)
- 卡萨尔的古罗马别墅(文,1997 年)
- 阿奎莱亚的考古区和宗主教区圣殿(文,1998 年)
- 带帕埃斯图姆和韦利亚考古地点的奇伦托和迪亚诺河谷国家公园,和帕杜拉的嘉都西会修院(文,1998 年)
- 乌尔比诺历史中心(文,1998 年)
- 蒂沃利的哈德良别墅(文,1999 年)
- 阿西西,亚西西的圣方济各圣殿和其他方济各会地点(文,2000 年)
- 维罗纳城(文,2000 年)
- 埃奥利群岛(自,2000 年)
- 蒂沃利的埃斯特别墅(文,2001 年)
- 诺托壁垒的 8 座西西里巴洛克风格城镇(文,2002 年)
- 皮埃蒙特和伦巴第的圣山(文,2003 年)
- 圣乔尔乔山(自,2003 年,2010 年,与瑞士共有)
- 切尔韦泰里和塔尔奎尼亚的伊特鲁里亚文明遗址(文,2004 年)
- 奥尔恰谷(文,2004 年)
- 锡拉库萨和潘塔立克石墓群(文,2005 年)
- 热那亚:新街和罗利宫殿体系(文,2006 年)
- 阿尔布拉/贝尔尼纳景观中的雷蒂亚铁路(文,2008 年,与瑞士共有)
- 曼托瓦和萨比奥内塔(文,2008 年)
- 多洛米蒂山脉(自,2009 年)
- 意大利伦巴第人遗址(文,2011 年)
- 阿尔卑斯地区史前湖岸木桩建筑(文,2011 年,与瑞士、奥地

利、法国、德国、斯洛文尼亚共有）
- 埃特纳山（自,2013 年）
- 托斯卡纳地区的梅第奇别墅和花园（文,2013 年）
- 皮埃蒙特的葡萄园景观：朗格罗埃洛和蒙菲拉托（文,2014 年）

荷兰（10 项）

9 项文化遗产,1 项自然遗产,其中 1 项与丹麦、德国共有。

- 斯霍克兰及周围地区（文,1995 年）
- 阿姆斯特丹的防线（文,1996 年）
- 威廉斯塔德历史区、内城和港口（文,1997 年,位于荷属安的列斯）
- 小孩堤防的埃尔斯豪特风车群（文,1997 年）
- 沃达蒸汽泵站（文,1998 年）
- 贝姆斯特尔圩田（文,1999 年）
- 里特费尔德的施罗德住宅（文,2000 年）
- 瓦登海（自,2009 年,2014 年,与丹麦、德国共有）
- 辛厄尔运河内侧的阿姆斯特丹 17 世纪运河环形区域（文,2010 年）
- 范内勒工厂（文,2014 年）

挪威（7 项）

6 项文化遗产,1 项自然遗产,其中 1 项与白俄罗斯、爱沙尼亚、芬兰、拉脱维亚、立陶宛、摩尔多瓦、俄罗斯、瑞典、乌克兰共有。

- 布吕根（文,1979 年）
- 乌尔内斯木板教堂（文,1979 年）
- 勒罗斯矿业城镇和圆周区（文,1980 年,2010 年）
- 阿尔塔岩画（文,1985 年）

• 维加群岛(文,2004 年)
• 斯特鲁维测地弧(文,2005 年,与白俄罗斯、爱沙尼亚、芬兰、拉脱维亚、立陶宛、摩尔多瓦、俄罗斯、瑞典、乌克兰共有)
• 西挪威峡湾群——盖朗厄尔峡湾和纳柔依峡湾(自,2005 年)

波兰(14 项)

13 项文化遗产,1 项自然遗产,其中 1 项与白俄罗斯共有,1 项与德国共有,1 项与乌克兰共有。

• 克拉科夫历史中心(文,1978 年)
• 维利奇卡盐矿(文,1978 年,2013)
• 奥斯威辛 - 比克瑙:德国纳粹集中和灭绝营(1940—1945 年)(文,1979 年)
• 别洛韦日斯卡亚原始森林/比亚沃维耶扎森林(自,1979 年,1992 年):波兰的比亚沃维耶扎森林(1979 年),白俄罗斯的别洛韦日斯卡亚原始森林(1992 年,与白俄罗斯共有)
• 华沙历史中心(文,1980 年)
• 扎莫希奇老城(文,1992 年)
• 马尔堡的条顿骑士团城堡(文,1997 年)
• 托伦的中世纪城镇(文,1997 年)
• 卡尔瓦里亚 - 泽布日多夫斯卡:风格主义建筑及园林景观建筑群和朝圣公园(文,1999 年)
• 亚沃尔和希维德尼察的和平教堂(文,2001 年)
• 南部小波兰的木教堂群(文,2003 年)
• 马斯科夫公园/马扎科夫斯基公园(文,2004 年,与德国共有)
• 弗罗茨瓦夫的百年厅(文,2006 年)
• 喀尔巴阡地区木质教堂 (文,2013 年,与乌克兰共有)

葡萄牙(15 项)

14 项文化遗产,1 项自然遗产。

- 亚速尔群岛英雄港的城镇中心区(文,1983 年,位于自治区亚速尔)
- 托马尔的基督会院(文,1983 年)
- 巴塔利亚修道院(文,1983 年)
- 里斯本的哲罗姆派修道院和贝伦塔(文,1983 年)
- 埃武拉历史中心(文,1986 年)
- 阿尔科巴萨修道院(文,1989 年)
- 辛特拉文化景观(文,1995 年)
- 波尔图历史中心(文,1996 年)
- 科阿谷和谢加贝尔德的史前岩石艺术遗迹群(文,1998 年,2010 年):葡萄牙的科阿谷的史前岩石艺术遗迹群(1998 年),西班牙的谢加贝尔德的史前岩石艺术遗迹群(2010 年,与西班牙共有)
- 马德拉的月桂林(自,1999 年,位于自治区马德拉)
- 上杜罗葡萄酒产区(文,2001 年)
- 基马拉斯历史中心(文,2001 年)
- 皮库岛葡萄园文化景观(文,2004 年,位于自治区亚速尔)
- 带驻防的边境城镇埃尔瓦什及其驻防工事(文,2012 年)
- 科英布拉大学(文,2013 年)

罗马尼亚(7 项)

6 项文化遗产,1 项自然遗产。

- 多瑙河三角洲(自,1991 年)
- 摩尔达维亚的教堂群和苏切维察修道院的复活教堂(文,1993

年,2010 年)

- 霍雷祖修道院(文,1993 年)
- 特兰西瓦尼亚的带设防教堂群的村落群(文,1993 年,1999 年)
- 奥勒什蒂耶山脉的达契亚要塞群(文,1999 年)
- 锡吉什瓦拉历史中心(文,1999 年)
- 马拉穆列什的木教堂群(文,1999 年)

俄罗斯(26 项)

16 项文化遗产,10 项自然遗产,其中 1 项与立陶宛共有,1 项与蒙古共有,1 项与白俄罗斯、爱沙尼亚、芬兰、拉脱维亚、立陶宛、挪威、摩尔多瓦、瑞典、乌克兰共有。

- 圣彼得堡历史中心及相关古迹组群(文,1990 年)
- 基日岛珀构斯特(文,1990 年)
- 莫斯科的克里姆林宫和红场(文,1990 年)
- 索洛韦茨基群岛的文化和历史集合体(文,1992 年)
- 大诺夫哥罗德及周边的历史古迹群(文,1992 年)
- 弗拉基米尔和苏兹达尔的白色古迹群(文,1992 年)
- 谢尔吉耶夫镇的三一谢尔盖拉夫拉建筑集合体(文,1993 年)
- 科罗缅斯克的耶稣升天教堂(文,1994 年)
- 科米原始森林(自,1995 年)
- 贝加尔湖(自,1996 年)
- 堪察加火山群(自,1996 年,2001 年)
- 阿尔泰金山(自,1998 年)
- 西高加索(自,1999 年)
- 库尔斯沙嘴(文,2000 年,与立陶宛共有)
- 喀山克里姆林宫的历史建筑群(文,2000 年)
- 费拉蓬特修道院建筑集合体(文,2000 年)

• 中斯霍特特阿兰山脉(自,2001 年)
• 杰尔宾特的城塞、古城和要塞(文,2003 年)
• 乌布苏湖(自,2003 年,与蒙古共有)
• 新圣母会院建筑集合体(文,2004 年)
• 弗兰格尔岛保护区的自然系统(自,2004 年)
• 雅罗斯拉夫尔城历史中心(文,2005 年)
• 斯特鲁维测地弧(文,2005 年,与白俄罗斯、爱沙尼亚、芬兰、拉脱维亚、立陶宛、挪威、摩尔多瓦、瑞典、乌克兰共有)
• 普托拉纳高原(自,2010 年)
• 勒那河柱状岩自然公园(自,2012 年)
• 鞑靼斯坦博尔格尔的历史建筑和考古遗址(文,2014 年)

西班牙(44 项)

40 项文化遗产,3 项自然遗产,1 项双重遗产,其中 1 项与法国共有,1 项与葡萄牙共有,1 项与斯洛文尼亚共有。

• 格拉纳达的阿尔罕布拉宫、赫内拉利费宫和阿尔拜辛(文,1984 年,1994 年)
• 布尔戈斯主教座堂(文,1984 年)
• 科尔多瓦历史中心(文,1984 年,1994 年)
• 马德里省的埃斯科里亚尔圣洛伦索王家修道院(文,1984 年)
• 安东尼·高迪的作品(文,1984 年,2005 年):桂尔公园、桂尔宫和米拉之家(1984 年),维森斯住宅、圣家堂的诞生立面及地下圣坛、巴特略住宅和桂尔居住区教堂地下室(2005 年)
• 阿尔塔米拉洞和西班牙北部旧石器时代洞窟艺术(文,1985 年,2008 年)
• 奥维耶多和阿斯图里亚斯王国的古迹群(文,1985 年,1998 年)
• 带城外教堂群的阿维拉老城镇(文,1985 年)

• 塞哥维亚老城镇及其输水道(文,1985 年)
• 圣地亚哥-德孔波斯特拉古城(文,1985 年)
• 加拉霍艾国家公园(自,1986 年,位于加那利群岛)
• 托莱多古城(文,1986 年)
• 阿拉贡的穆德哈尔式建筑(文,1986 年,2001 年)
• 卡塞雷斯老城镇(文,1986 年)
• 塞维利亚的主教座堂、王宫和西印度群岛档案馆(文,1987 年)
• 萨拉曼卡老城镇(文,1988 年)
• 波夫莱特修道院(文,1991 年)
• 梅里达的考古集合体(文,1993 年)
• 圣地亚哥-德孔波斯特拉朝圣之路(文,1993 年)
• 王家瓜达露佩圣母修道院(文,1993 年)
• 多尼亚纳国家公园(自,1994 年)
• 有围墙的昆卡古城(文,1996 年)
• 巴伦西亚的丝绸交易处(文,1996 年)
• 拉斯梅德拉斯(文,1997 年)
• 比利牛斯-珀杜山(自 文,1997 年,1999 年,与法国共有)
• 圣米兰的尤索和素索修道院(文,1997 年)
• 巴塞罗那的加泰罗尼亚音乐宫和圣保罗医院(文,1997 年)
• 伊比利亚地中海盆地的岩画艺术(文,1998 年)
• 埃纳雷斯堡的大学和历史区(文,1998 年)
• 科阿谷和谢加贝尔德的史前岩石艺术地点群(文,1998 年,2010 年):葡萄牙的科阿谷的史前岩石艺术地点群(1998 年),西班牙的谢加贝尔德的史前岩石艺术地点群(2010 年)(与葡萄牙共有)
• 伊维萨岛的生物多样性和文化(文,1999 年)
• 拉古纳的圣克里斯托瓦尔(文,1999 年,位于加那利群岛)

- 塔拉戈纳的考古集合体(文,2000 年)
- 阿塔普埃尔卡的考古地点(文,2000 年)
- 博伊谷的加泰罗尼亚罗马式教堂群(文,2000 年)
- 埃尔切的枣椰园(文,2000 年)
- 卢戈的古罗马城墙(文,2000 年)
- 阿兰胡埃斯王宫文化景观(文,2001 年)
- 乌韦达和巴埃萨的文艺复兴古迹集合体(文,2003 年)
- 比斯开桥(文,2006 年)
- 泰德国家公园(自,2007 年)
- 埃库莱斯塔(文,2009 年)
- 特拉蒙塔那山区文化景观(文,2011 年)
- 水银的遗产:阿尔马登和伊德里亚(文,2012 年,与斯洛文尼亚共有)

瑞典(15 项)

13 项文化遗产,1 项自然遗产,其中 1 项与芬兰共有,1 项与白俄罗斯、爱沙尼亚、芬兰、拉脱维亚、立陶宛、挪威、摩尔多瓦、俄罗斯、乌克兰共有。

- 卓宁霍姆王家领地(文,1991 年)
- 比尔卡和霍高尔登(文,1993 年)
- 恩厄尔斯贝里铁工厂(文,1993 年)
- 塔努姆岩刻群(文,1994 年)
- 林地公墓(文,1994 年)
- 汉萨同盟城市维斯比(文,1995 年)
- 吕勒奥的加默尔斯塔德教堂村(文,1996 年)
- 拉普人居住区(文,1996 年)
- 卡尔斯克鲁纳军港(文,1998 年)

- 厄兰岛南部的农业景观(文,2000 年)
- 高海岸/克瓦尔肯群岛(自,2000 年,2006 年):瑞典的高海岸(2000 年),芬兰的克瓦尔肯群岛(2006 年,与芬兰共有)
- 法伦的大铜山矿区(文,2001 年)
- 瓦尔贝里广播电台(文,2004 年)
- 斯特鲁维测地弧(文,2005 年,与白俄罗斯、爱沙尼亚、芬兰、拉脱维亚、立陶宛、挪威、摩尔多瓦、俄罗斯、乌克兰共有)
- 赫尔辛兰带装饰的农舍(文,2012 年)

瑞士(11 项)

8 项文化遗产,3 项自然遗产,其中 2 项与意大利共有,1 项与奥地利、法国、德国、意大利、斯洛文尼亚共有。

- 米施泰尔的本笃会圣约翰女修道院(文,1983 年)
- 圣加仑修道院(文,1983 年)
- 伯尔尼古城(文,1983 年)
- 贝林佐纳三座要塞及防卫墙和集镇(文,2000 年)
- 瑞士阿尔卑斯山少女峰-阿莱奇(自,2001 年,2007 年)
- 圣乔治山(自,2003 年,2010 年,与意大利共有)
- 拉沃葡萄园梯田(文,2007 年)
- 萨多纳地质结构区(自,2008 年)
- 阿尔布拉/贝尔尼纳景观中的雷蒂亚铁路(文,2008 年,与意大利共有)
- 拉绍德封和力洛克的钟表制作城规划(文,2009 年)
- 阿尔卑斯地区史前湖岸木桩建筑(文,2011 年,与奥地利、法国、德国、意大利、斯洛文尼亚共有)

土耳其(13 项)

11 项文化遗产,2 项双重遗产。

- 伊斯坦布尔历史区(文,1985 年)
- 格雷梅国家公园和卡帕多细亚的岩石地点群(自　文,1985 年)
- 迪夫里伊的大清真寺和医院(文,1985 年)
- 哈图沙:赫梯首都(文,1986 年)
- 内姆鲁特山(文,1987 年)
- 桑索斯－莱图恩(文,1988 年)
- 希拉波利斯和棉花堡(自　文,1988 年)
- 萨夫兰博卢城(番红花城)(文,1994 年)
- 特洛伊考古地点(文,1998 年)
- 塞利米耶清真寺(文,2011 年)
- 加泰土丘的新石器时代遗址(文,2012 年)
- 波尔萨和库马利吉兹克:奥斯曼帝国的诞生(文,2014 年)
- 帕加马及其多层次文化景观(文,2014 年)

乌克兰(7 项)

6 项文化遗产,1 项自然遗产,其中 1 项与白俄罗斯、爱沙尼亚、芬兰、拉脱维亚、立陶宛、挪威、摩尔多瓦、俄罗斯、瑞典共有,1 项与斯洛伐克、德国共有,1 项与波兰共有。

- 基辅:圣索菲亚大教堂及相关修道院建筑和基辅洞窟修道院(文,1990 年)
- 利沃夫——历史中心的集合体(文,1998 年)
- 斯特鲁维测地弧(文,2005 年,与白俄罗斯、爱沙尼亚、芬兰、拉脱维亚、立陶宛、挪威、摩尔多瓦、俄罗斯、瑞典共有)
- 喀尔巴阡山脉原始山毛榉森林和德国古山毛榉森林(自,2007 年,与斯洛伐克、德国共有)
- 布维纳科与达尔马提亚的城市民居(文,2011 年)

- 喀尔巴阡地区木质教堂（文,2013 年,与波兰共有）
- 陶瑞克－切森尼斯古城及其乔拉(文,2013 年)

英国(28 项)

23 项文化遗产,4 项自然遗产,1 项双重遗产,其中 1 项与德国共有。

- 圭内斯的国王爱德华的城堡群和镇墙(文,1986 年,位于威尔士)
- 达勒姆城堡和达勒姆座堂(文,1986 年,位于英格兰)
- 巨人堤道及堤道海岸(自,1986 年,位于北爱尔兰)
- 铁桥峡谷(文,1986 年,位于英格兰)
- 圣基尔达岛(自　文,1986 年,2004 年,2005 年,位于苏格兰)
- 巨石阵、埃夫伯里和相关地点群(文,1986 年,位于英格兰)
- 包括方廷斯隐修院废墟的斯塔德利皇家公园(文,1986 年,位于英格兰)
- 布伦海姆宫(文,1987 年,位于英格兰)
- 巴斯城(文,1987 年,位于英格兰)
- 罗马帝国的边界(文,1987 年,2005 年):英国的哈德良长城(1987 年,位于英格兰),德国的上日耳曼－雷蒂安边墙(2005 年),英国的安东尼长城(2008 年,与德国共有)
- 威斯敏斯特宫、威斯敏斯特修道院和圣玛格丽特教堂(文,1987 年,位于英格兰)
- 坎特伯雷座堂、圣奥古斯丁修道院和圣马丁教堂(文,1988 年,位于英格兰)
- 亨德森岛(自,1988 年,位于属地皮特凯恩群岛)
- 伦敦塔(文,1988 年,位于英格兰)
- 戈夫岛和伊纳克塞瑟布尔岛(自,1995 年,2004 年,位于属地圣

赫勒拿)

- 爱丁堡的老城和新城(文,1995 年,位于苏格兰)
- 海事格林尼治(文,1997 年,位于英格兰)
- 新石器时代奥克尼的中心(文,1999 年,位于苏格兰)
- 布莱纳文工业景观(文,2000 年,位于威尔士)
- 百慕大圣乔治历史城镇及相关防御工事群(文,2000 年,位于属地百慕大)
- 德文特河流域工厂群(文,2001 年,位于英格兰)
- 多塞特和东德文海岸(自,2001 年,位于英格兰)
- 新拉纳克(文,2001 年,位于苏格兰)
- 索尔泰尔(文,2001 年,位于英格兰)
- 邱园(王家植物园)(文,2003 年,位于英格兰)
- 利物浦 - 海商城市(文,2004 年,位于英格兰)
- 康沃尔和西德文矿业景观(文,2006 年,位于英格兰)
- 庞特基西斯特输水道及运河(文,2009 年)

美国(22 项)

9 项文化遗产,12 项自然遗产,1 项双重遗产,其中 2 项与加拿大共有。

- 梅萨维德国家公园(文,1978 年)
- 黄石国家公园(自,1978 年)
- 克卢恩/弗兰格尔 - 圣伊莱亚斯/冰川湾/塔琴希尼 - 阿尔塞克(自,1979 年,1992 年,1994 年,与加拿大共有)
- 大峡谷国家公园(自,1979 年)
- 大沼泽地国家公园(自,1979 年)
- 独立厅(文,1979 年)
- 红木国家公园及州立公园(自,1980 年)

- 猛犸洞国家公园(自,1981 年)
- 奥林匹克国家公园(自,1981 年)
- 卡霍基亚土丘州历史地(文,1982 年)
- 大烟山国家公园(自,1983 年)
- 波多黎各的福塔莱萨和圣胡安国家历史地(文,1983 年,位于属地波多黎各)
- 自由女神像(文,1984 年)
- 优胜美地国家公园(自,1984 年)
- 查科文化国家历史公园(文,1987 年)
- 夏威夷火山国家公园(自,1987 年)
- 夏洛茨维尔的蒙蒂塞洛和弗吉尼亚大学(文,1987 年)
- 陶斯普埃布罗(文,1992 年)
- 沃特顿 - 冰川国际和平公园(自,1995 年,与加拿大共有)
- 卡尔斯巴德洞窟国家公园(自,1995 年)
- 帕帕哈瑙莫夸基亚国家海洋保护区(自 文,2010 年)
- 波弗蒂角纪念土冢(文,2014 年)

附录二

亚洲和太平洋地区的世界遗产大国

在列表中，"文"代表文化遗产，"自"代表自然遗产，"自　文"代表"自然"和"文化"双重遗产。

国家顺序参照联合国教科文组织官方的世界遗产列表排列，基本按照国家英文/法文名称的首字母排列；个别国家遗产项目依照列入世界遗产时间排列，但由于官方排列顺序时有变化，所以可能与当前官方顺序不一致。

澳大利亚（19 项）

3 项文化遗产，12 项自然遗产，4 项双重遗产。

- 卡卡杜国家公园（自　文，1981 年，1987 年，1992 年）
- 大堡礁（自，1981 年）
- 威兰德拉湖区（自　文，1981 年）
- 塔斯马尼亚荒野（自　文，1982 年，1989 年）
- 豪勋爵诸岛（自，1982 年）
- 澳大利亚冈瓦纳雨林（自，1986 年，1994 年）
- 乌鲁鲁 - 卡塔曲塔国家公园（自　文，1987 年，1994 年）
- 昆士兰湿热带地区（自，1988 年）
- 西澳大利亚鲨鱼湾（自，1991 年）
- 弗雷泽岛（自，1992 年）
- 澳大利亚哺乳动物化石地点群（里弗斯利/纳拉库特）（自，1994 年）

- 赫德岛和麦克唐纳群岛(自,1997 年)
- 麦夸里岛(自,1997 年)
- 大蓝山区(自,2000 年)
- 波奴鲁鲁国家公园(自,2003 年)
- 皇家展览馆和卡尔顿园(文,2004 年)
- 悉尼歌剧院(文,2007 年)
- 澳大利亚监狱遗址(文,2010 年)
- 宁格罗海岸(自,2011 年)

柬埔寨(2 项)

2 项文化遗产。

- 吴哥窟(文,1992 年)
- 柏威夏寺(文,2008 年)

印度(32 项)

25 项文化遗产,7 项自然遗产。

- 阿旃陀石窟(文,1983 年)
- 埃洛拉石窟(文,1983 年)
- 阿格拉堡(文,1983 年)
- 泰姬陵(文,1983 年)
- 科纳克太阳神庙(文,1984 年)
- 默哈伯利布勒姆古迹群(文,1984 年)
- 加济兰加国家公园(自,1985 年)
- 马纳斯野生生物禁猎区(自,1985 年)
- 凯奥拉德奥·盖纳国家公园(自,1985 年)
- 果阿教堂和修道院(文,1986 年)
- 克久拉霍古迹组群(文,1986 年)

- 亨比遗迹群落(文,1986 年)
- 法塔赫布尔西格里(文,1986 年)
- 帕塔达卡尔建筑群(文,1987 年)
- 象岛石窟(文,1987 年)
- 现存朱罗王朝大神庙(文,1987 年,2004 年):坦贾武尔的布里哈迪希瓦拉神庙(1987 年),亘伽贡达朱罗普拉姆神庙、达拉苏拉姆的艾拉瓦德斯瓦拉神庙(2004 年)
- 孙德尔本斯国家公园(自,1987 年)
- 楠达戴维山国家公园和花谷国家公园(自,1988 年,2005 年):楠达德维国家公园(1988 年),花谷国家公园(2005 年)
- 桑吉的佛教古迹(文,1989 年)
- 德里的胡马雍陵(文,1993 年)
- 顾特卜塔及其周围建筑(文,1993 年)
- 印度的山地铁路(文,1999 年,2005 年,2008 年):大吉岭喜马拉雅铁路(1999 年),尼尔吉里山铁路(2005 年),加尔加 - 西姆拉铁路(2008 年)
- 菩提伽耶的摩诃菩提寺(文,2002 年)
- 比莫贝特卡岩荫群(文,2003 年)
- 尚庞 - 巴瓦加德考古公园(文,2004 年)
- 贾特拉帕蒂 · 希瓦吉终点站(原维多利亚终点站)(文,2004 年)
- 红堡建筑群(文,2007 年)
- 斋浦尔的简塔 · 曼塔天文台(文,2010 年)
- 西高止山脉(自,2012 年)
- 拉贾斯坦邦山地堡垒群(文,2013 年)
- 古吉拉特邦帕坦县皇后阶梯井(文,2014 年)
- 大喜马拉雅山脉国家公园(自,2014 年)

印度尼西亚(8 项)

4 项文化遗产,4 项自然遗产。

- 婆罗浮屠寺院群(文,1991 年):包括婆罗浮屠、梅都、巴翁
- 乌戎库隆国家公园(自,1991 年)
- 科莫多国家公园(自,1991 年)
- 巴兰班南寺院群(文,1991 年)
- 桑吉兰早期人类化石遗址(文,1996 年)
- 洛伦茨国家公园(自,1999 年)
- 苏门答腊的热带雨林(自,2004 年)
- 巴厘文化景观:展现“幸福三要素”哲学思想的苏巴克灌溉系统(文,2012 年)

伊朗(17 项)

17 项文化遗产。

- 乔加·赞比尔(文,1979 年)
- 波斯波利斯(文,1979 年)
- 伊斯法罕的伊玛目广场(文,1979 年)
- 塔赫特苏莱曼(文,2003 年)
- 帕萨尔加德(文,2004 年)
- 巴姆及其文化景观(文,2004 年)
- 苏丹尼耶(文,2005 年)
- 贝希斯敦(文,2006 年)
- 伊朗的亚美尼亚隐修院集合体(文,2008 年):圣达陡隐修院、圣斯德望隐修院、佐佐尔小堂
- 舒希达历史水力系统(文,2009 年)
- 阿尔达比勒的谢赫·萨菲·丁汗那卡和圣地集合体(文,2010

年)

- 大不里士历史巴扎建筑群(文,2010 年)
- 波斯花园(文,2011 年)
- 伊斯法罕的聚礼清真寺(文,2012 年)
- 卡布斯拱北塔(文,2012 年)
- 戈勒斯坦宫(文,2013 年)
- 沙赫里索克塔遗址(文,2014 年)

日本(18 项)

14 项文化遗产,4 项自然遗产。

- 法隆寺地域的佛教建筑物(文,1993 年)
- 姬路城(文,1993 年)
- 屋久岛(自,1993 年)
- 白神山地(自,1993 年)
- 古都京都的文化财(京都、宇治和大津城)(文,1994 年)
- 白川乡与五箇山的合掌造聚落(文,1995 年)
- 原子弹爆炸圆顶屋(广岛和平纪念碑)(文,1996 年)
- 严岛神社(文,1996 年)
- 古都奈良的文化财(文,1998 年)
- 日光的神社与寺院(文,1999 年)
- 琉球王国的城堡以及相关遗产群(文,2000 年)
- 纪伊山地的灵场和参拜道(文,2004 年)
- 知床半岛(自,2005 年)
- 石见银山(文,2007 年)
- 小笠原群岛(自,2011 年)
- 平泉——象征着佛教净土的庙宇、园林与考古遗址(文,2011 年)

- 富士山——信仰的对象与艺术的源泉(文,2013 年)
- 富冈制丝厂及丝绸产业遗产群(文,2014 年)

韩国(11 项)

10 项文化遗产,1 项自然遗产。

- 石窟庵和佛国寺(文,1995 年)
- 海印寺(高丽大藏经藏经处)(文,1995 年)
- 宗庙(文,1995 年)
- 昌德宫建筑群(文,1997 年)
- 华城(文,1997 年)
- 庆州历史遗迹地区(文,2000 年)
- 高敞、和顺、江华支石墓遗址(文,2000 年)
- 济州火山岛和熔岩洞(自,2007 年)
- 朝鲜王陵(文,2009 年)
- 朝鲜历史村落:河回和良洞(文,2010 年)
- 南汉山城(文,2014 年)

巴基斯坦(6 项)

6 项文化遗产。

- 摩亨佐-达罗的考古废墟(文,1980 年)
- 塔克西拉(文,1980 年)
- 塔赫特·巴希的佛教废墟和邻近的萨尔巴赫洛的城市废墟(文,1980 年)
- 特达的马克利的历史古迹(文,1981 年)
- 拉合尔堡和夏利马尔花园(文,1981 年)
- 罗赫达斯堡(文,1997 年)

斯里兰卡(8 项)

6 项文化遗产,2 项自然遗产。

- 阿努拉德普勒古城(文,1982 年)
- 波隆纳鲁沃古城(文,1982 年)
- 锡吉里耶古城(文,1982 年)
- 辛哈拉贾森林保护区(自,1988 年)
- 康提(文,1988 年)
- 加勒老镇及其防御工事(文,1988 年)
- 丹布勒金寺(文,1991 年)
- 斯里兰卡中央高地(自,2010 年)

泰国(5 项)

3 项文化遗产,2 项自然遗产。

- 素可泰历史城镇和相关历史城镇群(文,1991 年)
- 阿瑜陀耶历史城市(文,1991 年)
- 通艾 - 会卡肯野生生物禁猎区(自,1991 年)
- 班清考古地点(文,1992 年)
- 栋巴耶延 - 考爱森林综合体(自,2005 年)

越南(8 项)

5 项文化遗产,2 项自然遗产,1 项双重遗产。

- 顺化古迹建筑群(文,1993 年)
- 下龙湾(自,1994 年,2000 年)
- 会安古镇(文,1999 年)
- 美山圣地(文,1999 年)
- 峰牙 - 己榜国家公园(自,2003 年)

- 河内升龙皇城(文,2010 年)
- 胡朝时期的城堡(西都城)(文,2011 年)
- 长安名胜群(自　文,2014 年)

附录三

非洲的世界遗产大国

在列表中,“文”代表文化遗产,“自”代表自然遗产,“自　文”代表“自然”和“文化”双重遗产。

国家顺序参照联合国教科文组织官方的世界遗产列表排列,基本按照国家英文/法文名称的首字母排列;个别国家遗产项目依照列入世界遗产时间排列,但由于官方排列顺序时有变化,所以可能与当前官方顺序不一致。

阿尔及利亚(7项)

6项文化遗产,1项双重遗产。

- 贝尼哈迈德堡(文,1980年)
- 贾米拉(文,1982年)
- 姆扎卜谷(文,1982年)
- 阿杰尔高原(自　文,1982年)
- 蒂姆加德(文,1982年)
- 提帕萨(文,1982年)
- 阿尔及尔城塞(文,1992年)

埃及(7项)

6项文化遗产,1项自然遗产。

- 孟菲斯及其墓地金字塔(文,1979年)
- 底比斯古城及其墓地(文,1979年)

- 阿布辛拜勒至菲莱的努比亚遗址(文,1979 年)
- 开罗古城(文,1979 年)
- 阿布米那基督教遗址(文,1979 年)
- 圣卡特琳地区(文,2002 年)
- 鲸鱼谷(自,2005 年)

博茨瓦纳(2 项)

1 项文化遗产,1 项自然遗产。

- 措迪洛山(文,2001 年)
- 奥卡万戈三角洲(自,2014 年)

摩洛哥(9 项)

9 项文化遗产。

- 非斯旧城(文,1981 年)
- 马拉喀什的麦地那(文,1985 年)
- 阿伊特本哈杜的卡萨(文,1987 年)
- 梅克内斯历史城市(文,1996 年)
- 沃吕比利斯的考古地点(文,1997 年)
- 得土安旧城(原名提塔万)(文,1997 年)
- 索维拉旧城(原名摩加多尔)(文,2001 年)
- 杰迪代马扎甘葡萄牙城(杰迪代)(文,2004 年)
- 拉巴特,现代都市与历史古城(文,2012 年)

埃塞俄比亚(9 项)

8 项文化遗产,1 项自然遗产。

- 拉利贝拉岩石教堂(文,1978 年)
- 塞米恩国家公园(自,1978 年)

• 贡德尔地区的法西尔盖比城堡及古建筑(文,1979 年)
• 阿克苏姆考古遗址(文,1980 年)
• 阿瓦什低谷(文,1980 年)
• 奥莫低谷(文,1980 年)
• 蒂亚考古遗址(文,1980 年)
• 历史要塞城市哈勒尔(文,2006 年)
• 孔索文化景观(文,2011 年)

肯尼亚(6 项)

3 项文化遗产,3 项自然遗产。

• 图尔卡纳湖国家公园(自,1997 年,2001 年)
• 肯尼亚山国家公园及自然森林(自,1997 年)
• 拉穆古镇(文,2001 年)
• 米吉肯达卡亚圣林(文,2008 年)
• 肯尼亚东非大裂谷的湖泊系统(自,2011 年)
• 蒙巴萨的耶稣堡(文,2011 年)

马达加斯加(3 项)

1 项文化遗产,2 项自然遗产。

• 黥基·德·贝马拉哈自然保护区(自,1990 年)
• 安布希曼加的皇家蓝山行宫(文,2001 年)
• 阿钦安阿纳雨林(自,2007 年)

塞内加尔(7 项)

5 项文化遗产,2 项自然遗产,其中 1 项与冈比亚共有。

• 戈雷岛(文,1978 年)
• 朱贾国家鸟类保护区(自,1981 年)

- 尼奥科罗-科巴国家公园(自,1981 年)
- 圣路易岛(文,2000 年)
- 塞内冈比亚石圈(文,2006 年,与冈比亚共有)
- 萨卢姆三角洲国家公园(文,2011 年)
- 巴萨里乡村:巴萨里与贝迪克文化景观(文,2012 年)

南非(8 项)

4 项文化遗产,3 项自然遗产,1 项双重遗产。

- 斯泰克方丹、斯瓦特科兰斯、科罗姆德拉伊和维罗恩斯的化石遗址(文,1999 年,2005 年)
- 伊西曼格利索湿地公园(自,1999 年)
- 罗本岛(文,1999 年)
- 马罗提-德拉肯斯堡公园(自　文,2000 年,自 2013 年后与莱索托共有)
- 马蓬古布韦文化景观(文,2003 年)
- 弗洛勒尔角(自,2004 年)
- 弗里德堡陨石坑(自,2005 年)
- 理查德斯维德文化植物景观(文,2007 年)

坦桑尼亚(7 项)

3 项文化遗产,3 项自然遗产,1 项双重遗产。

- 恩戈罗恩戈罗保护区(自　文,1978 年,2010 年)
- 基尔瓦基斯瓦尼遗址和松戈马拉遗址(文,1981 年)
- 塞伦盖蒂国家公园(自,1981 年)
- 塞卢斯禁猎区(自,1982 年)
- 乞力马扎罗国家公园(自,1987 年)
- 桑给巴尔石头城(文,2000 年)

- 孔多阿岩画遗址(文,2006 年)

赞比亚(1 项)

1 项自然遗产(与津巴布韦共有)。

- 莫西奥图尼亚瀑布(维多利亚瀑布)(自,1989 年,与津巴布韦共有)

津巴布韦(5 项)

3 项文化遗产,2 项自然遗产,其中 1 项与赞比亚共有。

- 马纳波尔斯国家公园、萨比和切俄雷自然保护区(自,1984 年)
- 大津巴布韦国家纪念地(文,1986 年)
- 卡米国家遗址纪念地(文,1986 年)
- 莫西奥图尼亚瀑布(维多利亚瀑布)(自,1989 年,与赞比亚共有)
- 马托博山(文,2003 年)

附录四

拉丁美洲和加勒比地区的世界遗产大国

在列表中,"文"代表文化遗产,"自"代表自然遗产,"自　文"代表"自然"和"文化"双重遗产。

国家顺序参照联合国教科文组织官方的世界遗产列表排列,基本按照国家英文/法文名称的首字母排列;个别国家遗产项目依照列入世界遗产时间排列,但由于官方排列顺序时有变化,所以可能与当前官方顺序不一致。

阿根廷(9 项)

5 项文化遗产,4 项自然遗产,其中 1 项与巴西共有,1 项与玻利维亚、智利、哥伦比亚、厄瓜多尔、秘鲁共有。

- 冰川国家公园(自,1981 年)
- 瓜拉尼人的耶稣会传教区:小圣依纳爵、圣亚娜、洛雷托圣母和大圣玛利亚(阿根廷),差会的圣弥额尔废墟(文,1983 年,1984 年,与巴西共有)
- 伊瓜苏国家公园(自,1984 年)
- 平图拉斯河的手洞(文,1999 年)
- 瓦尔德斯半岛(自,1999 年)
- 伊斯奇瓜拉斯托－塔拉姆佩雅自然公园(自,2000 年)
- 科尔多巴耶稣会牧场和街区(文,2000 年)
- 塔夫拉达·德乌玛瓦卡(文,2003 年)
- 印加路网(文,2014 年,与玻利维亚、智利、哥伦比亚、厄瓜多

尔、秘鲁共有)

玻利维亚(7 项)

6 项文化遗产,1 项自然遗产,其中 1 项与阿根廷、智利、哥伦比亚、厄瓜多尔、秘鲁共有。

- 波托西城(文,1987 年)
- 奇基托斯的耶稣会传教区(文,1990 年)
- 苏克雷历史城市(文,1991 年)
- 萨迈帕塔堡(文,1998 年)
- 诺埃尔·肯普夫·梅卡多国家公园(自,2000 年)
- 蒂亚瓦纳科:蒂亚瓦纳科文化的精神和政治中心(文,2000 年)
- 印加路网(文,2014 年,与阿根廷、智利、哥伦比亚、厄瓜多尔、秘鲁共有)

巴西(19 项)

12 项文化遗产,7 项自然遗产,其中 1 项与阿根廷共有。

- 欧鲁普雷图历史城镇(文,1980 年)
- 奥林达古城(文,1982 年)
- 瓜拉尼人的耶稣会传教区:小圣依纳爵、圣亚娜、洛雷托圣母和大圣玛利亚,差会的圣弥额尔废墟(巴西)(文,1983 年,1984 年,与阿根廷共有)
- 巴伊亚的萨尔瓦多历史中心(文,1985 年)
- 孔戈尼亚斯的仁慈耶稣圣地(文,1985 年)
- 伊瓜苏国家公园(自,1986 年)
- 巴西利亚(文,1987 年)
- 卡皮瓦拉山国家公园(文,1991 年)
- 圣路易斯历史中心(文,1997 年)

- 大西洋沿岸热带雨林保护区(自,1999 年)
- 大西洋东南热带雨林保护区(自,1999 年)
- 迪亚曼蒂纳镇历史中心(文,1999 年)
- 红树林和附近的亚马孙河林地(自,2000 年,2003 年)
- 潘塔纳尔保护区(自,2000 年)
- 巴西的大西洋群岛:费尔南多·迪诺罗尼亚群岛和罗卡斯环礁保护区(自,2001 年)
- 塞拉多保护区:韦阿代鲁斯高原国家公园和埃马斯国家公园(自,2001 年)
- 戈亚斯镇历史中心(文,2001 年)
- 圣克里斯托旺历史城区中心的圣弗朗西斯科广场及与其邻接的历史建筑(文,2010 年)
- 里约热内卢:山海之间的卡里奥克景观(文,2012 年)

智利(6 项)

6 项文化遗产,其中 1 项与阿根廷、玻利维亚、哥伦比亚、厄瓜多尔、秘鲁共有。

- 拉帕努伊国家公园(文,1995 年)
- 奇洛埃的教堂群(文,2000 年)
- 瓦尔帕莱索的历史区(文,2003 年)
- 亨伯斯通和圣劳拉硝石采石场(文,2005 年)
- 塞维尔矿业城(文,2006 年)
- 印加路网(文,2014 年,与阿根廷、玻利维亚、哥伦比亚、厄瓜多尔、秘鲁共有)

哥伦比亚(8 项)

6 项文化遗产,2 项自然遗产,其中 1 项与阿根廷、玻利维亚、智利、厄瓜多尔、秘鲁共有。

- 卡塔赫纳的港口、要塞群和古迹群组(文,1984 年)
- 洛斯卡蒂奥斯国家公园(自,1994 年)
- 圣克鲁斯德蒙波斯历史中心(文,1995 年)
- 铁拉登特罗国家考古公园(文,1995 年)
- 圣阿古斯丁考古公园(文,1995 年)
- 马尔佩洛岛动植物保护区(自,2006 年)
- 哥伦比亚咖啡文化景观(文,2011 年)
- 印加路网(文,2014 年,与阿根廷、玻利维亚、智利、厄瓜多尔、秘鲁共有)

哥斯达黎加(4 项)

3 项自然遗产,1 项文化遗产,其中 1 项与巴拿马共有。

- 塔拉曼卡山脉-友谊保护区/友谊国家公园(自,1983 年,1990 年):哥斯达黎加的塔拉曼卡山脉-友谊保护区(1983 年),巴拿马的友谊国家公园(1990 年,与巴拿马共有)
- 科科岛国家公园(自,1997 年,2002 年)
- 瓜纳卡斯特保护区域(自,1999 年,2004 年)
- 迪奎斯三角洲石球以及前哥伦比亚人酋长居住地(文,2014 年)

古巴(9 项)

7 项文化遗产,2 项自然遗产。

- 哈瓦那旧城及其工事体系(文,1982 年)
- 特立尼达和洛斯因赫尼奥斯山谷(文,1988 年)
- 古巴圣地亚哥的圣佩德罗德拉罗卡城堡(文,1997 年)
- 格拉玛的德桑巴尔科国家公园(自,1999 年)

- 比尼亚莱斯山谷(文,1999 年)
- 古巴东南第一个咖啡种植园考古风景区(文,2000 年)
- 亚历核德罗 · 德洪堡国家公园(自,2001 年)
- 西恩富戈斯古城(文,2005 年)
- 卡玛圭历史中心(文,2008 年)

墨西哥(32 项)

26 项文化遗产,5 项自然遗产,1 项双重遗产。

- 墨西哥城历史中心和霍奇米尔科(文,1987 年)
- 瓦哈卡历史中心和阿尔万山考古地点(文,1987 年)
- 普埃布拉历史中心(文,1987 年)
- 帕伦克的前西班牙城和国家公园(文,1987 年)
- 特奥蒂瓦坎的前西班牙城(文,1987 年)
- 锡安卡安(自,1987 年)
- 瓜纳华托的历史城镇和临近矿山(文,1988 年)
- 奇琴伊察的前西班牙城(文,1988 年)
- 莫雷利亚历史中心(文,1991 年)
- 埃尔塔欣的前西班牙城(文,1992 年)
- 萨卡特卡斯历史中心(文,1993 年)
- 圣弗朗西斯科山脉岩画(文,1993 年)
- 埃尔比斯卡伊诺鲸鱼禁捕区(自,1993 年)
- 波波卡特佩特尔山坡上的最早的 16 世纪隐修院群(文,1994 年)
- 克雷塔罗的历史古迹区(文,1996 年)
- 乌斯马尔的前西班牙镇(文,1996 年)
- 瓜达拉哈拉的卡瓦尼亚斯救济院(文,1997 年)
- 大卡萨斯的帕基梅考古区(文,1998 年)

• 特拉科塔尔潘的历史古迹区(文,1998 年)
• 霍奇卡尔科考古古迹区(文,1999 年)
• 坎佩切的设防镇(文,1999 年)
• 坎佩切州的卡拉克穆尔玛雅古城和热带森林保护区(自　文,2002 年,2014 年)
• 克雷塔罗州的谢拉戈达的方济会传教区(文,2003 年)
• 路易斯·巴拉甘住宅和工作室(文,2004 年)
• 加利福尼亚湾的群岛和受保护的区域(自,2005 年)
• 特基拉的龙舌兰景观和古代工业设施(文,2006 年)
• 墨西哥国立自治大学的大学城中心校园(文,2007 年)
• 圣米格尔－德阿连德的防卫镇和阿托托尼尔科的纳匝肋人耶稣的圣地(文,2008 年)
• 莫那其蝴蝶生物圈保护区(自,2008 年)
• 内陆王家之道(文,2010 年)
• 中央瓦哈卡谷的亚古尔和米特拉史前洞穴(文,2010 年)
• 厄尔比那喀提和德阿尔塔大沙漠生物圈保护区 (自,2013 年)

秘鲁(12 项)

8 项文化遗产,2 项自然遗产,2 项双重遗产,其中 1 项与阿根廷、玻利维亚、智利、哥伦比亚、厄瓜多尔共有。

• 库斯科古城(文,1983 年)
• 马丘比丘古神庙(自　文,1983 年)
• 夏文考古遗址(文,1985 年)
• 瓦斯卡兰国家公园(自,1985 年)
• 昌昌城考古区(文,1986 年)
• 马努国家公园(自,1987 年)
• 利马历史中心(文,1988 年,1991 年)

- 阿比塞欧河国家公园(自　文,1990 年,1992 年)
- 纳斯卡和朱马纳草原的线条图(文,1994 年)
- 阿雷基帕城历史中心(文,2000 年)
- 卡拉尔-苏佩圣城(文,2009 年)
- 印加路网(文,2014 年,与阿根廷、玻利维亚、智利、哥伦比亚、厄瓜多尔共有)